OS CINCO MINUTOS DE DEUS

Alexandre e Edna,
Que DEUS esteja presente em
todos os dias de suas vidas,
Feliz Natal e um Próspero Ano Novo!
São os votos de Maria Tereza e
Petrúcio.
18.12.02

ALFONSO MILAGRO

OS CINCO MINUTOS DE DEUS

Meditações para todos os dias do ano

19ª edição

EDITORA
AVE-MARIA

Rua Martim Francisco, 636
01226-000 – São Paulo, SP – Brasil
Tel.: (0xx11) 3826-6111 / 3825-8033 – Fax: (0xx11) 3825-4674
e-mail: editorial@avemaria.com.br • comercial@avemaria.com.br
www.avemaria.com.br

ISBN: 85-276-0562-7

Printed in Brazil – Impresso no Brasil

19. ed. – 2001

EDITORA
AVE-MARIA

Diretor Responsável: Nestor A. Zatt
Diretor Administrativo: Hely Vaz Diniz
Diretora Editorial: Suely Mendes Brazão
Diretor Comercial: Paulo Rosemberg
Departamento Editorial
Assistente Editorial: Gilda T. Hara Cinquepalmi
Revisão: Horácio Menegat
Produção: Hélio Daziano
Departamento de Arte: Roberta Masciarelli (direção)
Rubens Barboza, Nelson Veríssimo (assistentes)

DUAS PALAVRAS DE APRESENTAÇÃO

"O justo perece e ninguém se incomoda; as pessoas de bem são arrebatadas e ninguém se importa" — são as palavras que lemos em Isaías (57,1).

O trecho "e ninguém se incomoda" há quem o traduza por "e ninguém o medita em seu coração"; e realmente é a lógica, porque ninguém se incomodará com coisa alguma, se não meditar.

Não está havendo meditação da Palavra de Deus; de uns tempos para cá, já se tem notado no povo de Deus uma inclinação maior no sentido de "escutar" a Palavra do Senhor; porém, não se percebe com a mesma intensidade o interesse em "meditar" a Palavra do Senhor.

Nos Cursilhos de Cristandade, nos retiros espirituais, nos encontros de jovens, nos exercícios inacianos ou por um mundo melhor... frisa-se a necessidade da meditação da Palavra divina; acontece, contudo, que às vezes os fiéis se defrontam com a dificuldade de dispor de um livro adequado para si:

a) Adequado em razão da elevação e aprofundamento das idéias, que não podem ser-lhes apresentadas a nível técnico, mas sim, preferencialmente dentro duma espiritualidade vivencial;

b) Adequado em razão da brevidade, porquanto são inadiáveis as ocupações que absorvem o tempo;

c) Adequado na medida em que as reflexões apliquem a Palavra de Deus à vida diária, pois não é sem razão que a Palavra de Deus é Vida.

Foi isto que quisemos oferecer a nossos irmãos.

Se temos alcançado nosso objetivo, então pedimos aos interessados que compensem nosso esforço com suas orações a nosso favor, a fim de que antes de mais nada a Palavra de Deus seja Vida de nossa vida sacerdotal e religiosa.

Oxalá todos sirvamos ao Senhor duma forma sempre melhor: com maior delicadeza, com maior decisão, com maior amor, ou como se costuma dizer:

— com maior ILUSÃO,
— com maior ENTREGA e
— com maior ESPÍRITO DE CARIDADE.

MÊS DE JANEIRO

É o começo do ano.

É como se uma nova vida se iniciasse.

Pelo menos uma nova etapa.

Todo o mundo se sente como que rejuvenescido e com maiores ânsias de viver.

E isso não é mau.

Só que devemos apurar a pontaria: não contentar-nos simplesmente com os planos duma vida econômica, política, social, cultural e profissional mais completa ou de maiores influências.

Concordar que a verdadeira vida, a vida superior, a que dá sentido a todos os outros estilos de vida, é a vida espiritual.

Em conseqüência, prestemos atenção se só vamos crescendo e melhorando nos outros aspectos.

E o aspecto espiritual como fica?

•••

Se o Senhor nos dá outro ano, com toda certeza será porque tem algum plano sobre nós para esse novo ano.

E nós devemos descobri-lo.

Para cumpri-lo.

Para ser-lhe fiéis.

•••

Paulo pergunta ao Senhor: — Que quereis de mim?

Não lhe parece que seria muito bom que no dia de hoje fizesse uma visita ao Senhor, que passasse com Ele alguns momentos e lhe perguntasse:

— Que esperas de mim?

Porém... você não deve contentar-se em perguntar-lhe.

Escute a sua voz.

E, ato contínuo... responda-lhe.

1º DE JANEIRO

Hoje, todos nos cumprimentamos, augurando-nos "Feliz Ano-Novo!"

E fazemo-lo com sinceridade.

E costumamos repetir também a conhecida frase: "Ano novo, vida nova!"

Para cada um de nós, um novo ano supõe uma nova possibilidade de perfeição, de melhoramento, de própria superação. Neste novo ano, você não deve se contentar em ser como foi no ano passado. Não; não estou lhe dizendo que o ano passado você foi ruim; é verdade, porém, que neste novo ano você tem que ser melhor.

Pois foi bom que no ano passado você não foi ruim; mas seria muito ruim se este ano você não fosse melhor. É a lei do progresso, que é lei própria de todo ser vivo. Como você vai progredindo em tudo, em idade, em conhecimentos, em experiências, etc..., assim deve ir crescendo também em seu espírito.

Desejo-lhe, pois, um feliz ano-novo, com essa felicidade que é fruto do esforço diário no afã de sobrelevar-se em cada um dos atos.

Além de consciente, a graça há de ser em você "crescente"; deverá ir aumentando em você cada vez mais; siga o exemplo de Jesus que "ia crescendo e se fortificava: estava cheio de sabedoria, e a graça de Deus repousava nele" (Lc *2,40*).

2 DE JANEIRO

As crianças e os adultos todos já vamos sonhando com os Reis Magos; as crianças com os Reis e os adultos porque sentimos saudades de nossa meninice.

Como é belo voltar a sonhar com sonhos de criança!

Chega um rei de barba branca e outro de barba loura;

Chega um rei de rosto preto: os três estão à procura dum Menino.

Cavalgam três camelos que, por curvas e estradas, os carregam em suas corcovas: os três estão à procura dum Menino.

Passam por cidades com torres, onde há crianças dormindo e cruzam campos ensombreados: os três estão à procura dum Menino.

De palácios dourados procedem estes três reis magníficos, montados em camelos: os três estão à procura dum Menino.

Este veste um manto vermelho e aquele, um manto amarelo, um manto azul o terceiro: e o Menino já encontraram.

Baltasar oferece-lhe mirra e Melquior apresenta o ouro; Gaspar faz oferenda de incenso: e aos três sorri o Menino.

Também nós adultos devemos oferecer nossos obséquios ao Senhor; mas devemos fazê-lo com coração de criança. "Entrando na casa, acharam o menino com Maria. Prostrando-se diante dele, o adoraram. Depois, abrindo seus tesouros, ofereceram-lhe como presentes: ouro, incenso e mirra" (Mt *2,11*).

Pelos caminhos do Oriente chegam os três Reis Magos
com seu cofre reluzente, para trazer os presentes.
Ao trote dos seus camelos saem de Jerusalém
e marcham, repartindo pelo mundo
os brinquedos do Menino de Belém.

Rei 1.º:

Aqui me tens, Senhor, em tua presença real;
chamam-me de rei Melquior pelas terras de Bagdá.
Trago-te o ouro luzente, símbolo de caridade;
deposito-os em tuas mãos, enquanto beijo o manto real.

Rei 2.º:

Venho da Arábia Feliz, terra abençoada por Vós,
que dá perfumes ao homem e dá incenso para Deus.
Eis-me aqui prostrado a teus pés, Menino de estranha bondade,
pois em tua coroa de Rei brilha a divindade.

Rei 3.º:

Venho ao trote do camelo pelos campos da Etiópia;
o amor serviu de estímulo e uma estrela foi meu guia.
Desde que saí de Jerusalém,
tenho pensado em Ti, Menino de Belém.

"Vimos a sua estrela no Oriente e viemos adorá-lo" (Mt *2,2*).

4 DE JANEIRO

Senhores reis do Oriente, não nos queiram esquecer
e venham, se possível, de trem, para não demorar.
Podem seguir as cintilações da estrela de Belém;
mas vir montados em camelos, hoje em dia não ficam bem.
Quero que saibam também, se é que nunca o notaram,
que há uma criança muito disposta, mas muito pobre,
aqui ao lado.
Talvez não tenha sapatinhos para pôr na janela
e, fazendo tristes trejeitos, venha ver-nos de manhã.
Sua mãe costura e apenas consegue para viver.
Que duros apertos passam os dois!
Isto não pode continuar!
Vós, senhores reis, que íeis à procura do Deus Menino
e o encontrastes entre bois e lhe oferecestes vosso carinho,
lembrai-vos daquele que está ao lado,
que sempre nos vê brincando, encolhidinho e calado,
sem rir, sem fazer menção de falar.

"E tu, Belém, terra de Judá, não és de modo algum a menor entre as cidades de Judá, porque de ti sairá o chefe que governará Israel, meu povo" (Mt *2,6*).

— A quem tuas ovelhas conduzes, pastor?
— Ao Menino Divino, do céu Senhor.
— Em berço de ouro o viste, quiçás?
— Vi-o na manjedoura, sobre o feno está.
Tremendo de frio, sem roupas o vi,
Mas o boi e o asno o alentam ali.
Virgem Maria lhe canta e José,
contente, prostrado o vemos a seus pés.
— A quem, minha linda estrelinha, anuncia tua luz?
— Meus raios te levam ao Menino Jesus.
— Por que em seus camelos os Magos vêm,
cruzando desertos? Que procuram? A quem?
A quem leva incenso o rei Baltasar?
A quem ouro e mirra Melquior e Gaspar?
— Ao Menino Divino que o astro a conhecer deu;
seus raios disseram que em Belém nasceu.
Os anjos cantam; escuta e ouvirás:
"Glória nas alturas e na terra paz".

"Glória a Deus no mais alto dos céus e na terra paz aos homens, objetos da benevolência divina" (Lc *2,14*).

6 DE JANEIRO

O Maatma Gandhi disse que o homem não é mais do que o resultado de seus pensamentos; o que ele pensa, é o que virá a ser.

Daí a importância que tem o cultivo de bons e retos pensamentos; você deve ir formando sua consciência dia a dia, com a reflexão séria sobre o que você é e sobre o que a vida deve ser para você.

A idéia sempre tende para o ato, afirma-nos a filosofia; o homem sente segundo o que pensa e vive segundo o que sente; porque, se o homem não vive segundo o que pensa e sente, logo pensará e sentirá segundo a maneira como vive.

Cultivar em você pensamentos sérios, nobres, retos, cheios de bondade, há de ser seu principal cuidado; dia após dia deverá oxigenar sua mente, purificar seu espírito, limpar sua consciência, aclarar a vista de sua alma, corrigir a orientação de sua vida.

Para isso, nada melhor do que um minuto para Deus, um minuto para você, um minuto para a reflexão, para sua própria introspecção.

"Com efeito, os pensamentos tortuosos afastam de Deus, e o seu poder, posto à prova, triunfa dos insensatos. A sabedoria não entrará na alma, nem habitará no corpo sujeito ao pecado; o Espírito Santo Educador (das almas) fugirá da perfídia, afastar-se-á dos pensamentos insensatos, e a iniqüidade que sobrevém o repelirá" (Sab *1,3-5*).

Saber falar e saber calar; não sabemos o que será mais fácil ou mais difícil, mais conveniente ou mais meritório.

Calar a seu próprio respeito, é humildade; não falar de si, quando se sente o desejo de expor os próprios méritos ou as próprias idéias ou iniciativas — é sinal de verdadeira humildade.

Calar os defeitos alheios, é caridade; não criticar os outros, suas atitudes, suas intenções, seus atos; não emitir julgamentos comparativos; não falar tanto dos outros, sempre com um desejo de crítica ou pessimismo — é certamente caridade.

Calar em tempo, é prudência; não falar quando nos sentimos com o impulso da reação, quando nos vem na ponta da língua toda uma série de palavras, insultos ou afrontas — isso é prudência.

Calar na dor, é heroísmo; não tratar de despejar nos corações dos outros os nossos próprios sofrimentos, as dores íntimas; torná-los participantes não tanto das dores, porém das alegrias, reservando para nós próprios as dores — isto é heroísmo.

"Mas Jesus se calava e nada respondia" (Mc *14,61*). *"O homem sábio guarda silêncio"* (Provérbios *11,12*). *"Há quem se cala e é considerado sábio e quem se torna odioso pela intemperança no falar... O sábio permanece calado até o momento (oportuno), mas o leviano e imprudente não espera a ocasião"* (Eclo *20,5-8*).

8 DE JANEIRO

Não é tão fácil reconhecer, consigo mesmo, que alguém "não quer" fazer as coisas; é muito mais fácil arranjar uma desculpa que nos dispense dos compromissos de nossos deveres.

A desculpa mais fácil é dizer "Não posso", e com essa desculpa já ficamos tranqüilos; em nosso íntimo, porém, sabemos muito bem que não é certo que não podemos; e assim tratamos de tranqüilizar-nos, dizendo a nós mesmos que "não sabemos como agir"; e como esta segunda desculpa também não chega a tranqüilizar nossa consciência, então de novo apontamos para a realização, com um tímido "Creio que não posso".

Restam finalmente os três últimos lances antes de chegar à realização da obra, que são: "posso, quero, faço".

Fique certo de que, se fizesse tudo quanto pode, você mesmo ficaria assombrado ao ver do que você é capaz; agora deixo com você minha pergunta: e, se você pode muito mais do que está fazendo, não estará obrigado a fazê-lo?

Se Cristo conta com você, acaso pode frustrá-lo? Não se esqueça de que o único santo que existe é a vontade de Deus. Quando Paulo é derrubado do cavalo pelo Espírito de Deus, responde: "Senhor, que devo fazer?" (At *22,10*). *Vá hoje mesmo ao Sacrário e pergunte-lhe você mesmo. Escute o que Ele vai lhe responder.*

Não sei o que vale minha vida,
mas a Cristo a quero entregar;
sei muito bem que seu amor me recebe,
e em suas mãos a venho deixar.

9 DE JANEIRO

"A esperança é a última que morre". Quantas vezes ouviu ou talvez você mesmo tenha proferido esta frase! E não é que seja fora de acerto, mas acontece que pode ser entendida de maneira errada e, com isso, converter-se num anestesiante das forças do espírito.

Esperar e deixar-se embalar; esperar... e aguardar passivamente; esperar... e adormecer; esperar... e enganar-se. Tudo isto constitui formas diversas de covardia, de inação, de preguiça; são formas com as quais acobertamos estados psíquicos que temos, pouco confessáveis para nossa própria consciência.

Em compensação, trabalhar com perseverança, esforçar-se com bravura, pensar seriamente em ordem à ação, confiar em si mesmo e confiar em Deus, esperar que nosso esforço pessoal há de triunfar e que para isso Deus nos ajudará, isto é verdadeiramente "esperança".

A esperança não pode inibir, não pode alienar; a esperança solta melhor as asas e impele para a ação.

Se depositamos toda a nossa confiança no Senhor, forçosamente deveremos esperar por sua ajuda. "Feliz o homem que pôs sua esperança no Senhor" (Sl *40,5*). *"Só em Deus repousa a minha alma, é dele que me vem o que espero. Só ele é meu rochedo e minha salvação; minha fortaleza; jamais vacilarei. Só em Deus encontrarei glória e salvação. Ele é meu rochedo protetor, meu refúgio está nele"* (Sl *61,6-8*).

10 DE JANEIRO

Certo jovem queixou-se a Daniel Webster:

— Os jovens não têm mais oportunidade; todos os postos bons estão ocupados.

— Existe ainda lugar nos cumes das montanhas — respondeu ele.

Se você quer se deter no rés-do-chão, certamente continuará sendo um homem vulgar, da massa, anônimo, sem projeção; mas, se você se lança para as alturas, se fita seu olhar no alto das montanhas, se não se contenta com a rotina de sempre, com o comum, com ser como são os outros, mas aspira a ser como foram os que constituem o menor número, então chegará à perfeição.

Mas para isso você tem que subir, subir sempre, esforçar-se por ser melhor, cada dia com um novo esforço, com redobrado ânimo, com mais entusiasmo.

Não se esqueça de que nos cumes das montanhas se respira ar mais puro, mais oxigenado; que é nos cumes da própria renúncia que o homem vai se purificando e tornando-se melhor; que os picos das montanhas são o único lugar habitado pelos santos.

Além de consciente, a graça deverá ser crescente; você não pode contentar-se com ser amigo de Deus; deve aprofundar cada vez mais essa amizade. "Já não vos chamo servos, porque o servo não sabe o que faz seu senhor. Mas chamei-vos amigos, pois vos dei a conhecer tudo quanto ouvi de meu Pai" (Jo *15,15*).

11 DE JANEIRO

Quando você vai em alta velocidade com sua carruagem, pela estrada, sem dúvida você anda com certa tranqüilidade, se sabe que a carruagem está funcionando direito.

Sua vida é isto: uma carruagem em alta velocidade; você deve manter a calma e o domínio de sua vida; deve dominar sempre a situação em que se encontre.

Quando dirige sua carruagem, por mais que esta lhe obedeça, se você não for dono de seus nervos, se seus reflexos são tardios, estará à beira da catástrofe.

Sua vida terá muitos empurrões e encontrões, se não for dono de si mesmo, se não dominar seus instintos, se não frear seus impulsos. O domínio próprio é o segredo da vida; saber ir aonde se quer; isto é controle próprio, isto é domínio, isto é alguém mandar em sua própria vida, isto é êxito.

Você sabe dominar-se? É dono de si mesmo? Ou, pelo contrário, suas paixões, seus instintos, seus nervos dominam você? Cuidado, porque pode estar muito próxima a irremediável catástrofe.

O pensamento de Deus será o melhor freio para seus instintos; saber que Deus está com você, que o acompanha. "Se alguém quiser vir comigo, tome sua cruz e siga-me" (Mt *16,24*).

12 DE JANEIRO

Se não é com freqüência, pelo menos de quando em quando você se surpreende a si mesmo, depois duma discussão, duma rixa, duma verdadeira briga com os seus familiares, com os que mais ama em sua vida, ou com os que todos os dias estão à sua volta por motivo de trabalho, de vizinhança, etc.

E, depois da discussão, depois de ter-se deixado dominar por seu nervosismo, já calmo, você começou a lembrar o passado e viu que os outros tinham razão, e não você. Outras vezes você viu com clareza que a razão era sua, mas que foi bastante criança e obstinado na defesa de sua razão.

Conseqüência: em toda discussão, em todo bate-papo violento, você saiu perdendo, toda briga sempre resultou negativa, nunca serviu para esclarecer a verdade, ou para aproximar os corações; muito pelo contrário, afastou-os, exasperou-lhes os ânimos; com ou sem razão, você acabou distanciando-se dos seus, amargurado com os seus. Valeu a pena, então, a discussão?

O Espírito Santo nos aconselha: "Meu filho, faze o que fazes com doçura, e perante Deus acharás misericórdia" (Eclo *3,19*). *"Sê pronto para escutar, mas lento para dizer a resposta"* (Eclo *11,5*). *"Honra e confusão acompanham o loquaz e a língua do homem é a sua ruína"* (Eclo *5,13*).

Por conseguinte, será muito prudente pensar antes de falar, pensar se temos que falar ou calar e pensar como devemos falar.

13 DE JANEIRO

Todos consideramos um verdadeiro elogio quando dizem que temos muita personalidade.

Pois bem, a própria personalidade só se forma com o domínio de si mesmo, com o vigor da vontade, que sabe recusar muitas coisas a ser fiel a outras. Não se deve trair a própria consciência, porque, do contrário, seria como trair o próprio Deus.

Pelo contrário, considera-se um baixo insulto quando nos dizem que somos "covardes"; acontece que é preciso ter coragem, quando se quer adquirir uma personalidade própria; a coragem que saiba dizer *sim* quando se deve dizê-lo, mas que não hesite para dizer *não* quando se pode dizer *sim*.

Ser valente, ser covarde; ter personalidade, não tê-la. É a vontade que deverá dirigir-nos; mas essa vontade deve ser iluminada pelo entendimento e pela graça do Senhor. Devemos pedir essa luz e essa força e com elas lançar-nos às alturas, sem titubeios, sem medos, sem angústias de espécie alguma.

Se temos consciência de que somos filhos de Deus, essa consciência deverá dirigir todos os nossos atos. "Esta água prefigurava o batismo de agora, que vos salva também a vós: não pela purificação das impurezas do corpo, mas pela que consiste em pedir a Deus uma consciência boa, pela ressurreição de Jesus Cristo" (1 Ped *3,21*).

14 DE JANEIRO

Quantos milhões de pesos (cruzeiros) custa o controle dum foguete interespacial? Não torture sua cabeça! Não tenho a intenção de que você me responda com exatidão matemática. É minha intenção, isto sim, que me responda ou, melhor ainda, que você responda a si mesmo esta outra pergunta: Quantos milhões de cruzeiros custa controlar um homem, de quantos precisa um homem para controlar-se a si mesmo?

Ser homem não é manejar alavancas ou apertar botões; ser homem é saber usar corretamente as faculdades humanas, orientá-las para o bem; você será mais homem, se melhor orientar para o bem todas as suas faculdades humanas; e menos homem será, se essas faculdades estiverem mais dirigidas para o mal.

Você já pode me retrucar: acaso você se sente homem, muito homem, ou porventura você deverá confessar-se humilde, porém sinceramente, que está sendo cada vez menos homem?

Cuidado! Deus criou a você para que seja homem, homem íntegro, verdadeiro homem e trate de vir a ser homem perfeito.

Você deverá esforçar-se por ser cristão. Mas não chegará a sê-lo se antes não for um homem perfeito (cabal) no amplo sentido da palavra. "Que é o homem para que dele te lembres, ou o filho do homem, para que o visites? Por pouco tempo o colocaste inferior aos anjos; de glória e de honra o coroaste" (Heb *2,6*). *"Por ela, o homem de Deus se torna perfeito, capacitado para toda boa obra"* (2 Tim *2,17*).

A dor tem seu aspecto amargo, mas o tem também doce; tudo dependerá do lado por onde olhemos.

É duro trabalhar muitos dias semeando a semente e cuidar dela; mas é agradável colher os frutos; é duro passar horas a fio estudando, mas é agradável receber o título e o diploma; é duro realizar esforços e mais esforços para construir a casa, mas é agradável ter em seguida seu próprio lar; é duro fazer qualquer esforço, mas logo é muito agradável gozar do fruto dos esforços empreendidos.

Para chegar a ser bom de verdade, temos que realizar também grandes esforços, conseguir penosas vitórias, porém em seguida podemos usufruir a alegria de vir a ser o que devemos ser. Que não nos desanimem os esforços que se devem realizar; alentem-nos, muito pelo contrário, os resultados conseguidos por esses esforços.

Deus permitirá êxitos e fracassos; mas não nos pede nem uns nem outros; Deus só nos pede nossa ação apostólica; quanto ao mais, corre por sua conta. "Assim, nem o que planta é alguma coisa, nem o que rega, mas só Deus, que faz crescer" (1 Cor *3,7*).

16 DE JANEIRO

As dificuldades foram feitas para vencê-las e não para deixar-se vencer por elas; porque na vida, queira ou não queira, você encontra grande número de dificuldades.

Não tema os golpes da dificuldade; às vezes são duros, são cruéis, mas o atleta não se faz entre lençóis, e sim, nas pistas. O sábio não provém das diversões, mas dos estudos. O santo não é fruto de contemplações, mas de vencimentos; o homem não se faz entre doçuras, mas lutando contra a dificuldade.

Os espartanos com freqüência açoitavam seus filhos, para fazê-los fortes e resistentes; e foi desta maneira que chegaram a ser aquele esforçado povo que não se deixava vencer.

À custa de chicotadas de sacrifícios você se tornará homem e chegará a ser santo.

Sua alavanca será a oração, mas também o sacrifício, que o levará a negar-se muitas coisas, e isso por amor; por amor a Deus e por amor aos irmãos. "Sem efusão de sangue não há perdão" (Heb *9,22). Sem a morte de Cristo nós não teríamos gozado da Vida, e sem sua própria imolação, sem sua alavanca de sacrifício, alguns de seus irmãos não receberão a graça.*

A cruz não pesa quando estamos com espírito alegre, de alma em flor, pois matizes da graça não só dão formosura, mas sobretudo força.

É tão certo que somos filhos de nosso passado, como que somos pais de nosso futuro. Mas não é menos certo que nos convém muito mais olhar e recordar e ter presente que somos mais pais de nosso futuro, que filhos de nosso passado.

O passado deve ser recordado como experiência da vida, como ensinamento para nosso futuro, como lição de nossa história. Mas nunca será positivo recordar o passado, se isso contribui para a gente desanimar, para ser pessimista, para perder energias e entusiasmo.

O passado já não nos pertence; passou, e passou irremediavelmente e sem possibilidade de modificação: tal como foi, assim continuará sendo. Quanto ao futuro, não sabemos se será nosso e certamente ainda não é nosso. O presente é o que está em nossas mãos, é o que podemos fazer que seja desta ou de outra forma; e o presente é o que pode modificar nosso futuro.

Viva o presente, mas fixe a mente no futuro.

Está em suas mãos construir um novo mundo e o fará se você se transformar num homem novo; é a graça que realizará em você essa transformação. "Vós, porém, não foi para isto que vos tornastes discípulos de Cristo, se é que o ouvistes e dele aprendestes, como convém à verdade em Jesus. Renunciai à vida passada, despojai-vos do homem velho, corrompido pelas concupiscências enganadoras. Renovai sem cessar o sentimento da vossa alma e revesti-vos do homem novo" (Ef *4,20-24*).

18 DE JANEIRO

Quando nascemos, ainda não somos totalmente homens, pelo menos não somos os homens que devemos ser, que logo viremos a ser.

Temos dois nascimentos. Quando é nosso segundo nascimento? Quando chegamos a tomar consciência não do que somos, mas do que devemos chegar a ser; não do que desejamos, mas do que devemos desejar vir a ser.

Afinal de contas, o homem se faz à medida em que vai fazendo, que vai se esforçando por ser o que deve ser; se o jovem é o produto da criança, o homem é o produto do jovem; neste sentido, a criança é o pai do homem.

Não nos tornamos velhos quando já vivemos certo número de anos, mas quando vamos perdendo o entusiasmo por nosso ideal.

Chegaram a ser santos não os que começaram, mas os que continuaram e continuaram continuando; os que nunca se cansaram de continuar.

De pouco servirá a você entregar-se ao serviço de Deus se não perseverar nele, se vem a encontrar-se com Cristo, mas logo se afasta dele. O encontro deve ser definitivo, para nunca mais tornar a separar-se. "Aquele que põe a mão no arado e olha para trás, não é apto para o reino de Deus" (Lc *9,62*).

19 DE JANEIRO

Sem dúvida alguma, todos devemos morrer, mas nem todos morremos da mesma maneira.

Você deve viver de tal forma que, quando morrer, os demais chorem e você possa rir; triste e trágico seria se, quando você morresse, chorasse lágrimas, enquanto os outros se alegrassem.

A nobreza da vida não consiste nem no fato de nascer, nem no de morrer, mas no de viver, na maneira de viver e naquilo para que devemos morrer. Não é o viver que fornece o índice de nossa vida, mas o sentido que sabemos dar à nossa vida. Por isso, na vida você não deve fazer o que lhe agrada, mas aquilo que mais tarde lhe agradará ter feito.

"Eu quisera" até hoje nada fez; "tentarei" tem feito grandes coisas; "quero" tem feito milagres. A vida é luta, mas luta é vida. A vida só decepciona os que não esperam bastante dela.

O verdadeiro sentido da vida é "a Vida da graça". São João explica muito bem este pensamento, quando diz: "Ora, a vida eterna consiste em que te conheçam a ti, um só Deus verdadeiro, e a Jesus Cristo que enviaste" (Jo *17,3*)."

"A vida está na vereda da justiça" (Prov *12,28*).

"Quem tem a Deus — diz Teresa de Jesus — nada lhe falta". Nós repetimos que nada nos assusta, se estivermos com Cristo.

20 DE JANEIRO

Ter um ideal é o único meio de fazer algo e de chegar a ser alguém. Só se compreende o que a vida vale, quando a gente se coloca a serviço dum ideal; pois a vida é triste se não é vivida com uma ilusão.

"Está na hora de você começar a pensar na razão de sua existência".

Quando um homem sabe aonde vai, todo o mundo se afasta para dar-lhe passagem. Cada soldado — disse Napoleão — leva em sua mochila a bengala de marechal; o que faz falta é ter vontade de vencer.

Cada homem leva em seu interior a imagem dum herói e de um santo; o que você precisa fazer é ir cinzelando essa imagem, pois o homem não se improvisa, e muito menos o herói e o santo. E os êxitos acompanham mais os constantes do que os fortes.

Você sabe muito bem que o ideal do batizado só pode consistir em viver o "cristão fundamental", a Vida da graça. Para isso você foi batizado e nisso viverá o seu batismo. "Sepultados com Ele no batismo, com Ele também ressuscitastes por vossa fé no poder de Deus" (Col *2,12*). *"Eu vim para que as ovelhas tenham a vida, e para que a tenham em abundância"* (Jo *10,10*).

21 DE JANEIRO

Querer sem que custe sacrifícios, é o que muitos gostariam; querer embora dê trabalho, é próprio de pessoas escolhidas; querer porque custa sacrifícios, é de heróis.

O homem só é verdadeiramente homem quando já aprendeu a vencer-se todo dia. Poderia adotar como lema: Hoje mais que ontem e menos que amanhã.

Na vida nada se faz sem sacrifício, sem esforço. Querer chegar a ser herói, a ser santo sem esforço, é querer o impossível.

O aço deve ser temperado e o ouro purificado no crisol. O homem deve ser fortificado com o sacrifício. O sábio só chega a sê-lo com prolongados estudos, e o santo só alcançará a santidade depois de vencer numerosas situações.

Não desanime se ainda não se sente tão perfeito como você gostaria de ser; a única coisa que você deve fazer é continuar se empenhando, redobrar seu esforço e ter fé: a vitória chegará.

Se você confia em si mesmo, esteja certo do seu fracasso; se confia em Cristo, pode estar certo do seu êxito; não devido a você, mas por Ele. "Coragem, eu venci o mundo" (Jo *16,33*). *"Não te deixes vencer pelo mal, mas triunfa do mal com o bem"* (Rom *12,21*). *"Ao vencedor darei de comer (do fruto) da árvore da vida... o maná escondido"* (Apoc *2,7-17*).

22 DE JANEIRO

Não basta não ser mau; é preciso também não parecer mau; pois, se você parece ser mau, embora não o seja, acaba fazendo mal a si mesmo e faz mal aos outros.

A bondade será antes de mais nada interior, de coração, de verdade, autêntica: você deve ser bom diante de sua consciência e perante Deus.

Mas a bondade exige que seja expressa, tornada visível, manifestada, a fim de que também todos os demais se sintam animados a ser bons; ora, sendo todos bons, tornaremos o mundo melhor do que está.

Mas a bondade de coração não aparecerá em rostos tristes, acabrunhados, taciturnos, em atitudes de repulsa, em palavras violentas, em negações sem sentido. Isso não é "aparecer" bom; e torno a repetir-lhe que não é suficiente ser bom, mas é preciso também demonstrá-lo.

Parecer bom e não sê-lo, é hipocrisia; sê-lo e não fazê-lo aparecer, é falsidade.

Cristo não exige uma perfeição real e não aparente; não admita em nós nenhuma falsidade; quer que sejamos autênticos cristãos e nos propõe este lema: "Sede perfeitos, como é perfeito vosso Pai celestial" (Mt *5,48*). *E o apóstolo Paulo ordena: "E mostra-te em tudo modelo de bom comportamento: pela integridade na doutrina, gravidade..."* (Tit *2,7*).

Você deve esforçar-se por ser valente e por ser virtuoso; mas de pouco lhe servirá ser uma e outra coisa, se não for prudente.

Acontece que a prudência rege os atos de todo homem, de toda a vida; e todas as demais virtudes do homem deixam de sê-lo, se deixam de ser regidas pela prudência.

A valentia sem prudência converter-se-á em arrogância; a virtude sem prudência será ostentação, quando não presunção.

A prudência não reconhece excessos, jamais sai dos justos limites; sabe agir com o justo equilíbrio em todas as coisas e em todos os momentos.

Cuidado, porém! Não confunda prudência com timidez, com medo, com não querer arriscar-se, porque então você cairá na covardia e em parte alguma lerá que a covardia seja uma virtude! Como a prudência nos afasta da arrogância, afasta-nos também da covardia.

O apóstolo deve ser prudente, mas nunca tímido; com a prudência de espírito e não com a da carne. "Ora, a aspiração da carne é a morte, enquanto que a aspiração do espírito é a vida e a paz... De fato, se viverdes segundo a carne, haveis de morrer; mas, se pelo Espírito mortificardes as obras da carne, vivereis" (Rom *8,6-13*).

24 DE JANEIRO

Hoje em dia, de poucas coisas costumamos queixar-nos tanto, como da ausência de paz; de poucas coisas necessitamos tanto como da paz.

Mas o pacífico está sempre em paz e sempre contagia paz. Daí, portanto, a reflexão: se todos ansiamos pela paz, não será o caso de nenhum de nós não ser verdadeiramente pacífico?

Porque, se o fôssemos, não só gozaríamos da paz, mas seríamos semeadores da paz, produtores da paz, implantadores da paz, onde quer que atuemos: no lar, no trabalho, no escritório, no ambiente, na vizinhança... por toda parte.

Ao pacífico nunca falta a paz! Que bela reflexão para que cada um de nós se auto-analise e descubra sua individual responsabilidade na construção da paz no lar.

O cristão é um semeador da paz; da paz que tem consigo mesmo, por estar em paz com Deus. "Bem-aventurados os pacíficos, porque serão chamados filhos de Deus!" (Mt 5,9). *Os anjos cantaram a paz no nascimento de Cristo. Foi porque o Deus do Evangelho é o Deus da paz.*

Deus fez você completo: deu-lhe cabeça, mãos e coração. A cabeça para pensar, as mãos para trabalhar, o coração para sentir.

Você precisa das três coisas; não pretenda desfazer-se de nenhuma delas, pois ficaria incompleto, imperfeito: não seria homem.

Você não pode dispensar a cabeça, pois então suas obras seriam imprudentes e poderiam levá-lo ao fracasso; não pode dispensar as obras, pois, do contrário, seus pensamentos ficariam estéreis e infecundos. Você não pode esquecer-se do coração, pois seus pensamentos e suas obras se tornariam muito frios e pela mesma razão não seriam humanos.

Nem cabeça sem mãos e sem coração; nem mãos sem pensamentos e sem coração; nem coração sem idéias e obras. A cabeça, para pensar; as mãos, para trabalhar; o coração, para sentir.

E, pensando, trabalhando e sentindo você chegará a ser um homem íntegro.

Deus como centro de nosso pensamento, obras e desejos; assim iremos nos despojando de nosso próprio eu, para deixar que a divindade nos sature e absorva. "Mais vale procurar refúgio no Senhor, do que confiar nos grandes da terra" (Sl *118,8*). *"Livrai-me, Senhor, do homem mau, preservai-me do homem violento"* (Sl *140,2*).

26 DE JANEIRO

O homem pelo homem! Este o grito do humanismo absoluto, que pretende conceber o homem sem levar o Deus em conta.

Assim como não podemos ir a Deus sem pensar no homem, também não é possível ir ao homem sem ver sua projeção para Deus.

Existe entre ambos — Deus e o homem, o homem e Deus — uma intercomunicação e interrelação que é impossível apagar ou sequer esquecer.

Por isso, quantas feridas nos fazemos uns aos outros, quando pretendemos ferir a Deus; e quantas feridas fazemos a Deus quando nos ferimos uns aos outros.

Ele não permitiu ferir-nos; pelo contrário, deu-nos o preceito de que nos amássemos uns aos outros; em compensação, o homem está desenvolvendo esforços incríveis para mudar seu preceito pelo de "Amai-vos uns aos outros", e por isso as coisas andam no pé em que estão.

O cristão sabe que é somente com o amor que se aperfeiçoará, mesmo como homem. Nada deve ter tão presente como o preceito do Mestre: "Dou-vos um novo mandamento: Amai-vos uns aos outros. Como eu vos tenho amado, assim também vós deveis amar-vos uns aos outros. Nisso todos conhecerão que sois meus discípulos, se vos amardes uns aos outros" (Jo *13,34-35*).

27 DE JANEIRO

Todos anelamos a alegria, uma verdadeira alegria, mas nem sempre a conseguimos.

Se você quer estar triste, pense somente em você; se quer estar alegre, pense em Deus. Ao pensar em si, encontrará sobejos motivos para a tristeza, porque você é muito pouca coisa, muito limitado e muito fraco. Em compensação, ao pensar em Deus, encontrará razões sérias para alegrar seu espírito, já que Deus é bondade e amor, e a bondade e o amor não podem senão produzir uma sadia alegria.

Aquele que está longe de Deus, aquele que vive longe de Deus ou prescindindo de Deus, acha-se distanciado da fonte da alegria e da paz; em contrapartida, o que vive n'Ele e com Ele, fica absorvido pela paz do Senhor, que cumula seus desejos com felicidade.

É quando, então, a gente descobre que a vida merece ser vivida e que se pode ter paz, mesmo nos fracassos e nas próprias deficiências.

Ninguém tem tantos motivos para viver profundamente feliz, como o cristão. "Mas o que beber da água que eu lhe der, jamais terá sede. Mas a água que eu lhe der virá a ser nele fonte de água, que jorrará até à vida eterna" (Jo *4,14*).

28 DE JANEIRO

Todos nos sentimos inclinados a dar conselhos aos outros; e com a certeza de que costumamos fazê-lo muito bem. Chegamos até a agir com bastante acerto nos conselhos que damos aos outros.

Se nos decidíssemos uma vez por todas a praticar o que aconselhamos aos outros, logo seríamos perfeitos, sem demora chegaríamos à santidade.

Acontece, porém, que somos muito hábeis em aconselhar os demais e não menos hábeis em esquivar-nos dos conselhos que nós mesmos damos. Vemos com muita lucidez o que os outros devem fazer, e somos bastante míopes para reconhecer nossas obrigações pessoais.

Se, pelo menos, fôssemos como desejamos, como pedimos, como exigimos e como aconselhamos que os demais sejam, muito depressa nos veríamos livres da maioria de nossos defeitos.

Não devemos julgar, se não queremos ser julgados. Quem nos deu autoridade para julgar? Somente o Senhor conhece o fundo dos corações. "Por que olhas a palha que está no olho do teu irmão e não vês a trave que está no teu?" (Mt *7,3*). *Oxalá todos tivessem a graça, pois com a graça nos preparamos para acabar sendo irmãos.*

29 DE JANEIRO

No mundo, tudo tem sua razão de ser: o frio do inverno e o calor do verão, a força do vento e a calma da atmosfera, a luz e as sombras...

Você também tem uma razão de ser na vida; sua vida tem uma missão, que há de ser cumprida por você porque essa missão é pessoal, não pode ser transferida a outros.

Todo seu empenho deve consistir em chegar a conhecer qual é essa sua missão, qual é a razão de ser de sua vida; Deus tem sobre você alguns planos, que você deve realizar. Se não chega a conhecer esses planos, você não poderá concretizá-los; porém, se você os conhece, deve dedicar-se plenamente à sua realização e então verá que sua vida está repleta e que descobriu o verdadeiro sentido da mesma.

Procure, por conseguinte, os planos de Deus sobre você, para que possa cumpri-los.

Deus lhe assinalou uma missão a cumprir e essa missão é pessoal e intransferível; se você não a cumpre, ela ficará sem ser cumprida e em você se frustrarão os planos de Deus; mas, por culpa de quem? "Cada um permaneça na profissão em que foi chamado por Deus" (1Cor *7,20*). *"Exorto-vos, pois, que leveis uma vida digna da vocação à qual fostes chamados"* (Ef *4,1*).

30 DE JANEIRO

Não há nada que muito dure, se tem fim. Nada é absoluto, se tem limites.

Os dias de dor parece que nunca terminam; as noites de insônia, os dias de dura lida, a enfermidade molesta e dolorosa, o problema angustioso, o sofrimento que se agarra ao espírito com vontade lacerante... Tudo parece que vai durar para sempre, que nunca acabará.

No entanto, tudo passa, tudo perece, tudo termina, tudo desaparece e tudo se esquece. Por isso dizemos que dura pouco o que tem fim, porquanto, uma vez chegado a esse fim, já não se pode falar de muito, pois já estamos no nada.

Em compensação, o Absoluto, o que não tem princípio nem fim, o que é eterno e imutável — Deus — é o que nunca passa, o que por esta mesma razão não só é muito, mas que é tudo.

Por isso em sua vida Deus não pode ocupar um segundo lugar; não pode haver nada superior a Deus; tampouco pode ocupar um "primeiro" lugar, mas tem que ocupar "todo" lugar. "Eu sou o Alfa e o Ômega, diz o Senhor Deus, Aquele que é, que era e que vem, o Dominador" (Apoc *1,8*).

31 DE JANEIRO

Há uma vida alegre; uma vida em que tudo sai bem e na qual usufruímos de todos e de tudo.

Uma vida repleta de otimismo, de êxitos, de novos planos que se concretizam; uma vida de ilusões realizadas; uma vida de paz e de compreensão com os próprios e com os estranhos.

E há também uma vida de dor; uma vida em que a doença nos morde as carnes; uma vida em que a doença de alguém dos nossos familiares aflige nosso coração; uma vida de dificuldades e de fracassos, de pobreza e de falta de trabalho, de incompreensões e dificuldades, de lágrimas e angústias, de sentida solidão.

Mas pode haver, também, uma vida que seja a soma das duas anteriores, isto é: uma vida que não seja somente de alegria ou de dor, mas que chegue a ser de alegria na dor. É provável que a alegria e a dor lhe venham de Deus, mas dependerá exclusivamente de você fazer de sua vida uma vida de alegria na dor.

Porém, isso você não alcançará, se não olhar para a dor na cruz; a cruz sem Cristo se tornará insuportável. O Cristo na cruz a torna carrregável.

"Estou pregado à cruz de Cristo. Eu vivo, mas já não sou eu, é Cristo que vive em mim" (Gal *2,19-20*). *Quanto a mim, não pretendo, jamais, gloriar-me, a não ser na cruz de nosso Senhor Jesus Cristo, pela qual o mundo está crucificado para mim e eu para o mundo"* (Gal *6,14*).

É o que afirma nosso cântico:

Em nossos lares terá a graça residência, e no trabalho e na escola repartiremos nossas boas disposições; e, estando alegres, renovaremos os corações até acabar no céu.

MÊS DE FEVEREIRO

Férias!

Palavra que encerra um hábito de magia, que serena o espírito!

E não será mau que você tire suas merecidas férias, para repor energias e renovar entusiasmos; oxigenar seus pulmões, aliviar tensões, passar mais dias seguidos e inteiros com sua família.

Tudo isto está muito bem e deve procurá-lo na medida de suas possibilidades.

•••

Cuidado, porém! Pois, se seu corpo e sua mente necessitam de férias, com elas seu espírito se debilita.

Isto vale dizer que, se não tem cuidado em entender as exigências de seu espírito, as férias beneficiarão seu corpo e sua mente, mas serão prejudiciais ao seu espírito.

E isto seria fatal!

•••

Durante o ano, você talvez não tenha tempo nem disposição para dedicar-se ao cultivo do seu espírito. Então, por que não dedica algum tempinho, cada dia, à leitura, à meditação, ao estudo, à conversação sobre temas de formação, educativos, espirituais?

Não receie que isso o canse; muito pelo contrário: ao afastar-se da rotina diária de problemas e preocupações materiais, você se elevará.

E, ao sentir-se elevado, sentir-se-á melhor.

Experimente-o.

Estou certo de que não se arrependerá.

E não será pouco o enriquecimento espiritual que obterá.

1º DE FEVEREIRO

Já iniciamos o segundo mês do ano. Os dias já vão passando e com eles o tempo e com ele a vida.

O povo comum só pensa em passar o tempo; a gente de talento pensa, pelo contrário, em aproveitá-lo. Porque, entre o passado, que já era, e o futuro, que ainda não é, está o presente no qual se acham nossos deveres e que está sob nossa responsabilidade.

Uma coisa é perder o tempo e outra é empregá-lo. Foi com acerto que o poeta disse: "E continua, se percebes que o tempo bem usado, embora pareça passado, nem se passa nem se perde".

Quem será aquele que perde o tempo? É aquele que o passa sem ser útil nem para Deus nem para o próximo.

Às vezes nos perguntamos qual teria sido o dia mais feliz de nossa vida; não é difícil responder: cada dia é o mais feliz, porque cada dia se nos apresenta a oportunidade de empregá-lo melhor no serviço de Deus e dos próximos, e é precisamente neste serviço que finca raízes nossa felicidade e a dos outros.

A causa da alegria será a prática do bem; sua ação em si mesmo, o esforço que você faz por melhorar; sua ação apostólica, que procura fazer o bem nos outros. Oxalá você imite o Mestre, do qual se pôde afirmar: "Ele fez bem todas as coisas" (Mc *7,37*). *Será que se poderia dizer o mesmo de você?*

2 DE FEVEREIRO

Às vezes as notícias mais insignificantes encerram um importante ensinamento. Não faz muito tempo, um casal de equilibristas integrantes dum circo italiano resolveu casar-se na jaula dos leões.

A notícia poderiá parecer sem nenhuma relevância, mas dá margem a esta reflexão: serão muito poucos os casais que se casam numa jaula de leões; mas são muitos os que levarão os leões ao lar, depois de casados.

Porque leões, e dos mais ferozes, são as altercações, as brigas, as discussões violentas, as reações fora do comum. Tudo isto é algo assim como os dentes dilacerantes dos leões, que sem piedade destroem e matam a harmonia do lar.

Porque leões, e dos mais ferozes, são as altercações, as brigas, as discussões violentas, as reações fora do mum. Tudo isto é algo assim como os dentes dilacerantes dos leões, que sem piedade destroem e matam a harmonia do lar.

Você deve viver seu batismo ali onde o Senhor o colocou; se lhe deu a vocação para o matrimônio, é ali que você deve viver sua fé e sua graça.

"Sujeitai-vos uns aos outros no temor de Cristo. As mulheres sejam submissas a seus maridos, como ao Senhor, pois o marido é o chefe da mulher, como Cristo é o chefe da Igreja, seu corpo, da qual ele é o Salvador" (Ef *5,21-23*).

3 DE FEVEREIRO

"Homem de palavra!" Esta expressão costuma ser um dos melhores elogios que se pode fazer a uma pessoa. E como dói a infidelidade, como cala fundo na alma quando comprovamos que tal ou qual pessoa nos faltou com a lealdade!

Isto porque o homem falha com freqüência. Em compensação, Deus nunca falha: sempre cumpre com o que diz, sua Palavra é a Verdade.

No entanto, embora Deus nunca falhe e o homem, sim, é preciso manter a fé em Deus e a confiança nos homens. A confiança nos homens pode facilitar-nos a fé em Deus e a fé em Deus vai nos pedir a confiança nos homens.

A fé não consiste em que o homem possa ou não falhar; a fé se fixa, antes, no coração e nós devemos pensar que todos são bons. Desta maneira nossa confiança nos homens, se não os acha bons, os fará bons e, em compensação, a fé em Deus nos tornará bons para nós.

No batismo você foi consagrado como posse, coisa exclusiva de Deus; esse Deus "conta com você". Você lhe empenhou sua palavra. Ele espera que você a cumpra, que seja fiel a ela. Tem a certeza de que cumprirá com a Sua, pois "o céu e a terra passarão, mas minhas palavras não passarão" (Mc *13,31*)*. Constitui uma profunda tranqüilidade a gente ter a certeza de que as promessas do Senhor se cumprirão.*

4 DE FEVEREIRO

Não é possível ser aceito por todos. Enquanto uns aplaudirão nossas obras, outros as rejeitarão. Se você é bom, os que não o são, o rejeitarão; se é como eles, é Deus que o rejeitará; se é justo, será perseguido pelos injustos; mas, se é injusto, os justos sofrerão por você. Se você se mostra soberbo e orgulhoso, os humildes não poderão aplaudi-lo; embora você se veja desprezado pelos soberbos, se você for humilde. Se você se preocupa com os demais, os egoístas se rirão de você e o tacharão de louco; e, se você deseja que o egoísmo invada sua vida, os que sofrem esperarão inutilmente sua ajuda.

Você deve escolher o que prefere para sua vida: ser aceito pelos maus, pelos soberbos e egoístas, ou ser como os bons, como os humildes, como os que se sacrificam pelos outros.

E, em última análise, se quer ser rejeitado por Deus ou ser aceito por Ele.

Nem o próprio Cristo foi aceito por todos. E como os discípulos não podem gozar de condição diferente que o Mestre, nós cristãos devemos estar dispostos a ser rejeitados pelo mundo e pelos mundanos. "Sereis odiados por todos por causa do meu nome. Entretanto, não se perderá um só cabelo da vossa cabeça. É pela vossa constância que alcançareis a vossa salvação" (Lc *21,17-19*).

5 DE FEVEREIRO

Jamais diga: "O que se perdeu, perdido está". É muito mais construtivo que pense e diga que você pode encontrar o que está perdido, e que pode levantar o que está caído.

E isto, tanto em você como nos outros.

— em você, pois encontrará em sua vida bons costumes perdidos, bons hábitos esquecidos, santos propósitos descuidados, resoluções não cumpridas. Tudo isso você pode e deve recordar, encontrar, cumprir;

— e nos outros, porque também neles você poderá notar descuidos, filhos não tanto da má vontade, porém da humana fraqueza, e você pode e deve ajudá-los para o seu melhoramento.

Se bem que tudo isto você deverá fazê-lo: nos outros, com tato e caridade, e em você, com firmeza e constância.

Desesperar da bondade de Deus pode ser o maior pecado que cometemos e, se você espera em Deus com sinceridade, tudo pode chegar a ser conseguido: "Assim é a vontade de vosso Pai celestial que não se perca um só destes pequeninos" (Mt *18,14*). *"Pois o Filho do homem veio procurar e salvar o que estava perdido"* (Lc *19,10*).

6 DE FEVEREIRO

Por pouco que nos examinemos a nós mesmos, facilmente descobriremos que todos pretendemos mudar e melhorar os outros; todos pensamos que o mundo iria melhor se os outros mudassem.

E o que se diz do mundo, deve-se afirmar em termos concretos do próprio lar, da esposa, dos filhos, dos amigos, dos dependentes, dos chefes ou senhores, do governo... são sempre os outros que devem mudar.

E não nos convencemos de que, enquanto nós não mudarmos e melhorarmos interiormente, é inútil tentar mudar e melhorar os outros, pois o mundo, o lar, o ambiente mudarão na medida em que mudarmos ou melhorarmos a nós mesmos.

E, por isso, nada melhor do que nos aproximarmos de Deus: quanto mais perto dele estivermos, mas melhoraremos.

Devemos detectar os ambientes mais necessitados de mudança e melhoramento. E para isso é imprescindível que "sejamos decididos na vida", para infundir segurança nos outros. Para isso deveremos enxertar-nos em Cristo, como o rebento da videira. "Permanecei em mim e eu permanecerei em vós. O ramo não pode dar fruto por si mesmo, se não permanecer na videira. Assim também vós: não podeis tampouco dar fruto, se não permanecerdes em mim" (Jo *15,4).*

Sem a graça, como eu vivia enganado! Agora, com a graça, minha vida está se reestruturando!

7 DE FEVEREIRO

Viva de tal forma que Deus esteja contente com você, que Deus possa aprovar todos os seus atos. Porém, viva também de tal modo que os outros possam sentir-se com desejos de imitá-lo, que sinta em seu interior os anseios da própria superação.

É bem verdade que você não deve praticar o bem só para que o vejam. Mas não é menos certo que você é obrigado a ser exemplo para os que estão à sua volta.

Teresita González, morta aos vinte e um anos num convento de carmelitas, propusera aquele lema para sua vida: "Senhor, que quem olhe para mim, te veja".

Que todos os que olhem para você, não tenham outro remédio senão ver a Deus em você; quem o ouvir, quem vir sua maneira de proceder, quem presenciar suas reações se vejam impelidos a ver Deus, a ouvir Deus, a sentir Deus.

Cristo lhe disse que você é a luz; que deve ser a luz posta no castiçal, e não ficar escondida debaixo da mesa, a fim de que você possa iluminar os que estão à sua volta. "Assim, brilhe vossa luz diante dos homens, para que vejam vossas boas obras e glorifiquem vosso Pai que está nos céus" (Mt *5,16*).

8 DE FEVEREIRO

A união faz a força; mas essa união é muito mais positiva, quando não é apenas física, de forças, mas de corações.

Trata-se da unidade de todos os homens, independente de suas ideologias, seus costumes, suas nacionalidades, suas culturas. Cristo pregou a união de todos num mesmo Pai, que é Deus.

É preciso que essa unidade cristã passe quanto antes de vago e vaporoso desejo nostálgico para uma gozosa realidade; é preciso que nós cristãos não nos ataquemos, mas que nos abracemos de coração.

Porém, essa unidade não acontecerá, se primeiro não queimarmos nas chamas do amor todo ódio, rancor, as rixas e divisões que estõ nos separando e amargurando. Nunca chegaremos à unidade cristã, senão pelo esquecimento, pelo perdão e pelo amor.

É preciso que nos fixemos mais na meta para onde todos nos dirigimos, que é Deus, e menos nos caminhos pelos quais vamos à meta. E em nossos dias, que tanto se fala de Nações Unidas, Estados Unidos, Repúblicas Unidas, procuremos criar a realidade dos Crentes Unidos.

O grande pedido de Cristo ao Pai foi a união de seus discípulos. "Pai Santo, guarda-os em teu nome, que me encarregaste de fazer conhecer, a fim de que sejam um como nós... Que todos sejam um, assim como tu, Pai, estás em mim e eu em ti, para que também eles estejam em nós e o mundo creia que tu me enviaste" (Jo *17,11-21*). *Você é causa de união ou de desunião?*

9 DE FEVEREIRO

Se todos os homens devemos estar unidos, muito mais os cristãos, embora união não queira dizer "uniformidade".

Devemos aprender a viver pacificamente com os que crêem ser tão fiéis como nós à mensagem essencial de Cristo e de sua Igreja.

Devemos saber viver fraternalmente com os que defendem outros pontos de vista ou outras opções, diferentes das nossas na ordem temporal e mesmo na interpretação da mensagem do Senhor.

A união dos cristãos tem que ser união de corações e de espíritos. Já que não podemos unir-nos com a inteligência, porque cada um pensa a seu modo, pelo menos que nos una o coração, o amor a Deus e o amor aos irmãos.

Por outro lado, não esqueçamos que, sem esse amor, é impossível chegar à posse da verdade. Sem o amor a gente poderá estar atuando segundo a verdade filosófica — porque esta é meramente conceitual —, mas não de acordo com a verdade cristã que é essencialmente vida, e a vida é amor.

Santo Agostinho propôs a norma de vida com aquela sua afirmação: "No necessário, unidade; no contingente, liberdade; no todo, caridade".

"Rogo-vos, irmãos, em nome de nosso Senhor Jesus Cristo, que todos estejais de pleno acordo e que não haja entre vós divisões. Vivei em boa harmonia, no mesmo espírito e no mesmo sentimento" (1Cor *1,10*).

10 DE FEVEREIRO

Decerto hoje você deve ter almoçado e jantado e, ao levantar-se da mesa, os seus familiares lhe terão desejado "Bom proveito!" Você já pensou, porém, que no dia de hoje não se pôde desejar bom proveito a muitíssimos homens, irmãos seus, pela simples razão de que não almoçaram nem jantaram?

Dizer-lhes "Bom proveito!" soaria a sarcasmo, porque pertencem ao desnutrido exército dos famintos. É triste constatar que nossa sociedade gasta mais milhões em armas para a morte, do que em alimentos para a vida.

Não lancemos a culpa sobre Deus, não pensemos em diminuir o número dos convidados à mesa da vida; Deus dotou nosso planeta de meios mais que suficientes para fazer desaparecer a fome. Somos nós os egoístas com os irmãos mais necessitados e, quando nos pedem uma ajuda ou esmola, ainda a negamos ou, se a damos, fazemo-lo com um sabor de auto-suficiência, quando não de alta generosidade.

A projeção de sua fé e de seu batismo para o compromisso temporal não pode ser esquecida ou descuidada por nenhum motivo; e isto não só por caridade, mas por justiça. O copo d'água dado ao sedento por caridade, é algo que se oferece a Deus, pois "todas as vezes que fizestes isto a um destes meus irmãos mais pequeninos, foi a mim mesmo que o fizestes" (Mt *25,40*).

11 DE FEVEREIRO

No calendário, encontramos com bastante freqüência algum dia denominado Dia do Pai, Dia da Mãe, do Professor, do Avô, do Empregado, e centenas mais...

É uma coisa muito boa, porque com isto pretendemos demonstrar o amor, que devotamos a essas pessoas, e a admiração e o reconhecimento por seus serviços e suas funções, tanto no âmbito do lar como da sociedade.

Mas, você já pensou, alguma vez, que existe Alguém a quem devemos dedicar também um dia? Nosso Deus Pai.

Porque também Ele tem muitas, muitíssimas razões para reclamar nossa gratidão e nosso amor.

E se no Dia da Mãe, do Pai, etc... lhes dizemos, à guisa de cumprimento: "Eu te quero, eu te amo", por que não dizê-lo também ao Senhor com a mesma sinceridade? Você quer saber qual é o dia do Senhor? É o *domingo*. Não deixe de dizer-lhe todo domingo: "Senhor, te amo, porque és meu Pai e me sinto orgulhoso de ser teu filho".

"Pai nosso, que estais no céu, santificado seja o vosso nome; venha a nós o vosso reino; seja feita a vossa vontade, assim na terra como no céu" (Mt *6,9-13*).

Vivamos na graça,
até o fim da vida!

12 DE FEVEREIRO

Há duas expressões contrárias, que freqüentemente ouvimos e até nós mesmos chegamos a pronunciar:

"Que azar que tive!", "Hoje não tive sorte", "Fiz aquilo, mas não me dei bem". Assim costumamos falar, quando as coisas não nos saíram como esperávamos.

"Como fui felizardo!", "Que sorte que tive!", "A sorte me sorriu", "Joguei e com sorte!", "Desejo-te boa sorte!"; assim falamos nos casos contrários.

Em tudo isso há todo um mundo de formas de falar inconsciente e desconsiderado e muito pouco de consciência do que estamos dizendo. A sorte não é algo que nos venha como que caindo do céu.

A melhor sorte que podemos nos desejar será deixar-nos guiar pela Providência de Deus, que tudo dispôs para ajudar-nos a chegar até Ele. Muitas vezes ignoramos como esse ou aquele sucesso nos pode ajudar, mas a fé nos diz que é assim.

Nesses momentos, nada melhor do que exclamar com o salmista: "Minha sorte está em tuas mãos, Senhor". Porventura podemos desejar coisa melhor do que descansar nas mãos de Deus?

Convença-se, duma vez por todas, de que Deus o ama e de que sempre procura seu bem. E isso pelo amor que tem a você. "Aliás, sabemos que todas as coisas concorrem para o bem daqueles que amam a Deus, daqueles que são os eleitos, segundo os seus desígnios" (Rom *8,28*).

13 DE FEVEREIRO

Pode ser proveitoso para os pais conhecerem o decálogo do bom pai, expresso nos seguintes mandamentos:

1. Amarás teu filho, com todo o teu coração, alma e forças, mas sabiamente com teu intelecto.
2. Verás em teu filho uma pessoa, e não um objeto que lhe pertence.
3. Não exigirás dele amor e respeito, porém tratarás de ganhá-los.
4. Toda vez em que seus atos te fizerem perder a paciência, trarás à tua lembrança os teus, quando tinhas a idade dele.
5. Lembra que teu exemplo será mais eloqüente do que o melhor dos teus sermões.
6. Pensa que teu filho vê em ti um superior; não o desiludas.
7. No caminho de sua vida serás um sinal que o impedirá de tomar rumos equivocados, dos quais dificilmente retornará.
8. Ensinar-lhe-ás a admirar a beleza, a praticar o bem e a amar a verdade.
9. Dedicarás atenção aos seus problemas, quando ele julgar que podes ajudar a solucioná-los.
10. Com tua palavra e exemplo, lhe ensinarás a amar a Deus sobre todas as coisas.

Um bom programa para ser pai; programa para ser bom pai; bom programa para um bom pai que quer dar um bom filho à sociedade.

"Pais, não exaspereis vossos filhos. Pelo contrário, criai-os na educação e doutrina do Senhor" (Ef *6,4*).

14 DE FEVEREIRO

Não faz muito tempo, apareceu e tornou-se muito popular uma canção intitulada *Vivo cantando.*

E calha muito bem, porque a vida tem que ser um canto, assim como o canto deve ter vida.

Sem demora, é preciso que cada um de nós escolha o tom da canção de sua vida: o tom triste menor do cântico fúnebre ou o tom maior da alegria. Os que escolhem o tom lúgubre das queixas: "Como está mal o mundo!", "Cada vez vamos pior!", "Onde vamos parar?" estão difundindo à sua volta o pessimismo, o derrotismo.

Temos que preferir o sustenido ao bemol: a alegria, o entusiasmo, a fé, a esperança, a caridade. Precisamos viver cantando, espalhando ao nosso derredor as notas do pintassilgo e não o chilreio do gorrião; dissipando sombras e não acumulando nuvens; projetando feixes de luz e não submergindo nas trevas.

Porque deve ser coisa muito triste caminhar pelas trevas, sem saber onde nos encontramos nem aonde vamos.

Cristo é a luz que ilumina e o caminho que devemos trilhar para não nos extraviarmos. "Vinde a mim, vós todos que estais aflitos sob o fardo, e eu vos aliviarei" (Mt *11,28*).

Com uma santa alegria,
afastando covardias,
levaremos o teu Reino,
a nossa nação querida.

15 DE FEVEREIRO

Os dias de sol são sempre mais alegres que os dias de tormenta; a vida sempre se tornará mais agradável, quando a encaramos num enfoque de otimismo, do que quando a olhamos com desconfiança.

Por isso:

Eu canto a manhã, que viu minha juventude,
e o sol, que dia a dia nos traz nova inquietude.
Canto minha mãe, que deu vida a meu ser,
canto a terra, que me viu nascer.
E canto o dia em que senti o amor.
Andando pela vida, aprendi esta canção.

E algumas vozes amigas nos brindam também com estas estrofes:

Canto a flor do campo, canto o vento, canto o mar,
Canto a luz que morre no trigal,
canto o amor sincero, canto o fogo do lar,
canto a verdadeira liberdade,
canto os verdes prados, canto o ar, canto o sol.
Canto o azul do céu e o amor.
Canto a gente humilde, que me olha sem rancor,
canto a paz do mundo, canto a Deus.

"Eu sou o caminho, a verdade e a vida; ninguém vem ao Pai senão por mim" (Jo *14,6*).

16 DE FEVEREIRO

Pelo que tudo indica, são três as atitudes que podemos adotar diante da realidade do mundo:

— A primeira seria a atitude de olhar para o céu, sem se preocupar com a terra, mais ou menos como os apóstolos ficaram olhando para o céu quando Jesus se afastou deles;
— A segunda, pelo contrário, é a que prevalece em nossos dias: olhar muito mais para a terra e centrar-se no tempo, sem maiores preocupações de ordem superior;
— Mas a terceira deverá ser a de fixar os olhos no céu, tendo, porém, os pés na terra; com os olhos bem fitos no céu e os pés bem fincados no chão; nem céu sem terra, nem terra sem céu.

Há um compromisso espiritual e um compromisso temporal que impedem que o homem cristão seja um despreocupado; pois ele tem que se preocupar com tudo e responsabilizar-se por tudo.

Esta é a verdadeira e autêntica terceira posição, que nos situa devidamente em nosso pensamento e em nossa ação.

"Portanto, quem der testemunho de mim diante dos homens, também eu darei testemunho dele diante de meu Pai que está nos céus" (Mt *10,32*). Já nos disse um Santo Padre: "O cristão que não evangeliza, é um apóstata".

Que o mundo esteja radiante,
é meu sonho e meu ideal;
Cristo já conta comigo,
e eu com sua graça ainda mais.

17 DE FEVEREIRO

O homem é como um imenso pulmão, sempre sedento de oxigênio; como um imenso coração sempre faminto de sangue. O oxigênio e o sangue pelo que o homem anseia é a felicidade.

Às vezes buscamos a felicidade fora de nós mesmos e lamentavelmente nos enganamos, pois a felicidade está dentro de nós mesmos e nós mesmos a construímos.

Nossa felicidade é a conseqüência daquela que proporcionamos a outros; talvez algo disso saiba a mãe que sorri feliz diante da cama do seu filho adormecido, depois de um dia de trabalho por ele.

Não temos direito de gozar da felicidade, se não a criamos à nossa volta; como não o temos de desfrutar da riqueza, se não a produzimos. Nesta vida, nossa principal tarefa é sermos felizes; assim Deus o quer. Porém, o caminho mais curto e mais seguro para sê-lo, é fazer felizes os demais, porquanto não existe mais do que uma maneira de ser felizes: tornar os outros felizes.

A felicidade começa com "fé"; a fé será, pois, a condição indispensável de uma profunda e permanente felicidade. "O temor do Senhor alegra o coração. Ele nos dá alegria, regozijo e longa vida. Quem teme o Senhor sentir-se-á bem no instante derradeiro, no dia da morte será abençoado" (Eclo *1,12-13).*

18 DE FEVEREIRO

Muitas vezes nos perguntamos o que é a vida, e sobretudo nos inquieta saber para que serve a vida.

Ora, é muito triste a gente achar-se numa sala de espera, sem esperar por nada; viver porque se tem vida, porém sem ter nada na vida, sem esperar nada da vida, sem dar um sentido à vida. Uma vida inútil é uma morte prematura.

Viva de tal modo que, quando morrer, não tenha vergonha de ter vivido; pelo contrário, que você se sinta satisfeito de ter vivido e de ter vivido tal qual viveu.

A vida não é prazer, a vida não é comodidade, a vida não é diversão, a vida não é turismo, a vida não é dinheiro, a vida não é conforto. A vida tem tudo isto, mas a vida não é isto.

Como tampouco a vida não é dor, a vida não é lágrimas e choro, a vida não é sofrimento e pesar, a vida não são problemas e angústias... a vida tem tudo isto, mas a vida não é isto, precisamente.

A vida é cumprimento do dever, preencher um lugar, desincumbir-se duma missão, contribuir para o bem-estar dos demais: isto é viver.

"A vida está na vereda da justiça; o caminho do ódio, porém, conduz à morte" (Prov *12,28*). *"E, entretanto, não sabeis o que acontecerá amanhã! Pois, que é a vossa vida? Sois um vapor que aparece por um instante e depois se desvanece"* (Tgo *4,14*).

19 DE FEVEREIRO

Quando crianças, várias vezes brincamos de "cara ou cruz" (que em português corresponde ao jogo "Cara ou coroa" — nota do tradutor); e agora que somos adultos devemos viver de "cara e cruz".

Pois a vida está assim constituída: com muitas caras e não poucas cruzes: e pretender prescindir da cara, para olhar somente as cruzes, é ser pessimista e fatalista e detestar a sociedade. Embora pretender fechar os olhos para a cruz, a fim de olhar somente para a cruz, seja pura ingenuidade e termine desiludindo.

O cristão deve admitir ambas as coisas: a cara e a cruz; a cara bonita do amor e a cruz feia da dor; a cara grata do gozo e a cruz ingrata do sofrimento; a cara sorridente da alegria e a cruz cheia de lágrimas; a cara agradável do bem e a cruz desagradável do mal.

E tudo — cara e cruz — vem de Deus; mas é preciso descobrir os caminhos pelos quais chegam até nós a cara e a cruz, que não são os caminhos da fatalidade, mas os da Providência amorosa do Senhor.

A mão direita e a mão esquerda de Deus, tanto uma quanto outra, são mãos de Deus, e Deus tanto ama a você quando o toca com a mão direita como quando o prova com a esquerda. "Porque o desejo do lucro inventou o navio e uma hábil sabedoria dirigiu sua construção. Mas sois vós, Pai, que o governais pela vossa Providência... mostrando por aí que vós podeis tirar do perigo aquele que afrontasse as ondas..." (Sab *14,2-4*).

20 DE FEVEREIRO

Na vida não é possível passar sem a cruz; porém, não nos enganemos, imaginando que as cruzes possam ser raras. A cruz toma a forma de mil e uma circunstâncias diárias em nossa vida.

O cumprimento de nossos múltiplos deveres costuma ser cruz que gravita sobre nossos ombros. A fiel execução de nossas obrigações familiares, profissionais ou de cidadãos; a prática sincera do amor para com todos, mesmo para com aqueles que não nos são simpáticos; nossa disponibilidade para o serviço dos demais, embora custe nossa própria falta de conforto; para que os demais estejam e se sintam numa boa; a aceitação das coisas molestas que nós não procuramos, mas que nos atingiram sozinhas, sem saber donde vieram nem por que razão. Tudo isto constitui freqüentemente uma cruz pesada, ou talvez não, mas, no final de tudo, uma cruz.

Feliz daquele que sofre e sabe para que sofre; feliz de quem sofre para que os outros sofram menos. A verdadeira cruz cristã tem como braço vertical a tensão para o céu e como braço horizontal o esforço contínuo no sentido de melhorar a terra.

Triste é sofrer; muito mais triste é não saber sofrer. O cristão sabe que deve sofrer com Cristo e por aqueles que foram redimidos por Cristo. "Após suportar em sua pessoa os tormentos, alegrar-se-á de o conhecer até ao enlevo. O Justo, meu Servo, justificará muitos homens e tomará sobre si suas iniqüidades" (Is *53,11*).

21 DE FEVEREIRO

Os cristãos dispõem de um livro que é a expressão de toda a sua fé: o Evangelho.

Só que o Evangelho não pode ser utilizado a bel-prazer da pessoa, dele aceitando aquilo que agrada e desprezando o que é menos agradável — como se estivéssemos despetalando uma margarida, ficando com esta ou aquela pétala e lançando fora outras.

Não se pode destacar páginas ou trechos ou frases do Evangelho; todo o Evangelho, em toda a sua integridade, deve ser destacado; todo ele deve ser vivido em toda a sua plenitude, e toda a dimensão, em todos os seus variados aspectos e aplicações vitais.

Escreveu-se um livro com o título de *Evangelhos molestos*. Acontece que, se nos decidimos a vivê-lo em toda a sua plenitude, todo o Evangelho é molesto, pela simples razão de que, para cumpri-lo, temos que nos esforçar, que nos negar... e sempre se torna molesto a gente negar-se a si mesmo e a seus gostos e conveniências.

O Evangelho não se passou "naquele tempo", mas deve passar "neste tempo"; não se pregou "para aquela gente", mas se prega "para nós".

O Evangelho não deve tornar-se enfadonho para nós; é preciso fazer dele "uma constante revisão de vida", até chegar a "ver, julgar e agir" segundo suas normas e seu espírito.

"As palavras que vos tenho dito são espírito e vida" (Jo *6,63*). *Porém, cada um de nós tem que fazer que as palavras do Senhor sejam vida de sua vida.*

22 DE FEVEREIRO

Muitas vezes lemos na parte externa de um hospital os seguintes dizeres sugestivos: "Silêncio, por favor!"

Coloca-se este letreiro para que não sejam molestados aqueles que ali estão internados.

E acho que, se muitas pessoas sofrem na vida, deve ser porque não fizeram suficiente silêncio em seu interior.

Hoje em dia não se agüenta quase nem "um minuto de silêncio" em atos oficiais ou desportivos; hoje custa muito dar ao Senhor, à própria consciência "um minuto que seja de Deus".

O mundo moderno, que está transistorizado até no campo, já não consegue mais fazer silêncio ao seu redor, e já não suporta o silêncio interior. Contudo, o homem de hoje necessita dessas áreas de silêncio em que possa refugiar-se contra o ruído enervante e alienante, que lhe impede sua própria concentração.

Muitos se entregam ao enervante rebuliço dos espetáculos públicos, onde tratam de sumir no anonimato; no entanto, em nenhuma parte o homem se sente mais sozinho do que no meio dessa multidão amorfa e alvoroçada.

"Ah, quanto amo, Senhor, a vossa lei; durante o dia todo eu a medito... Sou mais prudente do que todos os meus mestres, porque vossas prescrições são o único objeto de minha meditação" (Sl 119,97-99).

23 DE FEVEREIRO

É incompreensível a contradição que o mundo de hoje vive: nunca se sentiu tão uno, jamais pulsou tão fortemente o sentido comunitário e, no entanto, nunca se viveram tantos antis: anti isto, anti aquilo, antinazi, antiianque, anti... ao invés de dar lugar aos prós: pró-humano, pró-nacional, pró...

Não ficará bem desconhecer ou subestimar os valores da terra ou da pátria de cada um, mas ficará mal, isto sim, fechar-se a tudo o mais de tal forma que se converta naquilo que não nos é lícito desejar, aprovar ou favorecer.

Qual a cor da pele de Deus? — pergunta o canto. É amarela, é negra, é branca: todos somos iguais aos olhos de Deus. Logo, se todos somos igualmente filhos de Deus, todos somos irmãos e todos devemos saber descobrir-nos como irmãos; todos somos viajantes duma mesma nave e esta só gozará de paz depois que descobrirmos a futilidade de brigar entre nós.

As brigas e dissensões entre os homens Deus não as quer. O apóstolo São Paulo já falava aos coríntios: "Receio que, quando for, não vos ache quais eu quisera, e que vós me acheis qual não quereríeis. Receio encontrar entre vós contendas, invejas, rixas, dissensões, calúnias, murmurações, arrogâncias e desordens" (2Cor *12,20*). *Tudo isto desfaz o racismo dos que devemos salvar-nos.*

24 DE FEVEREIRO

Com freqüência a vida se converte num jogo de baralho, no qual triunfa o ás. A diferença está em que para alguns o ás maior é o ás de ouro, para outros o ás de espadas, para não poucos o ás de paus e não faltam os que escolhem o ás de copas.

Ás de ouro para os que concentram seus esforços em amealhar riquezas a todo custo, sem ligar para escrúpulos ou delicadezas de consciência, que se julgam puritanas; ás de ouro com que se pensa poder ganhar todas as partidas, inclusive a partida da felicidade.

Ás de espadas para os que tudo querem conseguir com a força, seja das armas, seja das leis políticas ou sindicais.

Ás de paus para aqueles que pretendem consertar o mundo a pauladas, com violência, com seqüestros, com ódios, guerras e crimes.

Ás de copas para os despreocupados que tratam de afogar em vinhos e bebidas alcoólicas, em festas e pândegas, a insipidez diária, os problemas cruciantes para a sociedade ou o vazio que eles experimentam em seu interior, por falta de um sentido para a sua vida.

Será que a vida é isto? Um jogo de baralho?

"Enquanto viver, cantarei à glória do Senhor, salmodiarei ao meu Deus enquanto existir" (Sl *103,33*). *"Porque vossa graça me é mais preciosa do que a vida, meus lábios entoarão vosso louvores. Assim vos bendirei em toda a minha vida"* (Sl *62,4-5*).

25 DE FEVEREIRO

Todos nós corremos feitos loucos atrás do dinheiro. Apesar disso, não conseguimos concordar quanto ao valor do dinheiro, pois, enquanto para uns ele é um vil metal, para outros é "o poderoso cavalheiro, O Senhor Dinheiro".

Que não se pode viver sem dinheiro na carteira ou no bolso, é coisa que sabem desde o ricaço até a dona-de-casa que vai à feira para fazer suas compras. O que conta não é a posse ou a falta do dinheiro, mas a posição que o homem adota diante do dinheiro.

Utilizar o dinheiro, fazer que o dinheiro renda, empregar o dinheiro para o bem, é uma coisa; converter-se em escravo do dinheiro, viver com a mente fixa nele, obcecado por ele, isso é outra coisa.

A Bíblia não nos faz falta para conseguir dinheiro, mas dela precisamos para saber utilizar o dinheiro, para colocar o dinheiro à nossa disposição e bem-estar da sociedade, e não para nos pôr à disposição do dinheiro. Por fim, chegamos a convencer-nos de que, quanto mais o homem possui, menos possui a si mesmo; o homem que só possui dinheiro, não passa de um pobre homem.

"Os cuidados do mundo e a sedução das riquezas sufocam a palavra de Deus" (Mt *13,22*). *"O pouco, que o justo possui, vale mais que a opulência dos ímpios"* (Sl *37,16*). *Não é o dinheiro que faz a felicidade.*

26 DE FEVEREIRO

A palavra *apóstolo* é uma das mais bela que existem. Mas, com quanta freqüência é falseada: a palavra e a realidade.

Ser apóstolo não é detectar os desacertos e erros dos demais. Ser apóstolo não é ser um desmancha-prazeres da vida, esquecendo que Cristo foi um festeiro em Caná. Ser apóstolo não é dedicar-se a salvar almas, deixando de atender às necessidades dos corpos humanos. Ser apóstolo não é organizar cruzadas para reprimir o mal, ao invés de expandir a dinâmica do bem. Ser apóstolo não é falar da justiça de Deus, sem fazer nada para diminuir as injustiças entre os homens.

Ser apóstolo não é dedicar as migalhas de alguns minutos para os demais, enquanto se desperdiçam horas numa vida estéril ou cômoda. Tudo isto não passa de caricaturas do verdadeiro apóstolo e, como caricaturas, só servem para afastar a todos do verdadeiro apóstolado.

Todo cristão deve ser um autêntico apóstolo, pois todo cristão deve estar constantemente cristianizando. Porém, não caiamos no erro de ser falsos apóstolos. São Paulo advertia os primeiros cristãos que havia "falsos apóstolos, operários desonestos, que se disfarçam em apóstolos de Cristo. O que não é de espantar, pois o próprio Satanás se transfigura em anjo de luz" (2Cor *11,13-14*).

27 DE FEVEREIRO

Não é suficiente refletir sobre o lado negativo do apóstolo, sobre sua falsa imagem. É preciso, e é mais construtivo, fixar o olhar em seu lado positivo, isto é, não tanto estudar o que o apóstolo não é, mas, pelo contrário, o que é ser apóstolo.

Antes que mais nada, ser apóstolo é uma exigência do dinamismo da fé; é ter a missão de fazer com que o amor de Deus penetre no cotidiano do mundo; é sentir que Deus me empurra para colocar-me entre a gente, para preocupar-me com seus problemas; ser apóstolo é rezar como aquela menina: "Senhor, fazei que os maus sejam bons, e que os bons sejam simpáticos".

Ser apóstolo não é tanto falar de Deus, mas sim, viver a Deus e transmiti-lo a todos os que estão à nossa volta; ser apóstolo é ter um coração tão transbordante de amor, que não haja mais outra saída senão comunicá-lo ao seu derredor. Ser apóstolo é ter sempre um sorriso nos lábios, sempre uma palavra na ponta da língua, uma mão sempre estendida, um bolso que não se fecha, um coração repleto de compreensão e de amor.

Cristo já está cansado de apóstolos que falam dEle, e tem grande desejo, pelo contrário, de que o vivam.

"Ide, pois, ensinai a todas as nações; batizai-as em nome do Pai e do Filho e do Espírito Santo. Ensinai-as a observar tudo o que vos prescrevi" (Mt *28,19-20*).

28 DE FEVEREIRO

Às vezes o sol se esconde atrás da celagem das nuvens; na vida há vezes em que a alegria se oculta por trás das nuvens densas e grandes das preocupações.

Mas você não deve esquecer que, mesmo quando o sol se acha oculto, ele brilha limpidamente acima das nuvens; assim você, em meio às suas preocupações e problemas, deve conservar sempre a calma, que possibilitará o brilho do sol da alegria em sua vida.

Em seu coração, você deve reservar sempre um lugar no qual não vai permitir que a turbação ou o tédio penetre; deve ser um lugar sagrado no qual só penetrem a paz, a serenidade, a tranqüilidade; numa palavra: Deus.

Sim, porque Deus é isso: paz, tranqüilidade e bem-estar.

Ao contrário, o mal é sempre tormenta, nuvens grossas e enormes, raio devastador e trovão amedrontador, tristeza enervante, desalento que chega a secar as fontes da vida, o dinamismo da atividade criadora.

"Senhor de vossa força, julgais com bondade e nos governais com grande indulgência, porque sempre vos é possível empregar vosso poder, quando quiserdes" (Sab *12,18*). *"Para que possamos viver uma vida calma e tranqüila, com toda a piedade e honestidade. Isto é bom e agradável diante de Deus, nosso Salvador"* (1Tim *2,2-3*).

MÊS DE MARÇO

Este mês costuma ser da quaresma.

Mês de oração mais intensa.

De penitência, de sacrifício, de abnegação.

Tudo, porém, com espírito de própria superação e de purificação de seu espírito.

Sua vida vai se enchendo de poeira; quando não de lama de pecado, pelo menos de poeira de imperfeições; e é preciso limpar tudo isso, dar-lhe novo brilho.

•••

A quaresma é a prepação para a celebração da Páscoa do Senhor; do seu Senhor.

Se o Senhor sofreu por você, é justo que você faça algo por Ele.

Que você se preocupe por Ele e por suas coisas.

Você sabe quais são as coisas do Senhor?

Os seus irmãos.

Esses são os interesses de Cristo, porque foram conquistados por Ele à custa de seus sofrimentos e de seu sangue.

•••

Não será mau que você se proponha duas coisas para este mes:

a) Intensificar sua vida de união com o Senhor, para celebrar a Páscoa com maior fruto espiritual;

b) Preparar um irmão seu, afastado do Senhor, para que na Semana Santa se aproxime definitivamente do Senhor.

•••

Deixo você com esta inquietude.

Vá refletir nela diante do Sacrário.

E quando você estiver ali com o Senhor, não se esqueça de rezar a ele por mim.

1º DE MARÇO

Neste exato minuto de Deus, é justo que pensemos em Deus. Muitos ateus de nossos dias não negam propriamente a Deus, mas as falsas imagens de Deus que lhes apresentamos.

Porque o Deus do Evangelho não é o Deus gélido da razão, a Causa Primeira da filosofia, o Primeiro Motor da metafísica, o Deus imutável e impassível, o Deus solteirão aborrecido em seu céu solitário, o Deus interessado ou cormeciante, o Deus guardador de armazém, o Deus polícia; não, nada disso.

O Deus do Evangelho é o Deus caloroso, com uns braços de Pai, o Deus Pai dos homens, o Deus providente que cuida de seus filhos, o Deus que tanto ama a sua humanidade, que entrega seu próprio Filho para salvá-la, o Deus que nos espera com os braços abertos, para perdoar-nos ou premiar-nos, o Deus que quer repartir conosco, em infinitas fatias, o pão da felicidade.

O Deus-Filho que morre para salvar-nos, o Deus-Espírito Santo que nos consola e nos enche de amor. Este é o Deus do Evangelho.

Evidentemente, ser deísta e ser crente não é o mesmo.

"Ninguém jamais viu a Deus. O Filho único, que está no seio do Pai, foi quem o revelou" (Jo *1,18*). *Descobrir que Deus é nosso Pai constitui a base de nossa religião cristã; somente quando sabe, de um modo consciente, que é "filho de Deus", é que o cristão começa a ser um verdadeiro cristão.*

2 DE MARÇO

Faz algum tempo se propagou com bastante alarde o lema: "Deus voltou ao mundo". Eu preferiria mudá-lo por "Cristo sempre está entre nós". É preciso saber descobri-lo, é preciso escutá-lo e vê-lo.

O Cristo da Eucaristia e o Cristo da humanidade é um só e mesmo Cristo. Seria erro desastroso pretender comer o Corpo de Cristo na mesa do altar e nada fazer no sentido de dar de comer aos membros famintos do Cristo sem pão, nem mesa, nem lar.

A presença sacramental e a presença social do mesmo e único Cristo são as faces da mesma medalha, frente e verso da mesma efígie humano-divina de Cristo.

Hoje percebemos a lógica alternativa do cardeal Spellman: "Ou comunhão, ou comunismo"; porque, no estado atual da história, só cabe pensar em categorias comunitárias; se não formamos uma união humana, ao calor de Deus feito homem e Pão-Eucaristia, teremos que formá-la ao frio do Estado com pão, porém sem Deus e sem fraternidade.

"Porventura não escolheu Deus os pobres deste mundo para que fossem ricos na fé e herdeiros do reino prometido por Deus aos que o amam?" (Tgo *2,5*). *Cristo é o pobre, e o pobre é Cristo. Igual amor tenho que ter para com um como pelo outro: ao pobre por causa de Cristo, e a Cristo porque devo vê-lo no pobre. Dissociar a ambos é destruir os dois.*

3 DE MARÇO

Preocupar-se pelos demais, pensar nos demais, entregar-se aos demais, em sentido cristão se chama apostolado. O apostolado não é uma disciplina opcional para os cristãos nem um objeto de luxo que em absoluto se pode dispensar.

Mesmo que, segundo o papa João, não se precisasse expor a doutrina cristã, se nossa vida fosse autêntica; nem seria necessário recorrer às palavras, se nossas obras dessem testemunho.

Não devemos esquecer que o homem não se salva enquanto ele próprio não se converter em salvador dos outros; só se salvará salvando. Diante do múltiplo trabalho que resta por fazer, convém lembrar o provérbio oriental: "Mais vale acender um fósforo do que maldizer a escuridão". Ao invés de lamuriar-nos de que falta muito por fazer, ou de que os outros fazem pouco, façamos algo nós mesmos: acendamos uma luz para dissipar as trevas.

O ditado "Salva-se quem puder!" não é cristão.

Sem dúvida alguma, é preciso salvar-se em racimos; com os irmãos e pelos irmãos. Devemos salvar salvando; salvando, nos salvaremos. "Eis que a voz do sangue do teu irmão clama por mim desde a terra" (Gen *4,10*). *"As crianças reclamam pão e ninguém lho dá"* (Lam *4,4*).

4 DE MARÇO

Resta-nos muita coisa a fazer: substituir o ardor da violência pela veemência do amor; mudar nosso velho estilo de conquista no apostolado pela mais evangélica atitude de serviço aos outros.

É mais bonito morrer por uma bela causa do que matar por ela; é mais construtivo trabalhar por "um dia de guerra em prol da paz", do que trezentos e sessenta e quatro de paz para a guerra. É bom chegar a uma meta, porém é melhor ajudar a outros para que cheguem conosco.

É bonito condividir o pão com o faminto, o teto com o peregrino, a capa com o desnudo, a amizade com o solitário, a alegria com o triste, as lágrimas com o que chora, a angústia do que sofre, a fé com o não-crente.

Compartilhar é conviver; conviver é simplesmente viver, porque uma vida não se compartilha, não se convive; e, se não se convive, não se vive; e, se não se vive, a gente está morto. Quantos que pensam estar vivendo e, no entanto, estão mortos.

Pensar nos demais, sofrer pelos demais, entregar-se aos demais; tudo isto não é senão imitar o Mestre Jesus, de que o apóstolo afirma: "Porque não temos nele um pontífice incapaz de compadecer-se das nossas fraquezas. Ao contrário, passou pelas mesmas provações que nós, com exceção do pecado" (Heb *4,15*).

5 DE MARÇO

Todos temos boa vontade; apesar disso, ofendemo-nos mutuamente, molestamos uns aos outros, porque não temos nem os mesmos gostos, nem as mesmas inclinações, nem a mesma maneira de ser.

Daí a necessidade, que nos urge, de ser mutuamente compreensivos, de saber compreender-nos, de disfarçar nossos incômodos, de perdoar-nos, de esquecer agravos, de não ser excessivamente suscetíveis.

Aquele que perdoa é digno de ser perdoado. Com a medida com que medirdes, vos medirão. O que compreende com facilidade, será facilmente compreendido; o que é bom com todo o mundo, conseguirá que todos sejam bons com ele; o que ama, será amado; não estranhe que aquele que não ama a ninguém, que por sua vez ninguém o ame: não estranhe e não se queixe. Não se queixe e não lance a culpa sobre outros, pois ele é o culpado, o causador da frieza que nota ao seu redor.

Condição indispensável para que possamos rezar o Pai-Nosso é que perdoemos as ofensas que recebemos, a fim de sermos perdoados pelas ofensas que praticamos. Perdoemos os homens, para que Deus nos perdoe. "Se estás, portanto, para fazer a tua oferta diante do altar e te lembrares de que teu irmão tem alguma coisa contra ti, deixa lá a tua oferta diante do altar e vai primeiro reconciliar-te com teu irmão: só então vem fazer a tua oferta" (Mt *5,23-24*).

6 DE MARÇO

O homem necessita da fé, terá que viver com fé e trabalhará por ela. A fé não é questão apenas de entendimento; é também, e sobretudo, questão de coração e de vida.

Por isso, porque é questão de coração, de amor, centenas de dúvidas e de objeções não chegam a perturbar a fé; embora seja também certo que centenas de argumentos e razões não são capazes de fazer surgir um ato de fé.

A fé é a luz que ilumina o caminho a trilhar; é a resposta para todas as objeções; é a força para todas as provações; é o bálsamo que suaviza todas as dores; é o lenço que enxuga todas as lágrimas; é a cor que alegra todos os panoramas.

Não ligue para quem não crê, pois ele anda em trevas, não pode proporcionar luz ao que não a tem; mas ligue, isto sim, para aquele que crê, porquanto ele está seguro do terreno em que pisa, da rota que está seguindo, da meta que se propôs.

A luz, que o ilumina, clareia o espaço que o rodeia.

O justo vive pela fé; porque vive da fé, é justo; e porque é justo, é feliz; e porque é feliz, transmite felicidade. "Meu justo viverá da fé; porém, se ele desfalecer, meu coração já não se agradará dele. Não somos, absolutamente, de perder o ânimo, para nossa ruína; somos de manter a fé, para nossa salvação" (Heb *10,38-39*).

7 DE MARÇO

É difícil ter fé; é muito mais difícil viver sem fé. Com fé, o caminho da vida se torna fácil; sem fé, o caminho se torna impossível.

Se não se tem fé, em sua autêntica dimensão, cai-se em mil e uma superstições ridículas e irracionais.

Sem fé não se conseguirá levantar uma folha do chão; com a fé se poderá mover o mundo e converter o homem.

Nem fé sem amor, nem amor sem fé; nem fé sem obras, nem obras sem fé; nem Deus sem o homem, nem o homem sem Deus.

Muitas coisas só se entendem quando sofremos por elas.

"Fazer o que Deus quer e querer o que Deus faz" pode ser uma norma de conduta muito boa para sua vida. A perseverança é boa, se é perseverança no bem: o bem não é válido se não é perseverante.

Sozinhos, nós somos muito pouca coisa; o Senhor nos adverte a propósito: "Sem mim, nada podeis fazer" (Jo *15,15*). *Em compensação, sabemos que com Ele tudo podemos, já que Cristo e eu somos maioria esmagadora. "Tudo posso naquele que me conforta"* (Filp *4,13*).

Agora, a vida inteira já respira tranqüilidade.

8 DE MARÇO

Pretender que na vida não há dificuldades e que não temos que esforçar-nos, é pura utopia. Mas, deve-se ter presente que o êxito e o triunfo nunca serão conseguidos pelo covarde, mas pelo valente.

Ser covarde não é nenhuma proeza; qualquer um pode sê-lo; ser valente é próprio dos grandes espíritos. E certamente você não haveria de querer ficar em dimensão de anão; você pretende chegar à altura da sua maturidade.

Por isso você precisa de valentia; dos valentes é o êxito, dos valentes é o triunfo; os valentes conseguem a terra e alcançam o céu; os valentes se dominam a si mesmos e se impõem aos demais. Impõem-se, não em razão da força, mas pela força da razão; ou, se você quiser melhor: impõem-se pela força da razão e do amor.

Por mais que você faça em sua vida, sempre será menos do que está obrigado a fazer.

Poderá você alguma vez dizer ao Senhor: "Já te dei o suficiente"? "Quem se gloria, glorie-se no Senhor" (1Cor *1,31*). *"Não temas, Sião! Não se enfraqueçam os teus braços! O Senhor teu Deus está no meio de ti como herói Salvador"* (Sof *3,16-17*).

Para viver radiante, é preciso ter vontade;
que morram os falsos amores, que em graça é preciso sempre estar!

Há muitas coisas que parecem verdadeiras, mas que não o são; outras têm a aparência de boas, mas não o são. É importante que você aprenda a distinguir uma coisa da outra, porque não é de proveito o que aparece, mas sim o que é.

A superfície e a profundidade, o aparecer e o ser, a aparência e a realidade, o exterior e o interior, o que o homem vê e o que Deus julga: são binômios de que o homem não poderá desfazer-se em absoluto.

Alguns se julgam incapazes de ser bons, porque se julgam incapazes de superar-se e na realidade não chegam a ser melhores, porque não tratam de superar sua incapacidade. Outros sentem que não se superam porque não superam de imediato e num só momento, quando na realidade se superariam, se tratassem de fazê-lo aos poucos. Não se superam nas grandes coisas, porque não se esforçam em superar-se nas coisas comuns e simples.

Deus não deseja enganar-se pelas aparências; o homem, sim, pois é o único que consegue divisar; em contrapartida, "O Deus de justiça sonda os corações e os rins" (Sl *7,10*). *"Eu, porém, que sou o Senhor, sondo os corações e escruto os rins, a fim de recompensar a cada um segundo o seu comportamento e os frutos de suas ações"* (Jer *17,10*).

10 DE MARÇO

É muito comum dividir a humanidade em dois grupos: os bons e os maus. Seria interessante que você analisasse em que grupo se coloca a si mesmo, como também instintivamente colocamos os outros entre os maus.

Sentimo-nos melhores do que somos e, pelo contrário, julgamos os outros piores do que são. Achamos que os outros têm que mudar, ao passo que julgamos que nós não temos necessidade alguma de mudar.

Porém, será bom que você pare para pensar: Como seria o mundo, se todos fossem como você? Você deverá analisá-lo com toda a sinceridade; não seja tão fácil em dar-se a si mesmo o certificado de boa conduta, sendo você tão rígido e exigente em dá-lo aos que o rodeiam. Oxalá Deus não lhe inverta os papéis e julgue a você com a exigência com que você julga os demais.

Não julgueis, e não sereis julgados; com a mesma medida com que medirdes, sereis medidos. Norma justíssima estabelecida por Cristo para os seus. "Assim, és inescusável, ó homem, quem quer que sejas, que te arvoras em juiz. Naquilo que julgas a outrem, a ti mesmo te condenas, fazes as mesmas coisas que eles" (Rom *2,1*).

Nossa vida, embora humana, Cristo já divinizou;
E com Ele por todo o mundo vamos difundindo amor.

11 DE MARÇO

Se você não se parece com quem ama, é porque não ama seu semelhante; porque o amor ou encontra semelhantes naqueles que ama ou os faz semelhantes.

E, se você o ama, se é semelhante a ele, defendê-lo-á em sua ausência e o admoesterá em sua presença; e, se o defende, você o fará com sinceridade; e, se o admoesta, o fará com profunda caridade.

Se você o defende com sinceridade e o admoesta com caridade, ganhá-lo-á para você e para Deus, lhe terá feito um bem, terá contribuído para seu melhoramento; e, ao melhorá-lo, você terá melhorado a si mesmo.

Desta forma você se terá dado aos demais, porque o verdadeiro amor leva a dar-se, porém a dar-se de verdade, sem reticências, nem limitações, sem falsificações nem hipocrisias.

A atitude de caridade o levará ocasionalmente a corrigir a quem ama; porém, então deverá corrigi-lo, porque o ama e não pensar que o ama porque o corrige. "Não te recordes de nenhuma injustiça causada pelo próximo, nada faças por um procedimento injusto" (Eclo *10,6*).

Se você se examinar com sinceridade e profundidade verá que, quando corrige ou chama a atenção, existe em você um tanto por cento de boa intenção, mas outro bom tanto por cento de nervosismos, de mau gênio, de impaciência.

12 DE MARÇO

Em sua vida há coisas que são acidentais ou secundárias e outras que são essenciais e primárias. Das primeiras você poderá prescindir absolutamente em determinadas circunstâncias, ao passo que das segundas nunca poderá esquecer-se.

Examine o que é principal para você e o que é secundário; o que é essencial e o que é acidental, e viva segundo sua resposta.

Mas, tome cuidado para não se equivocar em suas apreciações. Não aconteça que, ao enganar-se em seus julgamentos, você se engane em sua vida; há equívocos que não acarretam maiores conseqüências, ao passo que outros causam verdadeiras catástrofes.

Deve-se hierarquizar as coisas, colocá-las no lugar que lhes corresponde na escala de valores; será desastroso transtornar esses valores. Pense que o primeiro lugar, por ser o primeiro valor, corresponde sempre e unicamente a Deus.

Não há nada nem ninguém superior a Deus nem a seus direitos; e deixar de cumprir com Ele ou com eles, para cumprir com outros, é uma desordem que sua consciência não pode aprovar. "Eu sou o Senhor, teu Deus, um Deus zeloso..." (Ex *20,5*). *"Porque o Senhor, vosso Deus, é o Deus dos deuses e o Senhor dos senhores, o Deus grande, poderoso e temível, que não faz distinção de pessoas, nem aceita presente"* (Deut *10,17*).

13 DE MARÇO

Se você quer fazer muito e pensa que faz pouco, é bom sinal; se julga que faz mais do que lhe compete, é mau sinal; se crê que sempre está em tempo de fazer algo mais, é bom sinal; se pensa que já passou sua hora, é mau sinal.

Quando você se esforça por colocar um pouco mais de sua colaboração pessoal na ação comum, então está dando um bom sinal; quando se retira prematuramente, pensando que já fez o suficiente e que agora lhe cabe sobrecarregar os demais, está dando uma má impressão de si mesmo, e oferece ou apresenta uma triste imagem.

Não permita que outros façam o que você deve fazer; não julgue inconveniente que outros façam o que também você poderia fazer; mas não deixe de fazer o que os outros deveriam fazer e não o fazem, ou o que os outros diretamente não podem fazer.

Se somos um Corpo Místico, dependemos uns dos outros e influenciamo-nos mutuamente; ninguém pode dizer que não precisa dos outros; todos formamos um racimo, qual cacho de uva. "O Deus da perseverança e da consolação vos conceda o mesmo sentimento uns para com os outros, segundo Jesus Cristo, para que, com um só coração e uma só voz, glorifiqueis a Deus, Pai de nosso Senhor Jesus Cristo" (Rom *15,5-6*).

14 DE MARÇO

Não caia no erro de justificar-se e aprovar suas atitudes, dizendo que você "é assim"; pelo contrário, estude para ver como deve ser e esforce-se por chegar a sê-lo.

Mude o "sou assim" pelo "tenho que ser assim".

Você é "assim"; porém, tem a certeza de que deve ser assim? Você se julga já tão perfeito, que não tem motivo de mudar? Você pensa que os que não são "assim", como você é, não são tão bons como você? Por que eles devem mudar seu modo de ser e você deve continuar sendo como é?

Existe em você um complexo de superioridade e, em contrapartida, você julga os outros com critério de inferioridade. Você pensa em você mesmo com um convencimento de perfeccionismo e auto-suficiência e olha para os demais com desdém ou pelo menos com subestima.

Não basta que sirvamos a Deus; é preciso que cada dia o sirvamos com maior perfeição; Deus já tinha traçado a senda a Abraão: "Anda em minha presença e sê íntegro" (Gen *17,1*). *"Até que todos tenhamos chegado à unidade da fé e do conhecimento do Filho de Deus, até atingirmos o estado de homem feito, a estatura da maturidade de Cristo"* (Ef *4,13*).

15 DE MARÇO

Não deve confundir o bom com o agradável; o bom pode ser amargo, como é o remédio amargo, que cura; e o agradável pode tornar-se nocivo.

Logo, você não pode guiar-se pelo critério de que algo é gostoso ou não, para deduzir se é bom ou ruim, se pode ou não realizá-lo, admiti-lo ou rejeitá-lo.

O gosto e o dever muitas vezes percorrem caminhos diferentes. Não siga o caminho do gosto, a menos que esse caminho coincida com o caminho do dever.

Em toda pessoa e em cada coisa existe algo de bom; sua sabedoria consistirá em descobrir esse aspecto bom, fechando os olhos para o que essa pessoa ou coisa possa ter de não-bom. A todo momento você pode dizer algo de bom; não regateie a ninguém o bem que lhe pode dar; isso seria avareza e egoísmo.

Distinguir entre o que é bom e o que não o é; praticar o bem e afastar-se do mal; isto é "ser decidido na vida". "Já te foi dito, ó homem, o que convém, o que o Senhor reclama de ti: que pratiques a justiça, que ames a bondade e que andes com humildade diante de teu Deus" (Miq *6,8*).

A luz da graça é uma luz que muda as sombras em sol.

16 DE MARÇO

A vida é ação e a ação é vida; você não pode deter-se no caminho de sua ação, cruzando os braços. A partir do momento em que recua em sua ação, está perdendo vitalidade.

Quanto mais ação desenvolver, mais gozará de sua vida; quanto mais profundamente viver sua vida, mais fortemente será lançado à ação. Viva sua vida, mas viva sua ação; viva sua vida na ação; realize sua ação na vida.

À vezes, em sua ação apostólica você constata pouco êxito; começa a falar de Deus aos homens, e os homens não lhe dão ouvidos. Se mudasse de método, se, antes de falar de Deus aos homens, procurasse falar a Deus a respeito dos homens, as coisas sairiam melhor, porque estariam melhor ordenadas.

Às vezes, as grandes ações exigem grandes silêncios; outras, grandes sacrifícios.

Não se esqueça de que as grandes alavancas do apóstolo são seus joelhos e de que o mundo treme quando um cristão cai de joelhos: "A oração do humilde penetra as nuvens" (Eclo *35,17*). *"Perseverai na oração, vigilantes, com ação de graças"* (Col *4,2*).

Com as mil e uma alavancas o Cursilho nos pegou;
desde então nossas almas só vivem para Deus.

17 DE MARÇO

Faça quanto antes possível o que tem que fazer. Não adie o cumprimento do dever; adiá-lo já é não cumpri-lo com perfeição.

Se tem que praticá-lo, enquanto não o realiza, esse dever estará gravado em sua consciência e, por mais depressa que o realize, você sempre ficará com a amargura de não tê-lo cumprido em seu devido tempo.

Ou pelo menos com suficiente generosidade, visto que fazer as coisas bem, porém tarde, até os menos dotados as fazem; mas fazê-las logo e bem, isso é próprio das almas generosas.

Se o dever é amargo e você o realiza imediatamente, a amargura passará mais depressa e lhe ficará a satisfação de ter cumprido com a obrigação. Se você está amargurado e adia o momento de cumpri-lo, só contribuirá para aumentar a amargura, e por isso sofrerá sem merecimento.

Você tem que ser fiel ao dever; mas não deixe de preocupar-se por ser fiel sobretudo ao amor, que é seu primeiro dever. "Aquele que é fiel nas coisas pequenas, será fiel também nas coisas grandes" (Lc *16,10*). *"Sê fiel até à morte e te darei a coroa da vida"* (Apoc *2,10*).

O amor à fidelidade só nasce da fidelidade ao amor. Se não é fiel, não ama; se não ama, não será fiel por muito tempo.

18 DE MARÇO

É bom que você tenha ciência; mas é melhor que tenha consciência. É bom que saiba o que tem que fazer; é muito melhor que faça o que sabe que tem que fazer; é bom que tenha talento, para saber o que deve fazer; mas é melhor que tenha o talento para fazê-lo.

A promessa e o propósito são bons; mas só chegam a ser fecundos quando você os cumpre, quando se convertem em realidade.

O êxito é um propósito que se cumpriu; o fracasso é um propósito que não chegou a cumprir-se. A promessa nunca realizou coisa alguma, pois, enquanto não passa de promessa, não chegou a realizar-se; quando já se realiza, deixa de ser promessa para converter-se em realidade.

É negativo todo propósito que permanece no terreno do propósito, enquanto não descer no plano dos fatos. Toda promessa que continua sendo promessa, é ineficaz, enquanto continuar sendo promessa e não descer ao plano dos fatos.

É a vontade de Deus que nos santifica, o reconhecimento e a aceitação da vontade do Senhor. "Nem todo aquele que me diz: 'Senhor, Senhor' entratá no reino dos céus, mas aquele que faz a vontade de meu Pai que está nos céus" (Mt *7,21*).

Um fracasso não é uma vida fracassada. Talvez sejam necessários muitos fracassos para que a vida seja um êxito e talvez a ausência de fracassos seja o que pode constituir uma vida fracassada.

Vida fracassada é nunca fazer coisa alguma para não se expor ao fracasso. Se você nunca faz nada, jamais fracassará. Mas, se nunca fracassa, é possível que seja porque nunca faz nada; e não fazer nada não é porventura uma vida fracassada?

Se você não quer enganar-se, se não quer ser criticado, não faça nada; e, se não faz nada, poderão criticá-lo, e neste caso com razão.

Muitos sucessos começaram com fracassos; muitos fracassos tiveram como saldo positivo o ter tentado o êxito; e, após um fracasso, sempre resta tempo para uma vitória definitiva.

Sempre devemos atribuir a Deus a vitória e os êxitos; os fracassos se deverão à nossa fraqueza e miséria. "A vós, Senhor, a grandeza, o poder, a honra, a majestade e a glória, porque tudo que está no céu e na terra vos pertence... É em vossa mão que residem a força e o poder. E é vossa mão que tem o poder de dar a todas as coisas grandeza e solidez" (1Cor *29,11-12*).

20 DE MARÇO

Todo extremismo é vicioso; nem à direita, nem à esquerda; o equilíbrio é mais certo e mais sadio; a virtude está no meio.

Você pode pecar por excesso de otimismo ou, por deficiêna, no pessimismo. Porém, se não sabe ou não pode guardar o justo equilíbrio de um sadio realismo, é preferível que se incline pelo otimismo.

No final, será sempre mais agradável apresentar a vida "em cores" do que em branco e preto; é sempre mais simpático espalhar sorrisos do que apresentar semblante carrancudo; é mais atraente a tarde ensolarada e límpida, do que a tormenta devastadora ou a noite de som agudo e prolongado.

A prudência é a virtude que governa todas as demais virtudes.

Pela prudência todas as demais virtudes guardam o devido equilíbrio e por isso continuam sendo virtudes, dado que todo extremo é vicioso. "Feliz do homem que encontrou a sabedoria, daquele que adquiriu a inteligência" (Prov *3,13*). *"A inteligência é fonte de vida para quem a possui, o castigo dos insensatos é a loucura"* (Prov *16,22*).

Com nossa fé sabemos
que Jesus é Deus e Homem;
e aprendemos a lutar
e a trabalhar por Seu nome.

21 DE MARÇO

Você se queixa de que seus familiares não o compreendem: nem os seus, nem seus dependentes, nem seus amigos, nem os que o rodeiam. Ninguém o compreende; você é o grande incompreendido.

Quero perguntar-lhe duas coisas, porém:

1º) — Você se compreende a si mesmo? Como pretender que os outros façam em você o que você mesmo não faz?

2º) — Que faz você para que os demais o entendam? Em sua casa, em seu escritório, em seu trabalho, em sua roda de amigos. Quais elementos apresenta para que eles o possam compreender? Porque não se pode exigir de ninguém o impossível; e torna-se impossível compreendê-lo, se você não demonstra compreensão, se não se mostra compreensível. Domine-se a si mesmo antes de pretender dominar os demais.

Pois é muito melhor que você se compreenda a si mesmo e se mostre compreensível para com os demais, do que queixar-se de que não é compreendido.

São Paulo advertia seu discípulo Timóteo: "Não convém a um servo do Senhor altercar; bem ao contrário, seja ele condescendente com todos, capaz de ensinar, paciente em suportar os males..." (2Tim *2,24*). *Ser amável com todos. Este conselho de Paulo aplica-se a todos nós. Tanto naquela época como em nossos dias, tanto naquele tempo de Timóteo como em nosso tempo, a amabilidade conquista a benevolência de todos.*

22 DE MARÇO

É triste sofrer; é mais triste não saber sofrer ou sofrer inutilmente. Poderá ser bom sofrer; é melhor não fazer que os outros sofram; é também muito bom fazer que os outros não sofram; contudo, será melhor sofrer pelos outros, ou sofrer para que os outros não sofram.

A semente tem que sofrer ao desfazer-se e apodrecer no seio da mãe terra; mas multiplica-se na opulência da espiga; sem o grão, que sofreu e apodreceu, não teria havido espiga.

É duro dominar-se, porém nos sentimos gratificados quando conseguimos a própria superação. Os maiores homens são os que mais se superaram. A superação, em todas as ordens, é a lei fundamental na vida dos homens e também das instituições.

O mundo caminha sempre para a frente, sempre progredindo. Que você não fique aí estacionado, porque, sendo assim, você desdiz de sua condição humana.

"Eu vos exorto, pois, irmãos, pelas misericórdias de Deus, a oferecerdes vossos corpos em sacrifício vivo, santo, agradável a Deus; este é o vosso culto espiritual. Não vos conformeis com este mundo, mas transformai-vos pela renovação do vosso espírito, para que possais discernir qual é a vontade de Deus, o que é bom, o que lhe agrada e o que é perfeito" (Rom *12,1-2*).

23 DE MARÇO

Você não pode dispensar ninguém e ninguém pode dispensar você; você está para todos e todos estão para você; ninguém pode sofrer sem que você sofra; ninguém pode ser feliz sem que você sinta alegria.

Pense no que você seria se ninguém lhe fizesse bem; e depois pense no que seriam os outros se você não lhes fizesse bem. Existe uma intercomunicação entre todos os homens: ninguém pode dispensar ninguém, ninguém é molécula isolada, todos somos, isto sim, membros de um mesmo Corpo.

E um membro deve viver com e para os outros membros; não viver "com" os outros membros é secar-se, condenar-se à morte; não viver "para" os outros membros é ser parasita; é viver "deles", sem desenvolver-lhes algo pelo menos do que deles recebemos; é ser egoísta, e você não pode descer tão baixo.

"Caríssimo, não imites o mal, mas sim, o bem. Quem pratica o bem nasceu de Deus. Quem pratica o mal não viu a Deus" (3 Jo *1,11*). *Ao praticar o bem, não fazemos somente para nós, mas também para os outros; e, fazendo o bem aos outros, fazemo-lo também a nós.*

"Vou com paz na alma,
vou com a graça em mim".

24 DE MARÇO

Todos detestamos a guerra e somos partidários da paz. Mas uma coisa é ser partidário da paz, e outra ser construtor da paz, difusor da paz.

Queremos a paz no mundo, mas será impossível implantar a paz no mundo, se primeiro não reinar a paz em nossa pátria. E a paz na pátria fundamenta-se na paz dos lares. Porém, é utópico pretender a paz na família, se cada um de nós não goza de paz em seu interior.

Somente o homem que for pacífico consigo mesmo será pacífico com os demais.

E, para ser pacífico, é preciso ser um homem de boa vontade, pois somente aos homens de boa vontade foi prometida a paz. Mas não esqueçamos que não podemos ser homens de boa vontade, se não somos homens de Deus, se não cumprimos sempre e em tudo a vontade de Deus.

"Donde vêm as lutas e as contendas entre vós? Não vêm elas de vossas paixões, que combatem em vossos membros? Cobiçais, e não recebeis; sois invejosos e ciumentos, e não conseguis o que desejais; litigais e fazeis guerra" (Tgo *4,1-2*). *Se assim eram aqueles primeiros cristãos, os de agora não somos muito melhores, não temos progredido grande coisa; e, se o cristão não é pacífico, o mundo não pode ter paz.*

25 DE MARÇO

É bom fazer o que Deus quer; mas talvez seja melhor e custe mais, querer o que Deus faz.

E ainda pode dar outro passo para frente: querer o que Deus faz, porém querê-lo com amor. Porque o que na vida se faz sem amor, vale muito pouco; em compensação, o que se faz com amor, quanta estima merece.

Entre um ramo de flores que lhe jogam no rosto, ou o botão de flor que lhe oferecem com carinho, seguramente você preferirá o segundo. Se realiza as coisas de sua vida com amor e por amor, ninguém lhe perguntará o que foi que fez, mas, pelo contrário, se fixarão no amor com que você o fez.

Ninguém lhe perguntará; tampouco Deus, que não se fixa tanto no que fazemos, mas no amor com que o fazemos. Ame: esta a lei, o conselho, a meta, o tudo.

"Por estes motivos, esforçai-vos quanto possível por unir à vossa fé a virtude, à virtude a ciência, à ciência a temperança, à temperança a paciência, à paciência a piedade, à piedade o amor fraterno, e ao amor fraterno a caridade" (2 Ped *1,5-7*).

26 DE MARÇO

Quando você tem que fazer uma viagem, preocupa-se com esmero de todos os pormenores, pensa em todas as possibilidades, prevê todas as circunstâncias e toma as providências para todas elas; em outras palavras, prevê e provê.

E quanto mais demorada e complicada a viagem, maiores são sua preocupação e seus preparativos, porque um descuido poderia tornar-se mais molesto ou de conseqüências mais fatais.

Já pensou em preparar quantas coisas necessita para essa viagem que já está realizando, do tempo para a eternidade, da terra para o céu?

É a viagem que mais lhe interessa, a que maiores conseqüências pode acarretar-lhe.

Seja prudente, seja previdente, não se exponha, garanta-se o possível; porque dessa viagem já não se volta mais: é uma viagem sem retorno.

"Jovem, rejubila-te na tua adolescência e, enquanto ainda és jovem, entrega teu coração à alegria. Anda nos caminhos de teu coração e segundo os olhares de teus olhos" (Ecle *11,9*). *Esta é a máxima que o mundo assobia aos ouvidos dos jovens e dos adultos; mas em seguida o Espírito Santo acentua: "Mas fica sabendo que de tudo isso Deus te fará prestar contas"* (Ecle *11,9*).

Há pessoas que não acreditam em Deus porque nunca o viram. Mas nunca vêem a Deus porque não crêem nele.

Como podem ver a quem não crêem que existe?

Essa criança que brinca com seu carrinho plástico; esse enfermo acamado, há muito ou pouco tempo; esse pobre que bate à porta à procura de ajuda; esse pobre trabalhador que labuta de sol a sol para levar o pão a seus filhos; esse funcionário extranumerário colocado em disponibilidade em seu trabalho.

Em todos esses e em muitos mais está Deus, e neles devemos ver a Deus. Se acreditamos que neles está Deus, neles veremos a Deus; e se neles vemos a Deus, tratá-los-emos de maneira muito diferente.

Difícil não é tanto crer em Deus, mas sim, viver de tal forma que possamos ver a Deus; porque Deus só permite que o vejam aqueles que têm humildade de coração.

"Que Cristo habite pela fé em vossos corações, arraigados e consolidados na caridade, a fim de que possais, com todos os cristãos, compreender qual seja a largura, o comprimento, a altura e a profundidade, isto é, conhecer a caridade de Cristo, que desafia todo o conhecimento, e sejais cheios de toda a plenitude de Deus" (Ef *3,17-19*). *O conhecimento bíblico está impregnado de amor e não se trata dum mero conhecimento conceitual ou platônico; é um conhecimento de vida, que supõe vida e leva à vida. Por isso o cristão conhece a Deus, porque o ama, e o ama porque o conhece.*

28 DE MARÇO

As coisas, os êxitos e as pessoas têm seus lados bons e seus lados maus, suas superfícies planas e suas arestas.

É sinal de pouca inteligência, é injusto e parcial descobrir só ou principalmente o lado negativo, os defeitos ou deficiências, as faltas ou limitações.

É pouco construtivo ver tanto o bom como o mau, o agradável como o desagradável, elogiar o primeiro e criticar o segundo.

Será simplório e inocente contemplar só o positivo, o bom, o agradável e esquecer ou disfarçar o negativo, o ruim, o defeituoso; será simplório, porém será mais humano e mais cristão; será mais inocente, porém será mais caritativo; e somente o amor cristão, a caridade evangélica são capazes de consertar o mundo, de elevar as relações de uns com os outros.

Aprenda, portanto, a ver sempre o lado bom das coisas e das pessoas.

"Cada um de vós procure contentar o próximo, para seu bem e sua edificação. Cristo não se agradou a si mesmo..." (Rom *15,2-3*). *Para agradar ao próximo não devemos analisar se é assim ou assado, mas simplesmente se é filho de Deus, se Deus se compraz nele, se o Pai nos pede que tratemos de conduzir-nos bem e de agradar-nos uns aos outros, e nada mais.*

Analise bem as coisas, porque é muito fácil confundi-las e tirar conclusões errôneas. O bem e o mal são irreconciliáveis e, no entanto, com freqüência os confundimos.

É mau fazer o mal; é pior falar mal daquele que pratica o mal; é mau falar mal dos outros; é pior inventar os males que se comentam dos outros. É mau fazer o bem e ocultá-lo por temor; será bom praticar o bem e não lhe dar publicidade, sempre que pudesse parecer ostentação; porque é bom praticar o bem, mas é mau fazê-lo por publicidade.

Assim, portanto, não fale mal de nada e muito menos de ninguém; fale bem de tudo e de todos, mesmo quando devesse depreciá-los. Pratique sempre o bem e afaste-se do mal, pois será bom afastar-se do mal e muito mau não praticar o bem.

É coisa difícil dominar a língua; por isso o apóstolo Tiago diz que aquele que consegue dominá-la é verdadeiramente religioso (Tg *1,26*).

"Aquele que profere uma linguagem iníqua, não pode fugir dele... o som de suas palavras chega até o Senhor... É, com efeito, um ouvido cioso, que tudo ouve, e nem a menor murmuração lhe passa despercebida. Acautelai-vos, pois, de queixar-vos inutilmente, evitai que vossa língua se entregue à crítica" (Sab *1,8-11*).

30 DE MARÇO

Há mais coisas boas do que você pensa; talvez você não saiba descobri-las. É preciso olhá-las, descobri-las, valorizá-las.

Não se deixe enganar pela propaganda nem pelo ruído; pois, se o ruído faz muito estrago e pouco bem, o bem faz muito proveito e pouco ruído.

O ato criminoso será espalhado como notícia; o ato de virtude não será sequer mencionado nem valorizado, porque fica desconhecido.

Esse carteiro que atura o calor e o cansaço ao percorrer as ruas, a telefonista que atende prontamente aos chamados, o empregado que está apto para colocar-se à disposição do cliente, o cobrador que tem paciência diante das reclamações dos passageiros, a mãe que suporta a solidão, enquanto fica ao lado de seu filho doente, o pai que desgasta suas forças em prol dos seus familiares; mas ninguém se fixa neles e, por serem atos comuns e diários, ninguém os valoriza.

"Ai daqueles que ao mal chamam bem, e ao bem, mal; que mudam as trevas em luz e a luz em trevas; que tornam doce o que é amargo, e amargo o que é doce" (Is *5,20*). *Sempre é mais agradável, mais eficiente e construtivo transmitir o bem e esquecer o mal, ressaltar o bem e ocultar o mal, fixar-se no bem, e não fazer que o mal brilhe.*

31 DE MARÇO

Não basta que você não faça o que vê que outros fazem; é preciso que você atue de tal forma que os outros possam fazer o que você faz.

Não basta dizer não; é preciso dizer sim. O *não* é algo negativo, o *sim* é positivo. O amor não consiste somente em não ofender, em não insultar; o amor é algo positivo e, conseqüentemente, exigirá algo mais que não ofender.

Não dar mau exemplo aos demais poderá constituir uma primeira etapa que nos proponhamos, mas de maneira alguma poderá ser a etapa definitiva; com ela nosso coração não poderá ficar tranqüilo, tampouco nossa consciência em paz.

Somos obrigados a apresentar-nos diante dos outros com tal carga de bondade que acabemos forçando-os à prática do bem; com tal intensidade de generosa entrega que os movamos a imitar nossa dedicação ao bem dos demais.

Não basta não olhar para baixo; é preciso olhar positivamente para as alturas; para cima e sempre para cima; pois é lá no alto que se acham as estrelas e é lá que brilham os luzeiros celestes.

O cristão é uma testemunha de Cristo; sua vida há de ser um vivo testemunho de sua fé. Deve sentir como ditas a si as palavras do apóstolo a seu discípulo: "Torna-te modelo para os fiéis, no modo de falar e de viver; na caridade, na fé, na castidade" (1 Tim *4,12*).

E a outro discípulo repetia ele: "E mostra-te em tudo modelo de bom comportamento: pela integridade na doutrina, gravidade, linguagem sã e irrepreensível, para que o adversário seja confundido, não tendo a dizer de nós mal algum" (Tit *2,7-8*).

Já sou de Deus,
com Cristo me encontrei;
já estou decidido,
e vejo com clareza
que Deus é nosso Pai,
que nos ama de verdade.

MÊS DE ABRIL

A semana Santa, a Páscoa da Ressurreição, costumam cair neste mês.

Páscoa! A festa principal do cristão!

O fato fundamental de nossa religião!

Páscoa! Sem a qual nada teria explicação em nossa religião!

Páscoa! O que há de mais grandioso para o Senhor Jesus e o mais benéfico para os cristãos!

•••

Acontece que toda a sua vida tem que ser uma Páscoa, porque durante toda a sua vida Cristo deve estar ressuscitando em você num maior grau de intensidade de amor.

Páscoa! Supõe um sofrimento, uma morte e, portanto, uma vitória de ressurreição!

Você está sabendo, e pra lá de sabido, que em sua vida se dá o primeiro passo: o sofrimento. Não se apercebe, porém, de que deve passar para o segundo passo: para a vitória!

•••

E a Páscoa não termina com a ressurreição; ela culmina com a Ascensão aos céus!

Você deve viver a sua vida de tal forma que seus pensamentos se elevem ao céu.

Não como uma fuga do presente, mas como uma explicação e uma elevação do presente: que pode ser o duro, o sacrificado, o injusto, o doloroso, o amargo, o... o...

Tudo deve ser elevado ao céu; é lá que se acha seu fim definitivo.

Lá o espera Cristo!

Seu Salvador! Sua Páscoa!

Pense em você e pense nos outros; você tem sua personalidade, suas necessidades e conveniências; mas também os outros têm as suas.

Quando está pensando em você, sempre deve pensar no plural, pois você não está isolado da sociedade, mas está no meio dos que o rodeiam. Pensar no singular será, na maioria das vezes, uma velada expressão de egoísmo, que não deixará de ser reprovável.

Pensar no plural, mesmo em suas coisas pessoais, dará a estas uma projeção de comunidade, ajudá-lo-á a não fechar-se dentro de si mesmo e de suas coisas pessoais, o projetará para o mundo, para a humanidade.

Pensar no plural aumentará a possibilidade de ação de sua parte e elevará seu ideal de vida, pois, se as forças unidas são invencíveis, os ideais unidos são mais puros e irresistíveis.

Pense, pois, no plural: você tem que salvar a você, mas deve salvar-se "em grupo", com todos os demais.

"Unidos de coração, freqüentavam todos os dias o templo. Partiam o pão nas casas e tomavam a comida com alegria e singeleza de coração, louvando a Deus e cativando a simpatia de todo o povo. E o Senhor cada dia lhes ajuntava outros, que estavam a caminho da salvação" (At *2,46-47*). Essa alegria é o gozo que acompanha a fé.

2 DE ABRIL

Com um ideal em sua vida, você se sentirá mais feliz e "será mais firme em sua vida".

Um ideal que polarize todos os seus esforços e seus pensamentos; um ideal que oriente todas as suas ações; um ideal que seja o mastro maior da nave de sua vida.

Embora você nunca chegue a consegui-lo, o ideal sempre lhe fará bem; afinal de contas, nisso consiste o ideal: tender sempre para a frente. Um ideal que se alcança, já deixa de ser ideal e deve ceder o lugar a outro verdadeiro ideal, embora não conseguido.

Um homem sem ideal é um viajante sem bússola; homens sem ideal são rebanho sem pastor e sem caminho; perder o ideal é perder o rumo, e perder o rumo é expor-se a desastres, à perda de tempo e de esforços, a topar, em última instância, com a desilusão; é expor-se a que o cansaço se apodere da vida, e então a vida já não tem sentido nem atrativo; já não se vê por que continuar a viver, nem para quê.

Seu ideal como cristão tem que ser a Vida da graça; cumprir a missão do Mestre Jesus, que diz: "Eu vim para que as ovelhas tenham a vida, e para que a tenham em abundância" (Jo 10,10).

Não basta querer uma coisa, mas é indispensável pôr em prática os meios para alcançá-la; porque querer uma coisa e não acionar os meios, é uma das duas: ou tolice ou covardia.

Uma tolice que pretende conseguir as coisas sem esforço, sem trabalho, sem dedicar-se a fundo; ou uma covardia, que não deixa que se desenvolvam as forças do espírito mas inibe-as, afrouxa as molas da vontade.

Aquele que luta e ao mesmo tempo confia em Deus, chegará à vitória, aquele que se esforça e também tem confiança nos seus próprios esforços, está trilhando bom caminho; aquele que se dedica a fundo com otimismo e não olha tanto para o trabalho, mas sim, para o êxito que coroará o trabalho, esse é digno de que o próprio Deus se coloque ao seu lado e o apóie.

E se Deus está do lado dele, já pode dar por certa a vitória; vitória que talvez não chegue por seus esforços, mas pela ajuda de Deus; ajuda de Deus que exige que empreguemos nossos próprios esforços.

"O reino dos céus é arrebatado à força e são os violentos que o conquistam" (Mt *11,12*). *Não se fala da violência contra os outros, mas contra si mesmo; aquela violência que consiste na renúncia ao próprio egoísmo, às próprias conveniências e comodidades. Não será fora de propósito que você se examine para ver se faz violência contra os demais, ao invés de fazê-la contra si mesmo.*

4 DE ABRIL

Com freqüência passamos a raciocinar; e não é com tanta freqüência que temos razão; porque raciocinar e ter razão são duas coisas bem diferentes.

Raciocinamos quando discutimos e defendemos nossa posição, apresentamos argumentos para fazer ver que nossa atitude é a mais correta, a mais conveniente, a única que deve impor-se. Isto é raciocinar: oferecer razões, apresentar argumentos.

Porém, quando raciocinamos nem sempre temos razão; porque às vezes até nós mesmos suspeitamos que não temos razão e, no entanto, continuamos em nossa posição, defendemo-la, custe o que custar.

Os argumentos sempre necessitam da razão para ser verdadeiros e honestos; a razão nem sempre precisa dos argumentos, pois ela se impõe por si mesma, por sua própria força, pelo peso da verdade.

"Exorto-vos, pois, que leveis uma vida digna da vocação à qual fostes chamados, com toda a humildade e amabilidade, com grandeza de alma, suportando-vos mutuamente com caridade. Sede solícitos em conservar a unidade do Espírito no vínculo da paz" (Ef *4,1-3*).

Dá pena ver um homem sem ideal! Fracassará em seu estudo, em seu trabalho, em suas atividades. O ideal é uma ilusão; não ter ideal é não ter ilusão na vida; e não ter ilusão é estar desiludido; e certamente deve ser muito triste viver desiludido.

Mas não é suficiente que cada um de nós tenha um ideal para a sua vida; é preciso que nos agrupemos, que cada conjunto de pessoas tenha um ideal comum a todos. Do contrário, cada um buscará seu ideal pessoal de um modo isolado, sem querer contar com os outros.

Se cada um tem seu ideal independente daquele dos outros, será uma peça, porém uma peça que não saberá encaixar-se com as demais; passará toda a sua vida no estudo e análise das peças soltas; talvez no final de sua vida possa chegar a ver como todas as peças se encaixavam. Só que é melhor ver isso quanto antes, a fim de gozar da satisfação de sentir-se útil ao conjunto; o isolamento das peças inutiliza-as, ao passo que a conexão das mesmas aperfeiçoa-as.

"Se um membro sofre, todos os membros padecem com ele; se um membro é tratado com carinho, todos os outros se congratulam com ele" (1Cor *12,26*). *O interesse de todos é o interesse de cada um, e o de cada um é de todos. Todos por um e um por todos. Nada do que é humano nos é alheio. Doloroso ou prazeroso, tudo o que um homem sofre ou goza em qualquer parte do mundo, constitui algo que nos deve tocar no mais íntimo.*

6 DE ABRIL

Você quer se conhecer em profundidade, mas nem sempre o consegue. Pretende chegar a conhecer corretamente os demais; também com freqüência você costuma se enganar.

Dir-lhe-ei qual a razão disso: não chegará jamais a compreender os outros, se primeiro você não se conhece a si mesmo e se compreende; e você não se compreenderá a si mesmo, se não se esforçar por compreender e aceitar os outros; há nisto algo como que uma associação enriquecedora.

Você pensa, contudo, que pode conhecer-se a si mesmo mais ou menos adequadamente; porém, será muito difícil que chegue a conhecer os outros desta maneira, pela simples razão de que eles não são você e de que você não é eles. Sempre existe uma intimidade reservada para o próprio eu, que a ninguém é dado violar.

De tudo isto devemos deduzir que nunca se deve julgar a ninguém; que em todos sempre se deve supor retidão de intenção e uma boa vontade; não tema, pois não errará, mesmo quando se equivocar.

"A caridade é paciente, a caridade é bondosa. Não tem inveja. A caridade não é orgulhosa. Não é arrogante. Nem escandalosa. Não busca os seus próprios interesses, não se irrita, não guarda rancor. Não se alegra com a injustiça, mas se rejubila com a verdade. Tudo desculpa, tudo crê, tudo espera, tudo suporta" (1Cor *13,4-7*). *Teste formidável para um ato de introspecção.*

Não é tão fácil acertar na posição ou atitude que adotemos com respeito ao nosso próximo:

— Podemos deixar de precisar dele; é uma posição simplista, que pretende solucionar os problemas de um só golpe; o próximo em sua casa, e nós na nossa. Esta posição não é solução e até piora nossa situação.

— Podemos levar em consideração o próximo como se fosse um brinquedo para com ele nos entretermos: quando nos serve para o jogo, está bem; se não serve, deixamo-lo de lado. Com isto, caímos no abismo do egoísmo e da injustiça.

— Podemos considerar o próximo qual degrau que pode ajudar-nos em nossa escalada de posições, no sentido de melhorar nossa situação pessoal, familiar ou social. Esta atitude já é repugnantemente injusta.

— Podemos e devemos considerar o próximo um semelhante nosso; o mesmo que nós, com direitos humanos — o mesmo que nós, verdadeiro filho de Deus!

"O amor de Cristo nos constrange, considerando que, se um só morreu por todos, logo todos morreram. Sim, ele morreu por todos, a fim de que os que vivem já não vivam para si, mas para aquele que por eles morreu e ressurgiu" (2Cor *5,14-15*). *E se Cristo morreu por nossos irmãos, e nós devemos imitar a Cristo, enão não devemos também nós morrer por eles? Porque morrer por eles é abrir mão de algum prazer para que eles o tenham; renunciar ao nosso critério para seguir o deles, etc.*

8 DE ABRIL

Se você é estudante e não estuda, não será feliz; se é trabalhador, e não trabalha, também não será feliz; não será feliz se for profissional e não cumpre com sua profissão; em nenhum destes casos você será feliz.

Não será boa pessoa se for superior e não souber obedecer a seus respectivos superiores, nem mandar nos seus subordinados; se é esposo e não respeita e trata com carinho sua esposa; se é filho e não dá ouvidos minuciosamente a seus pais, talvez já idosos; se é cristão e não é testemunha de Cristo; em nenhuma destas circunstâncias você pode julgar-se boa pessoa.

Para ser feliz é preciso ser bom, pois a felicidade é uma conseqüência da boa consciência; e a boa consciência é a única que nos pode certificar de nossa bondade.

Bondade e felicidade: duas realidades que se interrelacionam; que se misturam, que se interdependem. Buscar ou pretender uma sem a outra é desviar o caminho, é confundir as vias, é condenar-se a não possuir nem uma nem outra.

Quando um cristão se conscientiza de que é filho de Deus, não pode deixar de rezar com os salmos: "Ó justos, alegrai-vos e regozijai-vos no Senhor. Exultai todos vós, retos de coração" (Sl *32,11*). *"Alegrai-vos, ó justos, no Senhor e dai glória ao seu santo nome"* (Sl *97,12*). *"Regozijam-se, pelo contrário, os que em vós confiam, permanecem para sempre na alegria. Protegei-os e triunfarão em vós os que amam vosso nome"* (Sl *5,12*).

É mau ser tolo, mas é tolice ser mau. Só o homem bom, aquele que cultive em seu espírito sentimentos de bondade para si e para os demais, é o homem verdadeiramente bom.

Os tolos não podem ser bons; embora não se deva confundir ser tolo, vaidoso e idiota, com ser pouco culto e não ser erudito. Por outro lado, os bons nunca são tolos, vaidosos e idiotas, pois souberam captar a verdadeira sabedoria, que não é a do mundo, mas a da bondade.

Por conseguinte, se você é bom, por que teme a Deus? Sendo Deus como é, infinitamente bom, ninguém pode ter medo ou temor dEle; se você o teme, é porque você não é bom e, por ser mau, pensa que Deus é como você.

Não tenha medo de Deus. Se o temer, que seja apenas um temor que brote do amor que lhe devota: um temor de poder desgostá-lo, porque Ele é seu Pai, e nunca será demais recear desgostar ao Pai, a quem amamos profundamente.

"O Senhor abomina o caminho do mau, mas ama o que se prende à justiça" (Prov *15,9*). *"O projeto da insensatez é o pecado, e o insolente é abominável aos homens"* (Prov *24,9*). *De Jó se pôde escrever: "Havia, na terra de Hus, um homem chamado Jó, íntegro, reto, que temia a Deus e fugia do mal"* (Jó *1,1*). *E do patriarca São José se faz a mais solene canonização, ao proclamá-lo "varão justo"* (Mt *1,19*).

10 DE ABRIL

Que será melhor: ter razão ou ter boa vontade? Poucas vezes dizemos dos outros: "Tem razão"!

No entretanto, não é sensato pensar que alguém sempre tem razão e que os demais estão sempre enganados. Como tampouco será sensato pensar que ou não é verdadeiro ou não é bom tudo aquilo que nós não entendemos.

Muito facilmente os que não têm boa vontade pensam que tampouco a têm os demais: "O ladrão pensa que todos são iguais a ele". Quando somos movidos por intenções menos retas, é justamente então que mais facilmente suspeitamos dos outros. E com isso não só pecamos contra a caridade, mas também contra a justiça.

Embora em determinado caso não tenhamos razão, vale a pena ceder em nossa maneira de ver as coisas e conservar, de preferência, a boa vontade. Afinal de contas, quando você encerrar sua vida, não o julgarão por sua razão mas por sua boa vontade.

"Além disto, irmãos, tudo o que é verdadeiro, tudo o que é nobre, tudo o que é justo, tudo o que é puro, tudo o que é amável, tudo o que é de boa fama, tudo o que é virtuoso e louvável, eis o que deve ocupar vossos pensamentos. O que aprendestes, recebestes, ouvistes e observastes em mim, isto praticai, e o Deus da paz estará convosco" (Filip *4,8-9*).

Quando você tem fome, sente um mal-estar enquanto não satisfaz seu apetite. Não sente que algumas vezes também seu espírito está faminto?

Claro que, se seu corpo se alimenta de pão e carne, seu espírito tem seu alimento próprio, que será a verdade e o bem. Pense e pare um pouco para sentir as necessidades de seu espírito.

Quando seu corpo se acha cansado, suas forças esgotadas, também você não se sente bem; porém, não será demais aperceber-se de que, em outras ocasiões, é seu espírito que pode sentir o cansaço, o esgotamento, a desilusão, o descontentamento por você mesmo, quando constatou que não é tão bom quanto deveria ser.

Proponho-lhes esta simples oração: "Senhor, se devo sentir fome, sede e cansaço em meu corpo, fazei que não os sinta em meu espírito; que sempre busque a Ti, que és capaz de acalmar todos os meus anseios".

A fome de Deus não é menos torturante do que a fome de pão; são muitos os que saciam o seu apetite, mas vivem torturados pela fome de Deus. "Virão dias em que enviarei fome sobre a terra, não uma fome de pão, nem uma sede de água, mas fome e sede de ouvir a palavra do Senhor. Andarão errantes de um mar a outro, vaguearão do norte ao oriente; correrão por toda a parte, buscando a palavra do Senhor, e não a encontrarão" (Am *8,11-12*). *Será que você não é chamado a oferecer essa Palavra?*

12 DE ABRIL

Não é humano nem cristão julgar que o dinheiro é uma coisa má. O dinheiro tem seu valor próprio, que não é dado desconhecer; na escala de valores, ocupa um lugar.

Mas o trabalho é também outro valor e também ele ocupa seu lugar próprio na escala de valores.

Só que tanto o dinheiro como o trabalho são valores relativos e não absolutos. Tudo dependerá do uso que se fizer dos mesmos e da finalidade que se lhes dê. O dinheiro empregado para fazer o bem e operar a justiça é um meio de praticar as virtudes humanas e sociais. O trabalho orientado para a realização, não tanto da miséria, mas do homem, constitui um meio da superação de si mesmo.

Donde que tanto um como o outro necessitam ser orientados para que possam permanecer na escala de valores e que não se convertam em algo negativo, quando não contraproducente.

Por conseguinte, não é coisa má que lhe agrade o dinheiro e o trabalho; mas será coisa melhor que lhe agrade o bom uso de ambos.

"O ouro e a prata perderam a muitos, e o poder deles chega até a transviar o coração de um rei" (Eclo *8,3*). *"O ouro abateu a muitos, e os seus encantos os perderam"* (Eclo *3,6*). *"Bem-aventurado o rico que foi achado sem mácula, que não correu atrás do ouro"* (Eclo *31,8*).

No mundo há mais coisas bonitas que feias. E há uma possibilidade favorável ou desfavorável: acontece que as coisas boas você as pode tornar más, e as coisas más torná-las boas.

Por conseguinte, depende de você que haja no mundo mais lindeza: primeiro, se reconhece e valoriza as muitas coisas bonitas que já existem; segundo, se você se esforça no sentido de aformosear as coisas más, que sem dúvida também existem.

O que lhe digo a respeito das coisas bonitas ou feias, é o que exatamente se deve afirmar das coisas boas ou ruins; afinal de contas, as coisas boas são bonitas e as coisas más são feias.

Conseqüentemente, esforce-se no sentido de aformosear, de tornar boas todas as suas ações, seus pensamentos, seus sentimentos, suas reações, todo o seu ser, toda a sua vida; desta forma, sem dúvida alguma você terá contribuído para melhorar e embelezar o mundo; no fim de tudo, vale mais acender um fósforo do que maldizer escuridão, acender uma fogueira do que queixar-se do frio, fazer o bem do que insistir em praticar o mal.

As coisas podem ser melhores, mas depende do homem torná-las melhores do que são; e sem dúvida alguma as coisas mais agradam quanto melhores são. O mesmo se dá com uma flor maltratada, que une em tudo seu esplendor. O autor da carta aos hebreus lhes dizia: "Embora vos falemos deste modo, temos a melhor idéia a vosso respeito e de vossa salvação" (Heb *6,9*).

14 DE ABRIL

Ninguém é totalmente perfeito; todos temos nossas limitações, que não serão produto de uma má vontade, mas sim, fruto da natureza humana, fraca e imperfeita.

Até o mais sábio dos sábios reconhece que há coisas que ele ignora; mais ainda: quanto mais sábio é, mais reconhece e lamenta o mundo ilimitado que não alcança com seus conhecimentos, inclusive em sua própria especialidade.

Até o santo mais santo reconhece que tem seus defeitos e imperfeições; mais ainda: quanto mais santo é, tanto mais humilhado se sente, pois vê e lamenta que ainda lhe falta tanto para chegar a conseguir a perfeição.

Portanto, não tema reconhcer, em você, limitações, imperfeições e defeitos; reconheça-os e sinta-o profundamente. Se pensasse que não tem defeitos, seria argumento irrebatível para provar que você anda muito distante da sabedoria e da santidade; se o reconhece, está demonstrando, sem palavras mas com atos, que tende a ambas as coisas: à ciência verdadeira e à santidade.

O esforço pela própria perfeição constitui uma silenciosa confissão das próprias deficiências. "Pode um homem ser justo na presença de Deus, pode um mortal ser puro diante de seu Criador?" (Jó *4,17*). *"Como poderia o homem ter razão contra Deus? Se quisesse disputar com ele, não lhe responderia uma vez entre mil"* (Jo *9,2-3*).

Precisa-se de muito maior fortaleza e domínio de si mesmo para ser bom do que para ser mau. Devemos ser muito mais valentes para ser fiéis ao dever, do que para infringi-lo; precisa-se de um esforço mais vigoroso e constante para remar contra a corrente, do que para deixar-se levar rio abaixo.

A lei da gravidade puxa para baixo: os instintos puxam para baixo; o peso da comodidade nos deixa no plano; somente o arranco do motor é que possibilita subir às alturas ou puxar a carruagem para diante.

Se em sua vida você se deixa levar por instintos e inclinações, por comodidades ou conveniências, não poderá voar a grande altura; sua vida se tornará rastejante, de baixo vôo, de visão muito limitada, de horizontes muito recortados.

É sempre mais bonito e mais proveitoso aspirar às alturas oxigenadas do que aos miasmas dos pântanos; sempre se divisa um panorama mais cativante quando nos colocamos no alto do que quando nos achamos ao rés-do-chão.

Coragem e para a frente, sempre rumo às alturas, em sua perfeição!

"Agora, Senhor, deixai o vosso servo ir em paz, segundo a vossa palavra. Porque os meus olhos viram a vossa Salvação que preparastes diante de todos os povos, como luz para iluminar as nações, e para a glória de vosso povo de Israel" (Lc *2,29-32*). *Cristo dará a você as possibilidades para se aperfeiçoar.*

16 DE ABRIL

Às vezes se fala com equívocos das paixões: diz-se que a pessoa não deve ser homem de paixões, ou que não deve deixar-se levar pelas paixões.

Há paixões boas e paixões más; se quiser expressar-se com maior exatidão, pode dizer que as paixões não são nem boas nem más: são forças que podemos empregar para o bem ou para o mal; o bem ou o mal não se acha nas paixões, mas em nós, que as dirigimos para o bem ou para o mal.

A paixão utilizada para o mal cega e arrasta a razão. Paixão boa é a que dá força para a prática do bem.

Viver mal é deixar-se arrastar pela vida, pela paixão descontrolada; em contrapartida, viver bem, ser apóstolo, é orientar toda a força duma paixão para o bem, para a ação apostólica, para o auge do próprio aperfeiçoamento.

Você crê que se pode avançar rumo a Deus sem o empurrão de uma paixão viva e envolvente? Os grandes criminosos foram homens de grandes paixões; mas somente os homens de grandes paixões chegaram à santidade; tudo depende da maneira como se empregam essas paixões.

"Esta é a vontade de Deus: a vossa santificação; que eviteis a impureza; que cada um de vós saiba possuir o seu corpo santa e honestamente, sem se deixar levar pelas paixões desregradas, como os pagãos que não conhecem a Deus" (1Tes *4,3-5*).

Todos depositam toda a sua esperança em morrer bem.

Não sei que sentido você empresta a esta expressão: "Morrer bem".

Trata-se de morrer sem dor? Morrer com uma enfermidade curta? Morrer rodeado dos familiares?

Morrer bem é, sobretudo, morrer com a consciência tranqüila, sem angústias espirituais, que são muito mais torturantes do que as dores do corpo. Morrer bem é morrer em paz com Deus e com os demais; é morrer de tal forma que todos sintam a morte de você e ninguém tenha motivo para alegrar-se com ela.

Por isso me atrevo a afirmar-lhe que o principal não é morrer bem, mas viver bem; porque deve ser coisa muito triste chegar ao fim da vida, arrastando atrás de si uma seqüela de ódios, de amarguras produzidas pelos que estiveram à nossa volta, de injustiças com todos, de egoísmos e coisas parecidas; em compensação, chegar à hora da morte, com a consciência de ter cumprido com nosso dever durante a vida, com a certeza de ter vivido bem — é isto que converte o momento da morte num passar da vida com v minúsculo para a Vida com v maiúsculo, dos braços dos homens para os braços de Deus; e isto nunca pode ser desagradável nem doloroso.

"Muito vale aos olhos do Senhor a morte dos que o amam; é preciosa aos olhos do Senhor a morte dos seus santos (Sl *116,15*). *Se o Espírito dAquele que ressuscitou a Jesus dentre os mortos habita em vós... dará a vida também a vossos corpos mortais".*

18 DE ABRIL

A melhor voz de mando é o exemplo; o melhor argumento e a mais convincente razão, que robustece suas palavras, é o exemplo de sua vida.

Talvez você note que nem sempre convence com suas palavras; deve ser porque nem sempre suas obras se acham de acordo com suas palavras e então o exemplo de sua vida neutraliza a força de suas palavras.

Seus filhos, seus dependentes, as pessoas com as quais de uma ou de outra forma tem relações, ou sobre as quais você exerce alguma influência, estão esperando por suas palavras. Mas essas palavras serão ineficazes, se não forem precedidas pelo exemplo de sua vida.

Palavra e testemunho, razões e exemplos; as palavras convencem, os exemplos arrastam. Pense, portanto, e veja se não lhe faltou o arrastão; você o atribuiu ou à dureza do coração dos que o ouviam, ou à falta de preparo intelectual de sua parte, quando na realidade não foi devido a nenhuma dessas causas, mas à ausência de seus exemplos, à incoerência de sua vida.

João deu testemunho do que viu e ouviu, e seu testemunho foi verdadeiro: "Este é o discípulo que dá testemunho de todas essas coisas, e as escreveu. E sabemos que é digno de fé o seu testemunho" (Jo *21,24*). *Todos os que nos rodeiam devem ver que somos testemunhas de Cristo e devem convencer-se, sem dificuldade, de que nosso testemunho é verdadeiro; porém, não o será se primeiro em nosso interior não tivermos chegado a possuir um espírito verdadeiramente conforme ao Espírito de Cristo.*

19 DE ABRIL

Quando você fala com os seus familiares, quando os repreende, quando lhes chama a atenção, quando exige deles algo, costuma gritar-lhes, não é verdade? Pergunto-lhe eu: Por que grita?

Você me diz que está com a razão. Se está com a razão, para que quer os gritos? Será que a razão precisa dos gritos, para ser reconhecida e aceita? Se assim é, então a razão que você tem é muito fraca. Não necessitaria de gritos, nem de outra coisa, se fosse suficientemente forte.

Se você não tem razão, para que grita? Será que quer impor sua vontade pelos gritos, sem ter razão? Não se engane: os gritos jamais foram convincentes; poderão fazer calar os seus inferiores, mas não os convencerão. E fazer que alguém obedeça a você, sem que esteja convencido, é impossível.

Se você tem razão e expõe a razão somente com a força do convencimento, será efetivo e chegará melhor ao coração dos demais.

Toda lei alcança sua plenitude neste único preceito: "Amarás o teu próximo como a ti mesmo. Mas, se vos mordeis e vos devorais, vede que não acabeis por vos destruirdes uns aos outros" (Gal *5,14-15*).

20 DE ABRIL

Não ande à procura de amigos que não tenham defeitos, porque então ficará a vida inteira sem amigos. Mas, não procure os defeitos nos seus amigos, porque então aos poucos os seus amigos irão deixando-o, e assim acabará ficando sozinho.

Não ame seus amigos só porque não têm defeitos; ame-os, apesar dos seus defeitos; e, se quiser, ame-os precisamente por causa de seus defeitos, pois o fato de terem defeitos quer dizer que são mais humanos.

Não pretenda exigir que seus amigos sejam melhores que você; se decerto o forem, seja grato e aproveite seus exemplos e sua influência benfazeja; se não o forem, respeite-os e ofereça-lhes sua ajuda para que melhorem; mas com paciência, com compreensão, com bondade, com o máximo respeito pela personalidade deles.

Não pretenda mudar seus amigos; deixe-os que sejam como Deus os fez; não se preocupe se você não é como eles. Também você tem direito de ser como Deus o fez; isto sim, tanto eles quanto você, é que devem ser "como Deus os fez" e não como o pecado da soberba e do egoísmo os desfez. Não é conveniente desfazer a obra de Deus.

"Um amigo fiel é uma poderosa proteção; quem o achou, descobriu um tesouro. Nada é comparável a um amigo fiel. O ouro e a prata não merecem ser postos em paralelo com a sinceridade de sua fé. Um amigo fiel é um remédio de vida e imortalidade; quem teme o Senhor achará esse amigo" (Eclo *6,14-16*). *Seu grupo de amigos é algo que deve conservar, porque você e eles precisam dele.*

Como é triste morrer, sem ter sabido viver; como é triste viver, sem chegar a aprender a morrer.

Ambas as coisas têm tamanha relação entre si, que é impossível separá-las; você terá que viver pensando que um dia tem que morrer; acabará morrendo com a alegria de ter sabido viver.

Vive de verdade aquele que não concentra no momento presente o que faz, mas que aprendeu a dar-lhe um sentido de projeção mais para a frente. Assim age quem quer ser cada dia um pouco melhor, quem se esforça no sentido de ir melhorando as condições do seu lar, aquele que anseia por um mundo melhor, por relações mais humanas e mais cristãs entre os homens.

O momento arrasta os lastros do passado e se projeta para o futuro. Veja como é importante fazer bem o que está fazendo neste momento, pois terá seu alcance para o futuro; é isto que se costuma dizer: "Viver em prospectiva".

"Assim também vós, sem dúvida, agora estais tristes, mas hei de ver-vos outra vez, e o vosso coração se alegrará e ninguém vos tirará a vossa alegria" (Jo *16,22*). *Nada permanece nesta terra, pois tudo tem sua visão de fim dos tempos, tudo está ordenado para o futuro Reino de Deus; futuro que você deve tornar presente já neste mundo que lhe coube viver.*

É ilusão planejar muito e não fazer nada; é reprovável não planejar nada e não fazer nada; tampouco se deve aceitar que se faça algo sem antes tê-lo planejado.

Talvez seja mais prudente planejar algo e logo realizar esse algo que se planejou.

Se você planeja mais do que pode conseguir fazer, sentir-se-á decepcionado; se faz mais do que planeja, poderá equivocar-se e por isso se sentirá humilhado.

Viver sem nada fazer, não é próprio de criatura humana; viver fazendo as coisas sem planejá-las, sem pensá-las, não é agir conforme corresponde a um homem; somente o homem que age e opera, porém numa ação pensada e planejada, é que está atuando racionalmente, como corresponde a todo homem.

Viver pensando somente nesta vida, é ter aspirações muito curtas e uma visão muito limitada; viver pensando também no mais além, no futuro, na eternidade, é ser prudente e ser cristão.

Não se contente com ser homem; trate de viver como cristão.

"No mais, irmãos, aprendestes de nós a maneira como deveis proceder para agradar a Deus — e já o fazeis. Rogamo-vos, pois, e vos exortamos no Senhor Jesus a que progridais sempre mais" (1 Tes *4,1*). *Deus nos deu a conhecer a sua vontade em certo momento mais decisivo de nossa vida, que certamente sempre relembraremos; aprendemos a conhecer a Deus; agora devemos viver de conformidade com aquele conhecimento e num contínuo progresso.*

Você confia em todo o mundo e, com não pouca freqüência, acaba desiludido; outros não confiam em ninguém e vivem num contínuo sobressalto. É preciso buscar um justo equilíbrio.

O equilíbrio consistirá em confiar naqueles que mereceram sua confiança, naqueles que — conforme você está moralmente seguro — não lhe retribuirão com nenhuma deslealdade.

Cuidado, porém, pois os demais também observação esta mesma norma para com você: confiarão em você, sempre e quando você merecer que eles confiem em você e depositem em você a sua confiança; é preciso saber ganhar e conservar esta confiança.

Perder a confiança dos demais pode chegar a constituir para você um verdadeiro trauma; você perder a confiança que tem nos outros, pode acarretar-lhe não poucos dissabores. Você colherá o que semear, dar-lhe-ão o que você der, receberá o que merecer.

E, se em algum caso não for correspondido, sempre restará para você a satisfação de ter sido como devia ser.

Antes que em qualquer pessoa, devemos depositar nossa aderente confiança no Senhor, pois sabemos que Ele jamais faltará conosco. "Aproximemo-nos, pois, confiadamente do trono da graça, a fim de alcançar misericórdia e achar a graça de um auxílio oportuno" (Heb *4,16*).

24 DE ABRIL

Seria desastroso confundir "comunhão" com "comunismo".

O comunismo faz camaradas; a política poderá chegar a agrupar companheiros; somente a comunhão humana faz verdadeiros irmãos; e somente a comunhão com Cristo e em Cristo transforma esses irmãos em irmãos em Cristo, em autênticos cristãos.

A comunhão supõe uma comunhão de ideais, de sentimentos, de mentalidade, de meta final; a comunhão é obra do entendimento; mas é sobretudo o coração que se encarrega de unir mentes, ideais, metas e sentimentos.

Comunhão, comum-união, união de todos num só objetivo, como estamos unidos num só batismo, numa mesma fé, num mesmo Senhor e Pai celestial; Deus é o único capaz de unir os homens dessa forma tão íntima.

Por isso, quando os homens pretendem unir-se entre si, sem ligar para Deus, chegarão ao comunismo, ao companheirismo, em suma, à união humana, mas nunca à verdadeira fraternidade evangélica.

"Não vos esqueçais da beneficência e da comunhão, porque são estes os sacrifícios que agradam a Deus" (Heb *13,16*). *Por conseguinte, se desejo agradar ao Senhor, já tenho assinalada a norma de minha conduta: ajudar os demais e oferecer o sacrifício em comum com meus irmãos; a oração em comum.*

Em seu Evangelho, não há coisa que Cristo tanto recomende como a união entre os cristãos. É porque o mundo necessita do testemunho de unidade, que nós cristãos devemos dar-lhe, a fim de conseguir que todos os homens percebam que são irmãos e, em conseqüência, se considerem irmãos, se respeitem como irmãos e se ajudem como irmãos.

Que o homem deixe de olhar para o semelhante como um inimigo ou, pelo menos, como um rival que luta por apoderar-se da parte de felicidade que lhe compete.

Que o homem se convença de que ele não poderá ser verdadeiramente feliz, senão na medida em que contribuir para que também os demais o sejam. "Permanecei sempre unidos nos mesmos sentimentos e desejos"; se esta recomendação da Bíblia fosse cumprida e vivida por todos os homens, a terra seria um céu e as relações humanas produziriam a felicidade para todos os homens.

"Meus irmãos, não faleis mal uns dos outros. Quem fala mal de seu irmão, ou o julga, fala mal da Lei e julga a Lei. E, se julgas a Lei, já não és observador da Lei, mas seu juiz" (Tg *4,11*). *Não falar nunca mal de ninguém: este deve ser o tema de nossa freqüente reflexão e exame.*

26 DE ABRIL

Saber calar constitui uma verdadeira arte: quando, onde e como se deve calar. Essa arte não a ensina nem a ciência, nem a reflexão, mas a própria vida.

A gente mais se arrependerá de falar do que de calar; embora às vezes seja uma verdadeira obrigação ter que falar, quando então calar-se poderá ser vergonhoso.

Cale-se quando deve calar; jamais fale quando não deve falar ou quando não for prudente que fale; espere pelo momento oportuno, para que então sua palavra seja benéfica; enquanto isso, mantenha seu silêncio.

Cale-se quando estiver nervoso, apaixonado, não senhor de si mesmo, muito irritado ou indignado; não é o momento, não é a circunstância propícia para que você fale. Nesses casos o silêncio é a única atitude que você pode tomar. Se você falar, se arrependerá, mais cedo ou mais tarde. Para que fazer algo do que logo deverá se arrepender?

Cale-se, porém que seu silêncio não seja hostil, mas amável; que se cale sua boca, porém que seu rosto fale com o sorriso da bondade e da compreensão.

"Para tudo há um tempo, para cada coisa há um momento debaixo dos céus... tempo para calar, e tempo para falar" (Ecle *3,1-7*). *Não é prudente e a nada leva, inverter a ordem dos tempos.*

O mais fatal que pode acontecer a alguém é ter razão e não saber usá-la.

Porque, em tendo razão, encastela-se nela de tal forma que não admite certos direitos que os demais têm: direito de pensar, como eles acham que devem pensar; direito de defender o que eles julgam justo e verdadeiro; direito de discordar dele; direito de ver a verdade a partir de seu ponto de vista. Numa palavra: direito de pensar que também eles têm razão.

É assim que surgem as rixas e discussões acaloradas. Examine-se detidamente e verá que na maioria das vezes você discutiu de tal forma que a discussão chegou a perturbá-lo, porque você pensava que estava com a razão; acontece, porém, que não soube usar corretamente de sua razão e nisto já não tinha razão alguma.

Pois, se você age bem quando quer defender sua razão, não age bem ao defendê-la dessa forma violenta, áspera, incisiva, nada caridosa. E não é a razão que deve mandar em sua vida, mas o amor; o amor, que ama com razão e sem ela.

Três vezes perguntou Jesus a Pedro que lhe dissesse se o amava, e então "Pedro entristeceu-se porque lhe perguntou pela terceira vez: 'Amas-me?', e respondeu-lhe: 'Senhor, sabes tudo; tu sabes que te amo'" (Jo *21,17*). *Não três, mas infinitas vezes você deve repetir ao Senhor que o ama.*

Interessa o que você é, porque diante de sua consciência e perante Deus é precisamente isto o que você vale; você vê sua consciência e Deus penetra no fundo de seu coração.

Mas interessa também o que você pensa, porquanto seu interior irá se formando segundo sua maneira de pensar. Os antigos já preveniram: "Dize-me o que estás pensando e te direi quem és".

Interessa também o que você pensa, pois as obras são fruto dos sentimentos; embora os sentimentos procedam das obras.

Interessa também o que você fala, pois a boca fala da abundância do coração; as palavras são os meios de comunicação de nossa intimidade com os demais; não podemos comunicar uma intimidade mesquinha, raquítica ou indolente; é preciso estar em disposição de poder comunicar algo positivo, uma intimidade rica e enriquecedora, que leve o bem e o entusiasmo para a ação.

Tudo: o que você venha a falar, a pensar, a sentir, constitui seu eu, e todo o seu eu deve estar a serviço dos demais.

Os ímpios "comparecerão aterrorizados com a lembrança de seus pecados, e suas iniqüidades se levantarão contra eles para os confundir" (Sab *4,20*). *"Não maquineis, uns contra os outros, o mal em vossos corações; não ameis juramentos falsos. Porque é tudo isto o que eu odeio — oráculo do Senhor"* (Zac *8,17*).

Aqui você tem três metas que pode propor-se para sua ação diária. Portanto, não venha me dizer que não sabe o que fazer, quando se propõe fazer algo de bom: não zangar-se, não zangar os outros, desmanchar as zangas dos demais.

Você não deve zangar-se ou aborrecer-se com pequenas ou grandes coisas, com êxitos sem destaque ou de proporções atraentes; não deve aborrecer-se com seus familiares e não zangar-se com os que estão à sua volta no trabalho, ou com as pessoas com as quais diariamente deve encontrar-se ou com elas tratar.

Procurar não aborrecer os demais: não dar-lhes motivo de aborrecimento, de desgosto; não fazer o que você sabe que lhes desagrada ou pode ser-lhes causa de aborrecimento; não colocá-los em tais circunstâncias, que eles tenham que fazer esforços para manter sua calma interior.

Desfazer os aborrecimentos dos demais: quando vir que alguém está impaciente, dê-lhe um pouco de sua paciência; quando alguém necessitar ser acalmado, dê-lhe sua palavra de paz e serenidade; quando alguém se exceder em suas apreciações, expressões ou atitudes, contribua você com sua cota de serenidade, de calma, de paz e de amor.

Três metas: magnífico plano de ação apostólica.

"Bem-aventurados os mansos, porque possuirão a terra" (Mt *5,5*). *"Tomai meu jugo sobre vós e recebei minha doutrina, porque eu sou manso e humilde de coração, e achareis o repouso para as vossas almas"* (Mt *11,29*).

30 DE ABRIL

Alguém deve mandar na vida de você: ou manda você ou mandam suas paixões. Se você não as domina, se as deixa sem controle, se não limita o campo de ação ou de reação delas, suas paixões serão as donas de você, de sua vida, serão elas que mandarão e você deverá obedecer e se verá forçado a fazer coisas que talvez não quisesse fazer.

Suas paixões serão o dono: você será o escravo.

Mas, se você domina as paixões, se as direciona, se as reduz em seus instintos e orienta suas forças, você será o dono de sua própria vida. Será um homem de caráter; se quer, pode; e, se não pode, sempre lhe resta o recurso de pedir a força de que necessita. A quem a vai pedir? Ao único que lha pode dar; e você sabe que esse único é Deus.

Quem cultiva seu caráter é um grande artista; mas quem se deixa arrastar por ele, é um derrotado; e a derrota sempre tem um gosto amargo e sempre deixa um estado de espírito deprimido.

"Deus, porém, não levando em conta os tempos da ignorância, convida agora a todos os homens de todos os lugares a se arrependerem" (At *17,30*). *A conversão é algo que devemos estar constantemente realizando; nunca podemos dizer que nosso coração se voltou definitiva e totalmente ao Senhor.*

É incompreensível a pouca atenção que dispensamos aos benefícios que recebemos do Senhor.

A melhor forma de agradecer ao Senhor tudo quanto dEle recebemos é torná-lo conhecido: tornar conhecido a Ele.

É preciso que o anseio de seu apostolado se plasme numa realidade.

Que desça ao plano do concreto e do prático.

Que você se convença de que o apostolado é para você uma obrigação, e não um ornato, ou um conselho.

Portanto... que veja o modo prático de realizar esse apostolado.

Quando... como... com quem... onde...

O estudo destes quatro pontos irá roubar-lhe alguns de seus minutos e de suas reflexões.

Porém, não passe sua vida inteira estudando.

É hora de se lançar de uma vez para sua ação.

•••

Não venha me dizer que não tem tempo... facilidade... qualidades... oportunidade...

Porque tudo isto é falso e você sabe muito bem que o é.

Para você amar seu Deus não deve buscar nem oportunidade, nem qualidades, nem facilidade, nem tempo.

E isso, nada mais que isso, deve ser seu apostolado: amor a seu Deus.

•••

No próximo, é verdade.
Porém, amar a Ele.
Você não deve separar Deus do próximo.
Você não deve procurar o próximo sem Deus.
Porque isto seria demasiado "humano".

Nem a seu Deus sem o próximo.
Porque isto seria falsamente "divino".

1º DE MAIO

Gosta muito de falar de você mesmo? Por que será? Talvez seja porque está convencido de que você vale muito e quer que os outros também reconheçam o valor que você tem; e isto é vaidade e orgulho.

Talvez seja porque pensa que os demais não reconhecem seus méritos; e, se os demais não os reconhecem, talvez seja porque na realidade esses méritos não são tão reais como lhe parecem.

Acaso os demais gostam de ouvi-lo falar de si mesmo? Se não lhes agrada, por que será? Não será porque, quando você fala de si mesmo, o faz depreciando os demais? Ou, se não os deprecia, não será porque sequer os tem em sua consideração? Esta é também uma maneira muito sutil de minimizá-los; e, se os desestima de uma ou de outra forma, acaso você pode estranhar que não gostem ouvi-lo falar de si mesmo?

Se realmente você tem valor, se possui méritos e qualidades, não se preocupe, pois não é preciso que fale de você mesmo. Deixe que eles verão o que você é e os valores que possui; se não o vêem, nem por isso diminuirá seu mérito ou se perderá sua valia. Basta que Deus o veja e que Deus o valorize.

"Converte-te ao Senhor, abandona os teus pecados. Ora diante dele e diminui as ocasiões de pecado; volta para o Senhor, afasta-te de tua injustiça e detesta o que causa horror a Deus" (Eclo *17,21-23*). *É Deus que o tirará das trevas, para guiá-lo à luz da salvação.*

2 DE MAIO

Se acha que você não é muito bom, então está em disposição para vir a sê-lo; se julga que não vale tanto assim, já está aumentando seu valor.

Se consegue essa disposição para se melhorar e superar-se, já está em bom caminho; se está em bom caminho, tenha paciência, que mais cedo ou mais tarde chegará à meta que se propôs.

Se você é bom de verdade, nunca suspeitará que alguém possa ser mau; se acha que ele é mau, saberá interpretá-lo e desculpá-lo; atribuirá esse fato a centenas de circunstâncias, mas nunca à maldade; você sempre saberá ver em seu fundo uma disposição para a bondade.

Se você é mau, se tornará muito difícil convencer-se de que alguém possa ser bom de verdade. Tudo depende da cor do cristal com que se olha; se o seu cristal está limpo, verá tudo limpo; se o cristal está empanado, para você tudo se apresentará opaco e sem brilho.

Já está na hora de você se convencer de que o principal inimigo que tem é você mesmo, que o carrega em seu interior.

"Buscai o Senhor, vós todos, humildes da terra, que observais a sua lei, buscai a justiça e a humildade" (Sof *2,3*). *"Porque eis o que diz o Altíssimo: ...Habitando como Santo uma elevada morada, auxilio, todavia, o homem atormentado e humilhado, venho reanimar os humildes e levantar os ânimos abatidos"* (Is.*57,15*).

Ser homem de convicções próprias. Isto deve ser um objetivo que você deverá desejar alcançar a todo custo. Ser um homem de convicções; não deixar-se levar pelos ventos que sopram ao seu redor; não fixar-se na maneira como os outros pensam ou agem. Porque, se você se deixa guiar pelos outros, não será você que vai mandar em sua vida, mas eles. E isso você não pode tolerar, em hipótese alguma.

Ter suas convicções e seguir com docilidade as indicações de sua própria consciência. Que importa se os demais têm outras convicções e se, conseqüentemente, se pautam por outras normas de conduta? Muito bem: eles têm sua consciência, mas você tem a sua. Que importa se eles têm outra escala de valores? Você tem a sua e para você os valores se ordenam pela escala que é sua e não pela deles.

Custa ser homem de convicçõe; custa mais ser fiel às convicções da própria consciência; mas é a única forma de viver com dignidade e de viver a própria vida.

"Tua fé te salvou" era a expressão que o Senhor empregava com freqüência ao curar os enfermos. Pois bem, é a fé que vai nos salvar; e àquela mulher que lhe pedia que a curasse, respondeu-lhe: "Ó mulher, grande é tua fé! Seja-te feito como desejas" (Mt *15,28*). *Talvez você deva rezar com o jovem epiléptico: "Creio! Vem em socorro à minha falta de fé!"* (Mc *9,24*).

4 DE MAIO

Não se pode negar que o homem de nosso século está buscando desesperadamente a Deus; apesar do ateísmo moderno; tem fome de Deus, e essa fome só pode ser saciada com Deus.

Se você busca a Deus, certamente o encontrará. Porém, tenha cuidado, não erre o caminho, porque nesse caso a culpa de não encontrar a Deus já não será dEle, mas exclusivamente de você. E é errar o caminho quando se pretende chegar a Deus com os passos do intelecto; a Ele se vai, isto sim, pelo amor.

Causa-lhe estranheza que em Deus haja mistérios que você não alcança; mas não haveria mistérios em Deus, se Ele não fosse infinitamente grande e bom; ou se nós não fôssemos tão pequenos, quando comparados com Ele. Porém, visto que Ele é infinito em seu poder e em sua bondade e nós tão pequenos, é lógico não somente supor, mas reconhecer mistérios em Deus, os quais nós não logramos captar. Ou será que você preferiria um Deus pequeno em poder e em bondade, como você? Porque, então, bem que você poderia compreendê-lo... só que neste caso não seria Deus, como tampouco você o é.

"Mas no céu existe um Deus que desvenda os mistérios" (Dan *2,28*). *O Mistério de Deus é Cristo, o "Mistério que esteve escondido desde as origens às gerações passadas, mas que agora foi manifestado aos seus santos. A estes quis Deus dar a conhecer a riqueza e glória deste mistério entre os gentios: Cristo em vós, esperança da glória!"* (Col *1,26-28*).

Agradeça ao Senhor por fazer que você conhecesse o mistério do amor de Cristo.

Você está cansado de saber que todos temos a tendência de sempre pagar com a mesma moeda. Por que não capitaliza esse instinto natural?

Se elogia a todo o mundo, mesmo nas suas coisas mais insignificantes, se para todos sempre tem palavras de compreensão e estímulo, se olha a todos com olhares de bondade e deixa que eles brilhem, não contra a sua vontade, mas contribuindo você para seu brilho, pode estar certo de que os demais lhe pagarão com a mesma moeda e também você será compreendido, será ajudado, será bem olhado, receberá ajuda em todo momento e para tudo.

Se você se dá a todos com plenitude; sabe negar-se satisfações, para que os outros as tenham; se seu prazer consiste em que os outros desfrutem prazer, pode estar certo de que também lhe devolverão com a mesma moeda e os outros viverão para que você seja verdadeiramente feliz.

Dê, que lhe darão; dê-se, que se darão a você. Muito embora não o deva fazer por essa razão, isto é, esperando a recompensa, mas Deus costuma premiar já neste mundo com a mesma moeda que nós utilizamos.

"Assim, és inescusável, ó homem, quem quer que sejas, que te arvoras em juiz. Naquilo que julgas a outrem, a ti mesmo te condenas; pois tu, que julgas, fazes as mesmas coisas que eles... Tu, ó homem, que julgas os que praticam tais coisas, mas as cometes também, pensas que escaparás ao juízo de Deus?" (Rom *2,1-3*).

6 DE MAIO

Você se queixa de que tem muitas coisas a fazer; de que tem que dar duro a ponto de desgastar-se; de que arca com não poucas responsabilidades; você próprio se enreda em não sei quantas coisas.

Não lhe digo que isso não seja bom; se você é uma alma grande, uma alma generosa, nunca estabelecerá limites à sua ação em prol dos demais e quando se trata de fazer algum bem; não é mau; inclusive pode ser uma atitude muito, muito boa mesmo; no final, isso pode vir a ser: doar-se e doar-se sem reticências.

Desejo, porém, fazê-lo refletir que ocasionalmente essa atuação sem medida e sem controle pode tornar-se contraproducente com relação à qualidade de sua ação.

Não acha que seria melhor fazer muito bem uma só coisa, do que muitas de maneira imperfeita? Talvez seja preferível limitar-se a menos coisas, porém realizá-las com maior perfeição; não abranger muitas coisas, porém ser mais responsável nas coisas que a gente assume como obrigação.

"Marta, Marta, andas muito inquieta e te preocupas com muitas coisas; no entanto, uma só coisa é necessária" (Lc *10,41-42*). *Examine-se e veja se não está se preocupando demasiado com certas coisas e se talvez não esteja se descuidando do principal, que é a fidelidade ao amor do Senhor.*

Não tenho dúvida alguma de que você quer ser sábio e quer ser santo: inteligente e bom.

Para ser inteligente e sábio, você deverá ficar muito tempo sozinho, estudando, lendo, meditando, aprofundando seus conhecimentos; para ser santo e bom, deverá estar com os demais, a fim de moldar seu caráter e mostrar-lhes o que você é e quanto tem; e, ao mesmo tempo, precisará de certos momentos de solidão para penetrar em seu interior, a fim de ir se aperfeiçoando.

E, tanto para ser sábio e inteligente como para chegar a ser bom e santo, necessitará estar sempre com Deus, que é a verdadeira Inteligência e a Santidade por essência.

E, se você chega a ser sábio e santo, pode me dizer o que mais pode anelar em sua vida? Já cumpriu sua missão, já se realizou perante sua consciência, diante dos outros e diante de Deus.

Se não se entrega a Deus incondicionalmente, não julgue que é bom, não pense que é bom só porque não faz o mal; resta-lhe ainda muito que fazer.

"Pois eu sou o Senhor, vosso Deus. Vós vos santificareis e sereis santos, porque eu sou santo" (Lev *11,44*). *Três vezes repetimos "Santo, Santo, Santo", que quer dizer: Santíssimo é nosso Deus; nós, seus filhos, não podemos deixar de assemelhar-nos ao Pai, pois temos sua mesma natureza, que é a graça, isto é, a santidade.*

8 DE MAIO

Deus fez o homem ereto, olhando para cima; somente o bruto animal tem a cabeça inclinada para o chão.

Às vezes você se esquece disso e vai rastejando, se arrastando pela terra, levado por seus instintos; você se arrasta, empurrado por suas inclinações; você se arrasta sem horizontes e sem alturas.

Outras vezes você se deixa arrastar pelos demais; pelos que julga mais animados que você, mais entendidos do que você nas coisas do mundo e da vida, pelos que você vê triunfar com triunfos mais visíveis e benéficos; você se deixa seduzir pelos que têm mais ímpeto do que você, sem pensar se esse ímpeto é para o bem ou para o mal.

Você não deve deixar-se arrastar; deve caminhar ereto, com um ideal bem claro e bem fixo, que oriente todas as suas ações e seja a explicação de todas as suas causas; sempre para cima e sempre com desejo de melhorar, de vencer as dificuldades.

"Veio para nos ensinar a renunciar à impiedade e às paixões mundanas e a viver neste mundo com toda sobriedade, justiça e piedade, na expectativa da nossa esperança feliz, a Aparição gloriosa de nosso grande Deus e Salvador, Jesus Cristo" (Tit *2,12-13*).

Por mais que não o queira, em sua vida você nunca poderá passar sem a dor. A dor é uma realidade que não depende de nós; ela está sempre presente, queiramos ou não queiramos; inclusive ela pode ser encontrada quando menos esperamos.

Mas, se não podemos evitar a dor, compete a nós saber dar-lhe um sentido ou outro, adotar diante dela uma ou outra posição, decerto muito diferente uma da outra.

Se, ao sofrer, você se aborrece e protesta, com isso nada de bom consegue; só contribui para aumentar o sofrimento e para prejudicar seu corpo em sua parte nervosa e o seu espírito em seu relacionamento com Deus.

Se quando sofre aceita o sofrimento, então lhe está dando um verdadeiro sentido, o converte em algo positivo, eficiente, salvador e redentor de você e dos demais; assim você está se dignificando.

Se quando sofre chega a amar o sofrimento, será porque você já se aproximou de Deus e chegou a compreender que não é possível amar sem sofrer, nem sofrer sem amar.

"A oblação do justo enriquece o altar, é um suave odor na presença do Senhor. O sacrifício do justo é aceito por Deus. O Senhor não se esquecerá dele" (Eclo *35,8-9*). *O justo converterá a menor dor em autêntico sacrifício oferecido ao Senhor com amor e por amor.*

10 DE MAIO

A verdade e a mentira pouco se parecem; elas são, isto sim, contrárias em todos os seus aspectos.

A mentira costuma ser mais bonita e soa melhor aos nossos ouvidos; é mais atraente, mais lisonjeira. Se dizem a você que é sábio, que é bom, que é simpático e coisas semelhantes, certamente você se sente lisonjeado, lhe soa bem, mas talvez não seja tão certo e conseqüentemente não lhe faça tão bem, não o ajude para seu aperfeiçoamento. Pelo contrário, poderá constituir um obstáculo para esse aperfeiçoamento, porquanto você chegará a crer que o que lhe dizem é verdade e por isso já não realizará maiores esforços para melhorar.

Porém, quando lhe dizem a verdade costuma ser bastante desagradável, pouco cativante, amarga, humilhante. Seja como for, uma vez passado o primeiro momento desagradável, se você se põe a pensar detidamente verá que é mais produtivo você constatar tudo o que lhe falta para chegar à perfeição, pois desta maneira, conhecendo como você é na verdade, poderá estimular-se no sentido de ser melhor.

Não olhe, pois, para o bonito da mentira ou da adulação; fixe-se, isto sim, no austero da verdade.

"Os ímpios não podem resistir ao vosso olhar. Detestais a todos os que praticam o mal, fazeis perecer os que mentem" (Sl *5,6-7*). *"Não inventes mentira contra teu irmão, não inventes nenhuma mentira contra teu amigo"* (Eclo *7,13*). Você deve ser nobre e reto consigo mesmo e com os demais.

11 DE MAIO

"Bem-aventurados os que têm um coração de pobre, porque deles é o reino dos céus".

É a primeira bem-aventurança que Cristo proclamou no sermão da montanha.

Pobre de espírito é o simples, o humilde, o que não é orgulhoso, aquele que está convencido de que depende dos demais, de que sozinho não pode enfrentar a vida, que necessita dos outros. Por isso é pobre, porque não tem em si aquilo que necessita, mas espera recebê-lo dos demais.

O orgulhoso pensa que ele e somente ele se satisfaz, se basta e se sobra; por isso é rico: é independente.

Mas o Reino dos Céus só é prometido ao pobre de espírito, ao que tem alma de pobre ou é pobre de espírito. O orgulhoso conquistará os homens; o humilde conquista a Deus. O orgulhoso será dono da terra e de suas riquezas, ao passo que o humilde ter como herança o céu e seus bens.

Que você prefere?

"Tua força não está no número, nem tua autoridade nos violentos, mas tu és o Deus dos humildes, o socorro dos oprimidos, o protetor dos fracos, o abrigo dos abandonados, o salvador dos desesperados" (Jud *9,11*). *Nunca o homem mais se agiganta, do que quando está de joelhos; portanto, não duvide em dobrá-los diante de Deus. Em seus joelhos está sua força e a fraqueza de Deus.*

12 DE MAIO

"Bem-aventurados os mansos, porque possuirão a terra".

É a segunda bem-aventurança que Cristo nos prometeu.

Manso é aquele que mantém a calma no meio das tribulações, aquele que sabe dominar-se a si mesmo, porém mantendo em seu interior a serenidade. A mansidão e a paciência, a resignação, porém não uma resignação onerosa, angustiante, e sim uma resignação calma, sabendo que Deus saca coisas benéficas dos próprios males, das próprias lágrimas faz brotar os sorrisos.

O que é paciente (calmo) contagia a paciência e a calma ao seu redor; os que com ele convivem ou dele se aproximam, participam de sua tranqüilidade; ganha-os e melhora-os.

Com a paciência tudo se alcança — diz um ditado; com a paciência tudo se vê a partir de ângulo diferente e em tudo se descobre novo valor. Ocasionalmente, torna-se duro ter paciência; mas é a única posição lógica do homem e do cristão: do homem, porque não pode rebelar-se contra o que não está a seu alcance modificar; do cristão, porque deve aceitar a vontade de Deus.

"Pois vos é necessária a perseverança para fazerdes a vontade de Deus e alcançardes os bens prometidos" (Heb *10,36*). *Para que a paciência não seja uma simples austeridade de caráter, ela deverá consistir numa aceitação da vontade do Senhor.*

"Bem-aventurados os que choram, porque serão consolados".

Bem-aventurança difícil de compreender, mas que encerra todo um segredo de verdadeira felicidade.

Os aflitos, os que choram, os que se sentem deprimidos e angustiados; todos os homens devem provar esses momentos amargos em determinadas circunstâncias de sua vida; a dor física ou a dor moral agarram-se a nós, torturam cruelmente nossas carnes ou atormentam barbaramente nosso espírito: mordem, rasgam, dilaceram.

A enfermidade, o mal-estar, o acidente que corta ou inutiliza uma vida ou a deixa; o mesmo que a incompreensão dos nossos mais próximos, o esquecimento de nossos entes queridos; as relações tensas, os tratamentos ásperos e rudes... enfim, todo um mundo de dor, de amargura; felizes os que sofrem, porque eles serão consolados com a consolação de Deus. Quando tudo se torna ineficaz, quando nada na terra pode constituir um lenitivo, é então que Deus aparece no espírito do homem e o acalma e o consola e chega a torná-lo feliz.

"O Senhor escutou minha oração, o Senhor acolheu a minha súplica" (Sl *6,10*). *"Eis aqui o tabernáculo de Deus com os homens. Habitará com eles e serão seu povo, e Deus mesmo estará com eles. Enxugará toda lágrima de seus olhos"* (Apoc *21,3-4*).

14 DE MAIO

"Bem-aventurados os que têm fome e sede de justiça, porque serão saciados!"

A fome e a sede corporal torturam; mas a fome e sede de justiça não são oprimentes. Todos aqueles que desejam vivamente que no mundo se instaure a justiça, sabedores de que essa é a vontade de Deus; todos os que, de uma ou de outra forma, se debatem pela justiça, para que no mundo haja mais justiça, sobretudo com aqueles que se acham mais desamparados, com aqueles que não têm meios nem influência para exigir que lhes seja feita justiça; os que defendem a justiça pelos pobres, pelos oprimidos, pelos perseguidos, pelos despojados de seus legítimos direitos... todos esses têm fome e sede de justiça, e todos esses serão saciados.

No mundo de nossos dias, custa-nos acreditar que chegará um tempo em que se fará justiça, justiça verdadeira. Porém, sem dúvida alguma, há de chegar o momento em que Deus colocará as coisas no seu devido lugar e recompensará cada qual de acordo com seu merecimento.

"Digo-vos, pois, se vossa justiça não for maior que a dos escribas e fariseus, não entrareis no reino dos céus" (Mt *5,20*). *A justiça evangélica não é a mera justiça das leis frias, mas, antes que mais nada, a justiça da lei do amor aos irmãos.*

"Bem-aventurados os misericordiosos, porque alcançarão misericórdia".

A misericórdia é fruto de um coração terno e compassivo, que sabe sofrer com os que sofrem e chorar com os que choram e afligir-se com os que têm algum sofrimento, algum pesar.

Ser misericordioso é despejar um pouco de doçura no coração amargurado, derramar um pouquinho de bálsamo no ânimo abatido e comunicar-lhe novas forças, para ir trilhando, subindo o caminho do dever.

Ser misericordioso é consolar o que está triste, acompanhar o que se acha em solidão, deixar que o próximo despeje em nós suas preocupações, que desafogue suas aflições e opressões.

Os misericordiosos alcançarão, também eles, misericórdia, encontrarão corações que os compreendam; quando lhes chegar a hora da dor, encontrarão quem lhes amenize a dor, quem compartilhe sua amargura; e, como eles souberam aliviar o sofrimento dos outros, os outros aliviarão o sofrimento deles.

"Recusar a piedade a um amigo, é abandonar o temor do Todo-poderoso" (Jó *6,14*). *"Não devias também tu compadecer-te de teu companheiro de serviço, como eu tive piedade de ti?"* (Mt *18,33*). *É a melhor forma de conseguir que Deus nos perdoe: perdoando.*

16 DE MAIO

"Bem-aventurados os corações puros, porque verão a Deus".

É difícil poder afirmar de verdade que temos o coração puro, reto, pois nele sempre se aninham instintos humilhantes e perversas inclinações. Criticamos os outros com tamanha naturalidade! Achamos tão natural pensar mal deles! Depreciar, fazer pouco de suas ações! Suspeitar de suas intenções!

Existe em nosso coração uma carga de soberba e de agressividade que com freqüência se manifesta em nosso modo de proceder e no trato com os demais.

Em compensação, os que possuem o coração reto, os que são simples de coração, os que não têm malícia nem a supõem nos demias, os que têm coração limpo e que com limpeza vêem todas as coisas, esses são os que verão a Deus.

Se você não vê a Deus com mais freqüência, não será porque não tem seu coração suficientemente limpo? Porque o coração sujo é aquele que suja a vista da alma, e com essa vista suja é impossível chegar a ver a divindade.

"Para os puros todas as coisas são puras. Para os corruptos e descrentes nada é puro: até sua mente e consciência são corrompidas" (Tit *1,15*). *Somente com o coração puro se têm os olhos limpos, puros, e só com os olhos puros se pode ver a Deus.*

Se você não vê a Deus, examine seus olhos e seu coração.

"Bem-aventurados os pacíficos, porque serão chamados filhos de Deus".

Acontece que não basta ser pacífico; é preciso trabalhar pela implantação da paz entre os homens, no mundo inteiro.

Trabalhar pela paz é estabelecer aquelas condições de vida que tornem cada homem feliz, seguro de si mesmo e de seu porvir; trabalhar pela paz é tornar suaves os relacionamentos humanos, solucionar problemas, fazer que todos nos entendam e entender-se com todos, criar ao nosso redor um clima de compreensão, dar a cada um o que lhe pertence, respeitando o direito de todos.

Os que trabalham pela paz entre os homens serão chamados filhos de Deus, porque Deus é o Deus da paz e não o deus da guerra; o Deus do amor e não o deus do ódio. Ser chamado filho de Deus é participar da própria natureza divina; é chegar a ser santo de verdade, a elevar-se sobre a própria natureza humana. Realmente, vale a pena ser filho de Deus, e a isso poderemos chegar, segundo promessa da bem-aventurança, trabalhando pela paz.

"Aparta-te do mal e faze o bem. Busca a paz e vai ao seu encalço" (Sl *33,15*). *"Como são belos sobre as montanhas os pés do mensageiro que anuncia a felicidade, que traz as boas-novas e anuncia a libertação"* (Is *52,7*). *Que seus passos, suas palavras sejam sempre portadores da paz e nunca da inquietude.*

18 DE MAIO

"Bem-aventurados os que são perseguidos por causa da justiça, porque deles é o reino dos céus".

Não é a mesma coisa "ser perseguidos pela justiça" e "ser perseguidos por praticar a justiça".

Diariamente se nos apresentam centenas e milhares de ocasiões de praticar a justiça; sempre que cumprimos com um dever para com os outros, estamos praticando um ato de justiça, reconhecendo seu direito e respeitando-o; sempre que somos fiéis à nossa consciência, estamos sendo justos e praticando a justiça, pois não há maior mal que possamos fazer aos demais do que ser infiéis a nossos compromissos ou a nossas obrigações.

Respeitemos as leis, respeitemos os regulamentos, respeitemos os costumes sadios; tudo isso redundará em bem comum, embora à primeira vista possa parecer que a gente pode sofrer alguma conseqüência de nossa fidelidade ao dever.

"Convertei-vos, porque o reino dos céus está próximo. Pois foi dele que falou o profeta Isaías, ao dizer: 'Voz que clama no deserto: preparai o caminho do Senhor, endireitai as suas veredas" (Mt *3,3*). *A deslealdade não é de Deus: a deslealdade nas intenções, nas idéias, nos sentimentos, nas obras; somente o que é reto leva a Deus.*

19 DE MAIO

"Bem-aventurados sereis quando vos caluniarem, quando vos perseguirem e disserem falsamente todo o mal contra vós por causa...

Por causa de mim, por minha causa, isto é, por causa de Deus, pela causa do bem, da justiça, do dever. Porque então o insulto é uma honra, visto que é reconhcer que somos fiéis à verdade, à bondade, ao dever; e não pode haver maior honra do que essa fidelidade.

Por causa de Deus, porquanto nesta hipótese o insulto, a perseguição e a calúnia não param em nós, mas chegam ao Coração do próprio Deus, pois é Ele que nos compensará pelo insulto, pela calúnia e pela perseguição... será o próprio Deus. E quando Deus compensa, decerto sabe agir muito bem e quer compensar maravilhosamente. É preferível aborrecer os homens do que aborrecer a Deus. É preciso antes obedecer a Deus que aos homens.

Ser perseguidos pela justiça é reconhcer que somos justos; ser insultados por nossa adesão a Deus, é julgar-nos partidários e amigos de Deus.

"E disse-lhes: Vinde após mim e vos farei pescadores de homens. Na mesma hora abandonaram suas redes e o seguiram" (Mt *4,19-20*). *Também a você um dia o Senhor o chamou e o chamou para fazê-lo pescador de homens: você freqüentou aquele cursilho, aquele retiro, aqueles exercícios, porque Deus o chamou.*

20 DE MAIO

É sempre melhor construir, do que destruir. E semear é construir para o dia de amanhã, para colher mais adiante.

Semeie sua fé, para sustentar e apoiar os que vacilam. Semeie sua abnegação e não a reserve somente para você. Semeie sua confiança e Deus não o deixará nem os homens lhe faltarão.

Semeie o sorriso à sua volta; o sorriso faz bem e lhe faz bem, o sorriso dissipa nuvens e suaviza tensões.

Semeie sua doçura e conquistará os homens, até mesmo aqueles que têm inclinação para a violência ou não sabem dominar-se.

Semeie sua amizade, na alegria e seu entusiasmo em todos os que o necessitam, pois assim você chegará a fazer felizes os outros e eles farão com que você se sinta feliz.

Semeie seus sacrifícios, mesmo que seja com lágrimas e sem alarde; todo sacrifício requer uma dose de dor e de sangue; porém, todo sangue é redentor e toda lágrima é purificadora.

Semeie toda a sua vida; que toda a sua vida seja uma verdadeira semeadura de alegria, de bondade, de paz e de amor; quem semeia luz, colherá calor; em contrapartida, quem semeia ventos, colherá tempestades.

"Porque todos vós sois filhos da luz e filhos do dia. Não somos da noite nem das trevas" (1Tes 5,5). *Como filho da luz, você deve iluminar os que se acham à sua volta; iluminá-los, a fim de levá-los ao Senhor. Que as trevas não iluminem, não é de estranhar; mas que a luz se apague, causa angústia.*

21 DE MAIO

Encarregar-se da felicidade de outra pessoa é o primeiro movimento e a primeira exigência do verdadeiro amor; acontece que o amor não se fixa em si mesmo, mas se fixa na pessoa amada.

Por conseguinte, sempre que você busca a si mesmo em primeira linha, não está amando com autêntico amor; sempre que prefere sua própria satisfação ou utilidade à satisfação e tranqüilidade dos outros, não ama de verdade.

Isto quer dizer o seguinte: você não ama os outros, você ama a si mesmo; mas, como amar-se a si mesmo em prejuízo dos outros é destruir-se a si mesmo — e isso não é amar-se — você só se amará a si mesmo quando amar de verdade os outros, quando se sacrificar pelos outros, quando se preocupar pelos outros, quando se sacrificar a si mesmo pelos outros.

Não se esqueça: para que o amor seja verdadeiro, deve ser total, único e de doação, oblativo. Quando alguém se serve de outra pessoa sem uma perspectiva de entrega profunda, é impossível o amor.

"Tudo suporto por amor dos escolhidos, para que também eles consigam a salvação em Jesus Cristo, com a glória eterna" (2Tim *2,10*). *Rubens Dario escreveu: "Temos que concordar que somos irmãos / temos que lembrar-nos do doce Pastor / que, crucificado, dilacerado, exânime, / para seus verdugos implorou perdão".*

22 DE MAIO

Quando alguém só pensa em si mesmo, não faz senão levantar uma barreira indestrutível contra o verdadeiro amor.

Amor é "comunhão", verdadeira entrega mútua; portanto, deve estar disposto a dar e a receber; para dar, é preciso ser generoso; para receber é preciso ser humilde; somente os generosos e os humildes estarão em condições de amar verdadeiramente.

Não há comunhão mais profunda, mais íntima e mais real que a comunhão com Deus; porque nela Deus se entrega plenamente a nós e nos recebe com plenitude. Por isso, a comunhão eucarística é a melhor forma de chegarmos a desaparecer, para converter-nos em Deus, que chega a possuir-nos até o mais íntimo do nosso ser.

Para poder comungar a Deus, é preciso primeiro saber comungar com os irmãos, com todos os homens; e comungar com os irmãos é dar-se a eles e receber deles.

"Em obediência à verdade, tendes purificado as vossas almas para praticardes um amor fraterno sincero" (1Ped *1,22*).

> *"Devemos ser justos, devemos ser bons,*
> *devemos embriagar-nos de paz e de amor*
> *e ter a alma sempre à flor dos lábios*
> *e desnudo e limpo nosso coração".*

Vejamos abaixo os caminhos do Senhor, descritos por um soldado:

"Pedi a Deus força, para poder realizar; tornaram-me fraco, para poder aprender a obedecer humildemente.

Pedi auxílio, para poder fazer coisas maiores; tive dor, para poder fazer coisas melhores.

Pedi riquezas, para poder ser feliz; tive pobreza, para poder ser sábio.

Pedi todas as coisas, para poder aproveitar a vida; tive a vida, para poder aproveitar todas as coisas.

Nada tive do que pedi; mas tive tudo quanto esperei.

Apesar de mim, minhas súplicas foram atendidas. Entre todos os homens, eu sou o mais ricamente obsequiado".

Não poucas vezes nos negam o que pedimos, não pela preocupação de negar-nos, mas porque não convém que nos seja concedido o que pedimos e, em compensação, nos dão o que não tínhamos pedido, não porque não o temos pedido, mas porque é precisamente isso o que necessitamos.

"Considerai com que amor o Pai nos amou, para que sejamos chamados filho de Deus. E nós o somos de fato. Por isso o mundo não nos conhece, porque não o conheceu. Caríssimos, desde agora somos filhos de Deus, mas ainda não se manifestou o que havemos de ser. Sabemos que, quando isto se manifestar, seremos semelhantes a Deus" (1Jo *3,1-2*).

24 DE MAIO

Um homem sem idéias claras é um homem desorientado, um homem sem rumo; ou, pelo menos, é um homem que segue um rumo que não termina em meta, mas que trilha caminhos e mais caminhos que se chocam e se entrecruzam, e que nunca o levam a um fim.

A idéia é a mãe da ação; idéias claras serão seguidas de ações definidas e com orientação para seu objetivo bem conhecido e amorosamente procurado.

A idéia precisa de luz, a luz da verdade. Deus é a verdade; quanto mais nos afastamos de Deus, mais distantes ficamos da luz, mais nos circundam as trevas do erro; e, por mais esforços que envidemos, mais nos embrenharemos na escuridão do erro e na maldade.

Quando o homem anda no erro e na maldade, por mais que ele julgue que se acha na verdade e no bem, não deixa de dirigir-se para a catástrofe, tanto mais dolorosa e amarga, quanto menos pensada e esperada por ele. Por isso, para chegar a Deus, nada melhor do que ir a Ele e buscá-lo com sincero coração.

"Lançai sobre mim a vossa luz e fidelidade; que elas me guiem e me conduzam ao vosso monte santo" (Sl *43,3*). *Cristo é a verdade e os que seguem a Cristo não andam no erro, mas estão na verdade.*

Não é a vida que tem propriamente atrativo; mas sim, o sentido que damos à vida. Se esse sentido não chega a satisfazer os legítimos anseios que existem em todo coração humano, então a vida não chega a constituir razão suficiente de nossa existência.

Nesse caso, quando a vida não tem um sentido profundo e orientador, quando não se vê o porquê da própria vida, quando nossas ações não transcendem o momento presente que, por ser presente, é tão fugaz; quando a esse momento fugaz não se dá uma perspectiva para o mais além, aplica-se então o que afirma nosso folclore quando diz: "Para viver como vives, melhor não morrer velho".

Portanto, não é nem a juventude, nem a saúde, nem o dinheiro o que pode constituir uma razão suficiente de nosso existir, de nossa vida; mas o é, isto sim, o sentido que damos a nossas ações e à vida em geral e, dentro do âmbito desse sentido, a projeção para um futuro promissor.

"Nele havia vida e a vida era a luz dos homens. A luz resplandece nas trevas e as trevas não a compreenderam" (Jo *1,4-5*). *As trevas são o Mal, enquanto que a luz é o Bem.*

26 DE MAIO

O progresso é a lei de todo vivente: a flor vai desabrochando, desenvolvendo-se, o animal vai crescendo, o homem vai se aperfeiçoando, o profissional vai se habilitando cada vez mais, e é justo que o trabalhador tenha melhorado em sua posição; tudo vai para frente; deter-se é estancar-se, e estancar-se já é começar a morrer.

Em seu Evangelho, Cristo dá também aos seus seguidores a ordem de ir sempre para frente, até às últimas conseqüências. Um elemento estável do cristianismo é a ordem de jamais parar, de nunca deter-se.

A Igreja, que se enraizou no passado, é, no entanto, impulso para o porvir; é fidelidade; é esperança.

Cristo era ontem, é hoje e será amanhã. Ele é o passado, o presente e o futuro. O alfa e o ômega. O primeiro e o último. O princípio e o fim.

O princípio se orienta para o fim e o fim qualifica o princípio e o seu desenvolvimento e lhes dá sentido, até chegar ao fim.

"Eu sou a luz do mundo; aquele que me segue não andará em trevas, mas terá a luz da vida" Jo *8,12*). *"Eu sou o Alfa e o Ômega, diz o Senhor Deus, Aquele que é, que era e que vem, o Dominador"* (Apoc *1,8*). *Cristo é o Princípio e o Fim de todas as coisas.*

O mundo é de Deus, porém costuma-se dizer que é dos valentes. É porque Deus fez o mundo, mas quis colocá-lo nas mãos dos homens para que o aperfeiçoassem e desenvolvessem. Por isso é preciso que os homens se tornem conscientes dessa sua responsabilidade: Deus pode fazer, ele mesmo, o que determinara que fosse feito pelos homens.

Crie coragem, portanto; mergulhe em seu tempo; forme-se apóstolo. Talvez você não possa contribuir para que o mundo se desenvolva e aperfeiçoe no campo da medicina ou da eletrônica; mas você pode muito bem contribuir no campo da justiça, da verdade, da bondade.

Torne-se apóstolo e verá que para você se abrirão caminhos para seu apostolado, e a paz chegará com seu sorrisso e o amor se difundirá para todos como um rio de largas margens. E assim surgirá um mundo melhor, mais perfeito, mais justo; e você terá colaborado com Deus e com sua obra criadora.

"Fui constituído pregador, apóstolo e doutor dos gentios, na fé e na verdade" (1Ti *2,7*). *Pense: também você foi constituído por Deus como apóstolo de seus irmãos, que esperam de você a luz da fé. Imagine-se como o apóstolo "do Evangelho, no qual foste constituído pregador e apóstolo e mestre entre os gentios"* (2Ti *1,11*).

28 DE MAIO

Você se rebela diante deste mundo dividido e contraditório em que circulam a droga da indiferença, o ópio do prazer, da comodidade, a febre do dinheiro ou do poder.

Ideologias irreconciliáveis, ambições que se atropelam.

Causam-lhe nojo a mentira, o cinismo, as manobras escusas, a hipocrisia; atormenta-o a angústia deste mundo, história tão suja, tão coberta de sangue e de ódio, tão desgastada em violências e guerras cruentas.

Revoltam-no a injustiça dos "justos", a estupidez dos "prudentes", a inoperância dos "declamadores", a tirania dos "libertadores". E o que faz você? Comenta-os no restaurante, nas reuniões, na rua, no escritório? O mundo continuará igual. Talvez pior.

Os que criticam o mundo, não o mudam; mudam-no quem nele trabalha, os que se esforçam em despejar nele sua generosidade, seu entusiasmo, sua doação, seu sacrifício.

"Para com uns exercei a vossa misericórdia, repreendendo-os, e salvai-os, arrebatando-os do fogo. Dos demais tende compaixão, repassada de temor" (Jd, *22-23*). *Todos devem ser tratados com o máximo de caridade e compreensão.*

29 DE MAIO

Quando alguém crê em Deus, forçosamente sente a necessidade de falar com Ele; e falar com Deus se chama "rezar", orar. A alma tem necessidades tão urgentes como o corpo; tem necessidade de rezar; não é um luxo. Quanto mais esmagados nos sentimos pelo trabalho, tanto maior será nossa necessidade de ser aliviados.

É preciso refazer o homem desde o seu íntimo, partindo do seu interior; não nos enganamos quando descobrimos, no mundo de hoje, uma profunda insatisfação, uma infelicidade exasperada, por causa das falsas receitas de felicidade.

A oração é a força dos homens e a fraqueza de Deus; pretende-se viver obedecendo a Deus; mas é completamente ilógico pretender obedecer-lhe sem começar escutando-o. Seja como for, tenhamos presente que a oração não consiste em pensar muito, mas em amar muito; e amar é algo que todos sabemos e podemos fazer.

"Sede perseverantes, sede vigilantes na oração, acompanhada de ações de graças" (Col *4,2*). *Sabemos que sozinhos nada podemos, mas com Cristo tudo podemos; portanto, é preciso obter a ajuda do Senhor por meio da oração. Quem se afasta da oração, não tardará a sentir-se distante de Deus. "Quem reza, salva-se; quem não reza, condena-se", diz Santo Afonso.*

30 DE MAIO

O homem de fé é um penhasco que não se consegue remover, uma fortaleza que não se consegue derrubar. A fé é uma luz que surge nas trevas; dá dimensão exata a tudo e a tudo cromatiza com cores autênticas: as cores da graça. A fé é saber que Cristo virá para proferir a palavra definitiva na história do homem e do mundo. É uma busca contínua, que com seus achados dá ânimo para prosseguir na busca.

A fé é uma segurança humilde e cheia de tremor; um submergir-se doce e arrepiante no regaço invisível de um grande Pai, que é Deus. A fé é um transplante de olhos, pelo que penetra, em nosso fraco olhar, a compreensiva visão de um Deus de bondade.

Paulo VI assim se expressa: a fé vivida se transforma em luz; amada, converte-se em força; meditada, torna-se espírito.

Não esqueça: de nada lhe serve ter fé, se você não se compromete com ela; e comprometer-se com a fé é comprometer-se com as novas e honestas transformações do mundo de hoje.

"Sede sóbrios e vigiai. Vosso adversário, o demônio, anda ao redor de vós como o leão que ruge, buscando a quem devorar" (1Ped *5,8*). *Fé é fortaleza, é firmeza, é segurança, é fundamento de rochedo que não se consegue afastar; a fé é a única coisa que vai dar-lhe orientação e segurança na vida.*

31 DE MAIO

O homem gosta de aparecer nos portais do infinito. Saber ver o rastro da transcendência de cada coisa e ter por isso tremor agitado e repentino de quem raia o infinito. O sopro permanente do Espírito leva a uma tomada de consciência do humano e do divino.

Pela mesma razão, já não se admite que exista um crente insensível aos abusos e às injustiças do mundo; já não se quer uma religião estranha ao homem e ao mundo, alheia à construção de um mundo novo e melhor.

Experimenta-se com vigor o sentido do homem, e isto é bom; mas pode não se abrir o suficiente para o sentido de Deus, e é o que está acontecendo com freqüência no mundo de hoje: de tanto buscar o homem pelo homem, acabamos perdendo a Deus e não encontrando o homem. Ao passo que, se buscássemos a Deus, O acharíamos e nEle nos encontraríamos com o homem.

"Saciou de bens os necessitados e despediu de mãos vazias os ricos" (Lc *1,53*). *Deus se serve dos homens; por conseguinte, Deus dará pão aos famintos mediante os outros homens que não estão famintos. Este é o plano de Deus. Não o frustre no que depende de você; assuma sua responsabilidade.*

Sempre serei tocha que dá luz;
em meu interior, sou um homem novo;
prometo ser apóstolo do Senhor;
em todos os meus irmãos despejarei
meu inteiro amor.

MÊS DE JUNHO

Tradicionalmente, o mês de junho é o mês destinado a honrar o Coração de Jesus e o Coração de Maria.

Conta-se que certa ocasião encarregaram o pintor Führich de pintar uma imagem do Coração de Jesus. Mas ele declinou da incumbência por considerá-la superior às suas forças.

— Precisaria — respondeu ele — tornar transparentes, de alguma forma, no rosto de Jesus os sentimentos do Coração Divino, e não me comprometo com semelhante tarefa.

●●●

Existe uma teologia do Sagrado Coração de Jesus.

É aquela que considera que Deus é o Coração eterno. "Deus é caridade" e encontra nesta caridade o porquê, de vez que não acha o como de todos os mistérios cristãos.

Deus ama: amar é dar. Deus no-lo deu todo inteiro e deu-se a si mesmo, começando por nossa existência e pela de todos os seres: eis aqui a Criação.

Deus ama: amar é falar; eis aqui a revelação, as Sagradas Escrituras: A Lei de Deus.

Deus ama: amar é salvar, a todo custo, o ser amado e morrer por ele, se preciso for: eis aqui a Redenção.

Deus ama: amar é querer ficar perpetuamente presente para o ser amado: eis aqui a Eucaristia.

Deus ama: amar é querer tornar felizes para sempre; consigo todos os seres amados; eis aqui a bem-aventurança eterna do Céu.

Já se foi o tempo em que se pensava e afirmava que entre ciência e fé havia uma oposição irreconciliável; hoje se sabe que cada uma tem seus próprios campos, seus cânones e suas categorias.

A ciência nos ensina como é o céu, enquanto que a fé nos diz como é que se vai ao céu. A ciência serve ao homem de fé para reconhecer a realidade temporal; a fé serve ao homem de ciência para iluminar essa realidade temporal, orientando-a para o eterno.

Devemos esforçar-nos para, a partir do interior da ciência, resgatar a verdade da fé e, a partir da alma da fé, enriquecer as perspectivas da ciência.

O homem de pouca ciência encontra dificuldades para chegar à fé; o homem de muita ciência tem o caminho desimpedido para chegar à fé. O homem de pouca fé não se sentirá satisfeito com a ciência; o homem de muita fé nunca terá medo da muita ciência.

"Meu filho, se acolheres minhas palavras e guardares com carinho meus preceitos, ouvindo com atenção a sabedoria e inclinando teu coração para o entendimento... então compreenderás o temor do Senhor e descobrirás o conhecimento de Deus, porque o Senhor é quem dá a sabedoria, e de sua boca é que procedem a ciência e a prudência" (Prov *2,1-6*). *A verdadeira sabedoria consiste em saber encontrar a Deus, em descobri-lo em todas as coisas e acontecimentos.*

2 DE JUNHO

O encanto das rosas — cantou o poeta — está em que, sendo tão lindas, não sabem que o são.

Sem dúvida alguma, possuímos qualidades em diversas ordens; negá-las seria ingratidão para com o Criador, de quem as recebemos.

Mas, se somos arrogantes, se propagamos orgulhosamente nossas qualidades, se atribuímos a nós mesmos a propriedade e não o uso dessas qualidades, além de ser injustos, por atribuirmo-nos o que não é nosso, demonstraremos pouca inteligência, porquanto não teríamos chegado a compreender que isso que temos não é nosso.

As rosas não sabem que são formosas, lindas; porque o desconhecem, por isso não têm mérito. Nós devemos conhecer e reconhecer o que Deus depositou em nós. Tudo isso, porém, não para nos vangloriar, mas para assumir a responsabilidade de fazer frutificar essas qualidades para o nosso bem, para o dos nossos familiares e de toda a comunidade. Isso é talento.

"Se não me obedecerdes, quebrarei o orgulho de vosso poder, tornarei o vosso céu como ferro e a vossa terra como bronze" (Lev *26,19*). *Nada nos distancia tanto de Deus como o orgulho, o crer-nos melhores do que somos, o não reconhecer os defeitos e misérias que temos. O orgulho é o lodo que veda nossos olhos e nos impede que vejamos as coisas de Deus.*

Deus fez o homem livre. Pela liberdade, sinal supremo da imagem divina no homem, Deus deixa ao homem o poder de sua própria decisão; não quer autômatos que sirvam, mas homens livres que o amem.

O homem, senhor do seu destino, com sua inteligência e sua liberdade, deve desenvolver suas investigações nos sinais dos tempos e na Revelação para restabelecer o primitivo equilíbrio da Criação.

Foi necessária a liberdade para que a procura e o encontro com Deus fossem uma honra e não uma violência em nossas vidas. Deus nunca pode se constituir num obstáculo na pessoa humana. O essencial é chegar a Ele com liberdade. O Espírito nos guia para a verdade plena; e em nenhuma outra mão nossa liberdade está melhor protegida e resguardada do que naquela de Quem a criou.

Não é livre aquele que rejeita a Verdade e o Amor, mas sim, aquele que os aceita, os abraça e vive-os em plenitude.

"Ora, o Senhor é Espírito e onde está o Espírito do Senhor, aí há liberdade" (2 Cor 3,17). *A liberdade dos filhos de Deus, que não é outra coisa senão a liberdade do amor; de um verdadeiro amor, que ama o Pai sobre todas as coisas, e os irmãos por amor ao Pai.*

4 DE JUNHO

No universo, encontramos um equilíbrio; no homem sofremos um desequilíbrio. O universo mantém um equilíbrio sujeito às leis assinaladas pelo Criador; sem esse equilíbrio sobreviria o caos e a autodestruição, não só do mundo, mas também do próprio homem.

Pelo abuso de sua liberdade, o homem pode alterar seu equilíbrio íntimo; desta forma pode chegar a sair fora da órbita. O homem altera o equilíbrio; ao invés de ser irmão de todos os homens e senhor de todas as coisas, por sua ambição e seu egocentrismo quer ser dono dos homens e se torna escravo das coisas, que chegam a dominá-lo.

Assim é o homem: por seu afã de possuir, deixa de esforçar-se por ser; o homem fica reduzido, sem identidade própria. Só se voltar a ocupar o lugar que Deus lhe assinalou poderá o homem restabelecer o equilíbrio.

"Se, portanto, o Filho vos libertar, sereis verdadeiramente livres" (Jo *8,36*). *"Se permanecerdes na minha palavra, sereis meus verdadeiros discípulos; conhecereis a verdade e a verdade vos libertará"* (Jo *8,31-32*)". *A Palavra do Senhor será a luz que ilumina você e a norma que o guiará.*

Na unidade de corpo e alma, o homem constitui uma síntese do universo, o qual alcança no homem seu ponto mais alto. Por sua interioridade, o homem é superior ao universo inteiro; e a esta profunda interioridade retorna, quando se coloca dentro de si mesmo, onde Deus o aguarda.

Ao afirmar em si mesmo a espiritualidade e a imortalidade de sua alma, o homem não é joguete de uma miragem ilusória, mas, pelo contrário, toca a verdade mais profunda da realidade.

No mais íntimo de sua consciência o homem descobre a existência duma lei, que ele não dita a si mesmo. O homem possui uma lei que Deus escreveu em seu coração e essa lei é tão íntima que o homem não a pode desconhecer, por mais que tenha a triste possibilidade de fazê-la calar e deixar de ouvi-la; sua consciência sempre estará reclamando a vivência dessa lei.

"A consciência é o núcleo secretíssimo e o sacrário do homem onde ele está sozinho com Deus e onde ressoa sua voz" (Gaudium et Spes, *16*). *Deus nos fala por meio de nossa consciência. Devemos formar a consciência e seguir seus ditames.*

6 DE JUNHO

Tudo tende a renovar-se: a flor, que murcha, cede lugar a um novo botão de flor; a semente, que apodrece, produz nova espiga; a noite, que se encerra, anuncia nova aurora; a morte é compensada com um novo nascimento.

E também o homem deve renovar-se. Sobre a destruição do homem velho do pecado surgirá o homem novo da graça; homem novo, que há de adotar estas metas: emergir do silêncio, para ser o Verbo criador; gozar com a dor do parto, para ser o homem-menino; depor escravidões, para ser o homem-livre; conquistar a realidade de seu existir, para ser o homem-novo.

Deve-se olhar para a vida com alegria, só se entristecendo e envergonhando-se com o ódio e não com o amor; devemos afeiçoar-nos com o mundo e com a vida; devemos afugentar o medo e perseguir o pessimismo; devemos olhar sempre para as alturas, para o azul do firmamento e não rastejar ao rés-do-chão.

"Vós, porém, ouvistes e dele aprendestes como convém à verdade em Jesus. Renunciai à vida passada, despojai-vos do homem velho, corrompido pelas concupiscências enganadoras. Renovai sem cessar o sentimento da vossa alma e revesti-vos do homem novo, criado à imagem de Deus, em verdadeira justiça e santidade" (Ef *4,21-24*).

7 DE JUNHO

O mundo de hoje está exigindo homens que tenham a honestidade e a coragem de comprometer-se; comprometer-se supõe ambas as coisas: honestidade, porque o compromisso é uma posição exigida pela fé; coragem, porque é preciso sujeitar-se às conseqüências do compromisso, que surge da fé.

Lutar por essa profunda renovação interior, que fortalece e tempera, para produzir mudança no ambiente em que atuamos. Emprestar a Cristo nossos braços, nossas ações, nossa personalidade, nossa presença no mundo.

Ter respostas concretas, atuais, para as perguntas mais incisivas que nos formulem. Caso se refiram a Deus e nos calamos, é porque não aprofundamos nossa fé; se dizem respeito ao mundo em que vivemos e não expomos nossas convicções pessoais, é porque somos indiferentes à realidade que nos circunda. Comprometer-se é ter sempre coragem, decisão, convicção e fé.

"Porque há muitos por aí, que se portam como inimigos da cruz de Cristo... cujo destino é a perdição, cujo deus é o ventre, para quem a própria ignomínia é causa de envaidecimento, e só têm prazer no que é terreno. Nós, porém, somos cidadãos dos céus. É de lá que ansiosamente esperamos o Salvador, o Senhor Jesus Cristo" (Flp *3,18-20*). *O materialismo é o pior inimigo do homem moderno, a preocupação excessiva com as coisas daqui de baixo, com prejuízo para as coisas de cima.*

8 DE JUNHO

Ser um homem íntegro é um objetivo que todos gostaríamos de alcançar; e acontece que a integridade supõe um processo de evolução que já se percorreu antes de chegar a ela.

A integridade é o equilíbrio da autenticidade; o homem íntegro, o homem que tem uma personalidade definida e vigorosa, sabe muito bem o que deve fazer e, saindo de dentro, não se deixa levar pelas flutuações circunstanciais.

Ser íntegro não é somente caminhar, mas caminhar sabendo para onde se vai; afinal de contas, quando um homem sabe para onde vai, o mundo se afasta para dar-lhe força e importância.

Ser íntegro é potenciar nossa personalidade, colocando-a a serviço dos demais, mas vendo neles a imagem de Cristo, que nos leva a Deus.

"O Deus da paz vos conceda santidade perfeita. Que todo o vosso ser, espírito, alma e corpo sejam conservados irrepreensíveis para a Vida de nosso Senhor Jesus Cristo" (1 Tes *5,23*).

9 DE JUNHO

Vivemos tempos em que é preciso definir-se, enfrentar as conseqüências sem atitudes que envergonhem, embora sem estúpidas ostentações. Lutar por defender as idéias nas quais acreditamos palpitar a realidade do mundo em que vivemos, dizer não às atitudes passivas ou conformistas, dizer não às contemporizações, aos panos quentes.

Definir-se, atuar com retidão e sem fingimentos, porém com transparência e decisão: desenvolver nossa atividade sem dramatismo, mas sem medos que a nada levam; dar um testemunho simples por suas maneiras, porém firme por sua permanência e definido por sua transparência.

Ser as mãos que aliviam, os olhos que orientam, os braços que ajudam, as mentes que criam soluções. Mergulhar no mundo, para mudar-lhe as estruturas injustas, criando novos ambientes que possibilitem e facilitem a vida do mútuo amor.

"Desejamos, apenas, que ponhais todo o empenho em guardar intacta a vossa esperança até o fim e que, longe de vos tornardes negligentes, sejais imitadores daqueles que pela fé e paciência se tornam herdeiros das promessas" (Heb *6,11-12*).

10 DE JUNHO

Amar é condenar-se a servir, porque servir é a exigência imperiosa da dinâmica do amor. Por isso é fácil descobrir, sem medo de nos enganar, se amamos realmente ou se somos falsos em nossas juras de amor.

Quando alguém se cansa de servir, é porque se cansou de amar; quando alguém deixa de amar, é porque previamente deixou de servir. Você quer continuar amando, aumentando seu amor? Não afrouxe em sua atitude de serviço; tenha, porém, presente que, se deve amar a todos, porque este é o primeiro preceito da Lei, significa que você terá que estar disposto para servir a todos; a todos sem exceção, porque deve amar a todos, está obrigado a amar todo o mundo.

Que o amor não decepcione você; caso o decepcione, examine com vagar e sinceridade se não foi você que decepcionou em primeiro lugar no serviço de seu próximo.

"Que vossa caridade não seja fingida... Amai-vos mutuamente com afeição terna e fraternal. Adiantai-vos em honrar uns aos outros. Não relaxeis o vosso zelo. Sede alegres na esperança, pacientes na tribulação e perseverantes na oração. Socorrei às necessidades dos fiéis. Esmerai-vos na prática da hospitalidade" (Rom *12,9-13*).

11 DE JUNHO

Para amar os outros, é preciso compreendê-los. Acontece, porém, que nunca chegaremos a compreendê-los, se antes não os amarmos.

Compreendê-los não é chegar a conhecê-los e mesmo a situá-los conceitualmente com a razão. Nesta ciência da vida nos defrontamos com o paradoxo de que o conhecimento e a compreensão do próximo é obra mais do coração do que da razão.

O coração tem razões que a própria razão não consegue compreender; você é demasiado cerebral, só se orienta pelo raciocínio; por isso tem tanta dificuldade para amar, de vez que só quer amar aquele a quem julga, aquele a quem julga com sua mente e que acha que não tem defeitos, que é digno de seu amor, que saberá corresponder ao afeto que você lhe dedica. Muita cabeça e, por isso, pouco coração; e ama-se com o coração e não com a cabeça.

Comece a amar deveras e verá que as coisas e as pessoas serão vistas e compreendidas com mais facilidade.

"Abençoai os que vos perseguem; abençoai-os, e não os praguejeis. Alegrai-vos com os que se alegram; chorai com os que choram. Vivei em boa harmonia uns com os outros. Não vos deixeis levar pelo gosto das grandezas; afeiçoai-vos com as coisas modestas. Não sejais sábios aos vossos próprios olhos. Não pagueis a ninguém o mal com o mal. Aplicai-vos a fazer o bem diante de todos os homens. Se for possível, quanto depender de vós, vivei em paz com todos os homens" (Rom *12,14-18*).

12 DE JUNHO

Se amar é servir, analise prudentemente e veja que poderia incorrer num erro: o de querer ser amado, porque deseja ardentemente ser servido. E ser servido já não é amar, pois muito facilmente se confunde com o egoísmo.

Amor e egoísmo são duas realidades tão distintas e até opostas e, não obstante, tão fáceis de se misturarem, degenerando o amor em egoísmo e o egoísmo, por sua vez, corroendo os fundamentos do autêntico amor.

Você ama ou deseja ser amado? Ama para ser amado? Ou é amado porque primeiramente você amou e lhe retribuíram amor com amor?

Você se queixa de que não é amado, que não é aceito, que não tem ambiente, que não se torna simpático. Não será porque você não dá margem a ser compreendido, aceito, desejado, amado?

Vale a pena que você se examine sobre seu amor.

"Manifestei-lhes o teu nome, e ainda hei de lho manifestar, para que o amor, com que me amaste, esteja neles, e eu neles" (Jo *17,26*). *O amor de Deus não é egoísta; tampouco deve sê-lo o nosso. O amor de Deus é oblativo, isto é, entrega-se por nós e se entrega a nós; assim deve ser nosso amor a Deus e ao próximo.*

13 DE JUNHO

Está disposto a colocar a felicidade dos outros acima da sua, a buscar a felicidade dos outros antes da sua?

Você é capaz de ir mais além, procurando a felicidade dos que estão à sua volta, mesmo que às custas da sua?

Aceitar os outros não é outra coisa senão ceder-lhes um lugarzinho em nosso coração; mas, para ceder-lhes um lugar, é preciso deixar para depois algumas coisas nossas, nossos próprios sentimentos e conveniências.

Tudo isto é franca e simplesmente amar; e, conseqüentemente, amar é negar-se a si mesmo, esquecer-se de si, imolar-se, sacrificar-se; em síntese, amar não é outra coisa senão sofrer pela pessoa que se ama.

Você já tem um bom teste: sofre, magoa-se, evita fazer algo pelas pessoas que diz amar?

"Em verdade, em verdade vos digo: Quem recebe aquele que eu enviei, recebe-me a mim, e quem me recebe, recebe Aquele que me enviou" (Jo *13,20*).

"Esquecer-nos-emos de todos os ódios — de toda mentira, de toda ruindade —; abrasar-nos-emos no santo fogo — de um amor imenso, doce e fraternal".

14 DE JUNHO

Não sei se com alegria ou com pesar, mas o fato é que se vai espalhando, por este mundo de Deus, que o casamento é uma loteria. Com isto se pretende indicar que são muito poucos os casamentos que tiveram a sorte de dar certo.

O casamento é uma loteria e, como nesta, é mínimo o número dos que acertam; é uma loteria, e a maioria dos que jogaram no casamento não foram premiados, sequer por aproximação.

Distam muito da felicidade, que seria a loteria.

Costuma-se também afirmar que "fulano acertou na loteria com uma mulher como essa!"; e não se quer reconhecer que o casamento, mais que de loteria ou sorte, trata-se de escolha; e, se é ecolha, é estudo prévio consciente e demorado; escolha com projeções não só momentâneas e com exigências que perduram.

Escolha que se faz com a cabeça e com o coração, porque é o homem inteiro que ama, e, portanto, é sabia e calorosamente aceita e vivida; porque escolher significa comprometer toda a nossa vida.

"Maridos, amai as vossas mulheres, como Cristo amou a Igreja e se entregou por ela... Quem ama a sua mulher, ama-se a si mesmo... Em resumo, o que importa é que cada um de vós ame a sua mulher como a si mesmo, e a mulher respeite o seu marido" (Ef *5,25-33*).

15 DE JUNHO

Você pensa que os outros não o amam tanto quanto você os ama; e pensa assim, porque não o amam como você os ama. Com isto você está caindo no erro de confundir o *tanto* com o *como;* as duas palavras não são sinônimos.

O *como* responde à personalidade; e como cada um tem sua própria personalidade, cada um tem seu modo de amar, sua *maneira* de amar. Não pretenda que os outros amem como você ama, porque isso seria pretender que os demais se despojem de sua personalidade, para adquirir a sua.

Falei-lhe do *como* no amor; se você se fixa na intensidade, no *tanto,* acabo tendo que lhe dizer que o *tanto* não pode ser medido pelo *como,* pois a intensidade será medida pela própria disposição psíquica; e, assim, o que para alguém pode ser muito, para outrem pode tornar-se muito pouco. Fixe-se, preferentemente, em sua própria maturação e não julgue os demais.

"Pois o mesmo Pai vos ama, porque vós me amastes e crestes que saí de Deus" (Jo *16,27*). *O único modo de amar a Deus é amá-lo sem modo nem medida. Quando se trata de amar a Deus, as matemáticas não servem, porque nunca se pode amar a Deus demasiadamente, pois sempre o amamos menos do que Ele merece, do que devemos amá-lo.*

16 DE JUNHO

Sua vida tem que ser como um rio; as águas do rio deslizam silenciosamente e vão deixando o que carregam; por onde passam, depositam lodo e sujeira, se suas águas forem turbulentas; sinal de que o rio passou por algum lugar é a sujeira que deixa. Porém, se as águas são limpas, deixam atrás de si umidade, fecundidade e frescor.

Faça que as águas do rio de sua vida corram sempre límpidas e deixe parte delas por onde você passar; verá que se enche de cor, de frescor; e que, fruto dos passos que você dá, brotarão as flores das virtudes, a relva da bondade.

Suas palavras, as palavras que hoje você pronuncia, podem ser água suja ou límpida corrente; e o que digo a você sobre suas palavras, você deve aplicá-lo a suas idéias ou pensamentos. E que no final do dia você não se envergonhe, mas se sinta feliz por seus afetos, por suas obras.

"Quem pode dizer: 'Meu coração está puro, estou limpo de pecado'?". "Se dizemos que não temos pecado, enganamo-nos a nós mesmos, e a verdade não está em nós. Se reconhecemos os nossos pecados, Deus aí está, fiel e justo para nos perdoar os pecados e para nos purificar de toda iniqüidade" (1 Jo *1,8-9*).

É preciso saber dialogar com os que nos rodeiam; é muito triste não conhecer outra coisa senão o monólogo. E dialogar é saber escutar e é colocar-se em disposição de comungar com o outro.

Falar e escutar são dois atos de idêntico valor humano; na realidade são um mesmo ato. Quem não sabe escutar, sequer falará com plenitude: bradará, gritará, monologará. Mas nada disto é possível. Quando não sabe parar de falar, a pessoa acabará escutando seus próprios gritos.

Somente os humildes são capazes de dialogar; sem um sincero espírito de acolhida, não é possível o diálogo; é preciso acolher o próximo, seja ele esposo, filhos, subalternos, amigo, etc... para poder dialogar.

Há silêncios ou monólogos, que cheiram a defunto: o amor morreu. Se existe amor, surgirá o diálogo, pois o amor faz milagres. Quantos silêncios hostis entre esposos, irmãos, amigos... e quanta carga de agressividade nesses silêncios!

"A razão principal da dignidade humana consiste na vocação do homem para a comunhão com Deus. Já desde sua origem o homem é convidado para o diálogo com Deus" (Gaudium et Spes, *19*). *Deus nos fala pela Sagrada Escritura e por meio de suas inspirações; nós lhe falamos mediante a oração.*

18 DE JUNHO

Dias atrás, entrei num templo e rezei a oração que agora lhe apresento, pois acho que lhe pode ser útil. Falei assim a Deus:

"Senhor, que este mundo cansado e velho, com seus problemas, gotejando sangue e ódio, me esbofeteie a alma. Diante do egoísmo de todas as coisas e de todas as horas, dá-me a responsabilidade e disponibilidade; livra-me do subjetivismo dos olhos fechados; faze que eu abra muito bem meus olhos, para que vejam o ódio, a violência, a injustiça, a fome que há no mundo.

Faze, Senhor, que me arrependa de ter sido orgulhoso; que não suporte ficar acomodado na cadeira de espectador em um mundo faminto de verdadeiros valores, de homens autênticos; faze que a emanação do vulgar e do medíocre não me maculem; que o número dos indecisos não me sufoque, nem os conformistas limitem e restrinjam minhas decisões".

Creio que você deveria repetir esta oração com freqüência, porquanto pode constituir muito bem um plano de vida e de ação para você e para mim.

"Quem odeia seu irmão é assassino" (1 Jo *3,15*).

"Devemos encher-nos de um sadio otimismo — estender nossos braços a quem nos feriu; — e abraçar todos os nossos inimigos — num doce amplexo de amor e perdão".

Talvez haja poucas coisas de maior transcendência do que a de compreender o sentido da vida; o sentido da vida supõe que a vida tem uma vocação, um chamamento, uma missão a cumprir; e sua vida a tem; para poder cumpri-la, você deve conhecê-la e estudá-la em profundidade.

Que sentido pode ter a vida daquele que, voluntariamente, se torna ignorante de sua vocação, da missão que lhe foi determinada? Porque essa missão, essa vocação é pessoal de cada um e, em conseqüência, cada um tem a sua e é intransferível: ninguém pode cumprir sua missão pessoal, se você não a cumpre.

A responsabilidade e a gravidade de sua missão pessoal residem no fato de que quem lhe assinalou essa missão não é nada menos que Deus. Ele determinou-lha quando lhe deu a vida, porque lha deu para isso, para que você cumpra sua missão. Se não a cumpre, frustra os planos de Deus, frustra sua própria vida.

"E aos que predestinou, também os chamou; e aos que chamou, também os justificou; e aos que justificou, também os glorificou" (Rom *8,30*). *"Com efeito, tendo Cristo morrido por todos e sendo uma só a vocação última do homem, isto é, divina..."* (Gaudium et Spes, *22*).

20 DE JUNHO

O amor torna iguais entre si todos os que se amam. Por isso Deus, visto que amou o homem, ao criá-lo o fez à sua imagem e semelhança. Por isso o homem deve esforçar-se por manter em si a maior semelhança possível com Deus. Trata-se duma semelhança que não a recebemos duma vez para sempre, mas que devemos ir forjando-a dia após dia, esforço após esforço.

Isto vai levar você a viver o divino no humano que, afinal, é a única forma de viver o humano no divino, de divinizar-se, de fazer-se semelhante a Deus.

Porque, se você tem que fazer de sua vida uma semelhança de Deus, também fará o mesmo com as circunstâncias que dão existência à vida, de vez que a vida que você tem não é sua, mas, por essas circunstâncias que situam você e o diferenciam dos demais.

O cristão é o grande comprometido no esforço de dar à vida seu verdadeiro sentido de semelhança com a divindade: isto é elevar e dignificar a vida.

"Os que ele distinguiu de antemão, também os predestinou para serem conformes à imagem de seu Filho, a fim de que este seja o primogênito entre uma multidão de irmãos" (Rom *8,29*). *O fato de se ter descoberto que Cristo é nosso Irmão Maior enche nosso coração de gozo; fale com Cristo com a confiança com que se fala a um irmão e com a certeza de que Ele quer ajudá-lo, porque é seu Irmão.*

21 DE JUNHO

Seria desastroso não entender bem em que consiste a verdadeira liberdade. A liberdade é a faculdade que Deus nos deu de eleição e determinação, para que, dedicados ao bem, nele nos aperfeiçoemos, forjando nele a nossa felicidade.

Por isso a obediência a Deus é o exercício da verdadeira liberdade, pois nossa liberdade não passa duma participação da mesma liberdade de Deus.

A verdadeira razão de ser de nossa liberdade é a conquista do Bem. Por isso, nossa liberdade não pode correr por sulcos dos loucos caprichos ou paixões egoístas e humilhantes.

Uma coisa é a liberdade e outra é o abuso da liberdade, que gera a libertinagem. Se a liberdade é algo muito bom, a libertinagem é muito má e perniciosa; não confundamos as coisas: o remédio com o veneno.

"É para que sejamos homens livres que Cristo nos libertou. Ficai, portanto, firmes e não vos submetais outra vez ao jugo da escravidão... Vós, irmãos, fostes chamados à liberdade. Não abuseis, porém, da liberdade como pretexto para prazeres carnais" (Gal *5,1-13*). *O Senhor eliminou a escravidão do pecado, dando-nos a liberdade da graça; esta é a verdadeira libertação, base de toda outra libertação. Não queiramos retornar ao pecado, para não voltar a ser escravos.*

22 DE JUNHO

Hoje em dia praticamente não se costuma refletir, meditar, pensar com seriedade e detidamente. O mundo à nossa volta é um mundo de alvoroço, que atordoa e nos priva do silêncio indispensável para nossa introspecção.

Somos seres inteligentes; se o homem é o profissional do pensamento, há muitos homens que não exercem sua profissão. Não devemos nos movimentar exclusivamente pela força dos instintos cegos e apetites naturais, nem como hipnotizados irresponsáveis, nem como sonâmbulos inconscientes.

Não queiramos ser vítimas da vertigem da velocidade, nem da louca precipitação, que é o terrível mal dos nossos dias; cada dia, dediquemos alguns breves minutos, pelo menos, para entrar dentro de nós mesmos; o "minuto de Deus" deve ocupar, em nosso dia, um lugar principal; quanto mais pensarmos, mais homens seremos; quanto mais pensarmos em Deus, mais nos assemelharemos a Ele.

"Sobre os vossos preceitos meditarei e considerarei vossos caminhos. Hei de deleitar-me em vossas leis; jamais esquecerei vossas palavras" (Sl *118,15-16*). *A meditação da Palavra do Senhor e não somente sua leitura rápida ou superficial; o minuto dedicado a Deus pela meditação de sua santa Lei — são duas preocupações, que continuamente devem gravar-se no coração de você.*

O homem sempre se tem proposto uma série de interrogativas, cuja satisfatória resposta ardentemente deseja encontrar: Que é o homem? Qual o sentido da dor, do mal, da morte que ainda subsistem, apesar de tantos progressos realizados? Que valor têm as vitórias alcançadas a tão custoso preço? Que pode o homem dar à sociedade? Que pode esperar dela? Que existe depois desta vida temporal?

Há muitos séculos que o homem vem se torturando com estas interrogativas e assim continuará, enquanto não recorrer à fé, que é a única que pode proporcionar a luz esclarecedora; uma fé sincera e profunda, que leve o homem a lançar-se nos braços paternais de Deus; de um Deus que pensa no homem, que ama o homem, que se preocupa com o homem, embora o homem não consiga compreender, por sua limitação de natureza criada, os planos e desígnios desse Deus.

"Sob a luz de Cristo, imagem de Deus invisível e Primogênito de todas as criaturas, o Concílio pretende falar a todos, para esclarecer o mistério do homem e cooperar na descoberta da solução dos principais problemas do nosso tempo" (Gaudium et Spes, *10*). *Sem a luz de Cristo, não se encontram soluções definitivas.*

24 DE JUNHO

O homem é um ser livre e, por ser livre, tem consciência, que lhe aponta qual é o bem que sua liberdade escolherá e qual é o mal que rejeitará.

Em muitas oportunidades, a consciência é o semáforo verde, que dá passagem livre à atuação do homem. Em outras ocasiões, é o semáforo vermelho que alerta sobre as proibições da passagem, do perigo de um desastre moral.

Uma cidade dinâmica não pode passar sem os semáforos que controlam o trânsito; e o homem de hoje, atormentado e golpeado por tantos incentivos, não pode prescindir dos semáforos de sua consciência, que permite ou proíbe.

A consciência é o juízo prático da razão humana, iluminada pelos altos princípios da lei natural, que é a lei eterna de Deus, participada pela criatura racional. Visto que em meu ser dependo de Deus, também dependo dEle em minha atuação.

"A razão da nossa glória é esta: o testemunho da nossa consciência de que, no mundo e particularmente entre vós, temos agido com santidade e sinceridade diante de Deus, não conforme o espírito de sabedoria do mundo, mas com o socorro da graça de Deus" (2 Cor *1,12*). *Não são os homens que em última instância deverão julgar-nos, mas o Senhor; se Ele nos aprova, não importa mais que os homens nos desaprovem; ainda que os homens nos desaprovem, devemos examinar-nos para ver se Deus nos aprova.*

25 DE JUNHO

Não há nada mais repugnante que o egoísmo, esse vício que faz que olhemos para nós mesmos sem dignar-nos prestar atenção aos demais, sejam eles quem forem.

O egoísmo coloca nossa pessoa no centro da vida, tornando-a independente de Deus no campo da consciência e da comunidade humana, no âmbito social; caso se pense nos demais, é na medida em que nos possam ser úteis para nossas conveniências e avarezas. O egoísta tira de Deus o incenso da adoração e subtrai da comunidade o serviço que lhe compete e de que necessita.

O egoísmo não conhece outra norma senão a especulação do interesse pessoal: a fraude contra o cidadão ou a pátria, o abuso e a opressão dos necessitados e humildes, o cálculo dos que abusam do lucro exagerado.

Será bom que examinemos se em nosso coração ficaram algumas raizinhas de egoísmo.

"Se alguém pensa ser piedoso, mas não refreia sua língua e engana seu coração, então é vã a sua religião" (Tgo *1,26*). *As palavras egoístas saem de um coração egoísta, e o coração egoísta seca as fontes da vida, dessa vida que é a graça do Senhor.*

26 DE JUNHO

Creio que não estou me equivocando, se pensar que você é inimigo da violência e, nisto, penso como você. Mas é possível que você não tenha centrado sua reflexão na raiz de toda violência, que é o pecado; e, como conseqüência, se você é inimigo do efeito, que é a violência, deve sê-lo da causa, que é o pecado.

Todo pecado violenta os direitos de Deus e dos homens; se devemos arrancar do mundo toda violência, temos que começar por fazer desaparecer o pecado; pois, enquanto permanecer a causa, produzirá seus efeitos; enquanto durar o pecado, não poderemos esperar que a violência desapareça.

A violência é algo que cada um tem de fazer pessoalmente contra si mesmo: contra suas próprias inclinações, quando não forem retas; contra o próprio egoísmo, que enerva e desorienta; contra as paixões que nos separam de nosso fim contra tudo isto, quanto mais violência exercermos, melhor.

"O Reino dos Céus é arrebatado à força e são os violentos que o conquistam" (Mt *11,12*). *Trata-se, pois, da violência que devemos fazer contra nós mesmos, para ser justos na presença de Deus; não a violência que podemos praticar contra os demais. A violência que corresponde à advertência do Senhor, que nos manda tomar nossa cruz e segui-lo* (cf. Mt *16,24*).

Não são a mesma coisa o fracasso do apostolado e o fracasso do apóstolo; confundir as duas coisas pode levar a um conformismo estéril ou a um desânimo derrotista.

O fracasso da ação apostólica pode ser inculpável e imprevisível; em última análise, a decisão quem a toma é cada pessoa no uso de sua liberdade, sem pressões de nenhuma espécie. Poderão ser estabelecidas todas as condições prévias, dados todos os passos exigidos e, no entanto, não se conseguir o que se pretende, por esbarrar-se na dureza de um coração fechado.

Mas o mais triste será o fracasso do apóstolo. Que o apóstolo não se tenha sentido apóstolo, que não tenha atuado como tal, que não se tenha preocupado em ser, ele mesmo, aquilo que exigia dos demais, ou se o propunha como ideal: nisto é que reside o fracasso do apóstolo, que leva logicamente não tanto ao fracasso, quanto à negação da ação apostólica.

"Pois estou persuadido de que nem a morte nem a vida, nem os anjos nem os principados, nem o presente nem o futuro, nem as potestades, nem as alturas nem os abismos, nem outra qualquer criatura nos poderá apartar do amor que Deus nos testemunha em Cristo Jesus, nosso Senhor" (Rom *8,38-39*). *É o amor ao Senhor Jesus que nos deve mover em toda nossa ação apostólica; se amamos o Senhor, devemos fazer que todos o amem.*

28 DE JUNHO

Costumamos dizer que estamos no século das revoluções, mas nos esquecemos de que a grande revolução no mundo quem a fez há vinte séculos foi Jesus Cristo.

Não costuma ser muito respeitosa a intenção dos que afirmam que Jesus foi o grande revolucionário; mas a realidade é que se confundem duas classes muito distintas e até opostas de revolução.

Há uma revolução que busca a mudança, pelo caminho do ódio, da violência, da guerra, da destruição, da morte. Não foi esta a revolução que Cristo nos trouxe.

Em compensação, há outra revolução, que também busca a mudança, porém mais profunda: não apenas de estruturas ou regimes, mas do interior do homem; quer um homem novo, no qual reine o amor, a justiça, a caridade, a paz, as boas relações humanas; um homem com um coração grande, simples, limpo, terno e compassivo que saiba perdoar, compreender, ajudar; numa palavra: amar.

"Nisto consiste o amor: que vivamos segundo os seus mandamentos. É este o mandamento que tendes ouvido desde o princípio, e segundo o qual deveis viver" (2 Jo 6). *No amor se encerra toda a lei.*

A família foi definida como uma microigreja, uma pequena Igreja na qual certamente reina Deus, se é que a família se constitui a nível de lar cristão; lar que guarda o lume e o calor do altar; expressão de mistério da Igreja, ninho sagrado da religião, altar em que Deus recebe o culto da humanidade.

"A família é em certo sentido uma escola de enriquecimento humano. Mas para atingir a plenitude de sua vida e de sua missão, requer a comunhão de alma no bem-querer, a decisão comum dos esposos e a diligente cooperação dos pais na educação dos filhos" (*Gaudium et Spes*, 52).

A educação é o grande dever e a obrigatória ocupação da comunidade conjugal e o remate da própria fecundidade genética dos pais. Mas essa educação não pode cingir-se ao âmbito de proteção material do filho, porquanto isto seria desconhecer os verdadeiros valores transcendentes do filho.

"A família cristã proclama em alta voz tanto as presentes virtudes do Reino de Deus quanto a esperança da vida feliz. Assim, pelo seu exemplo e testemunho argúi o mundo do pecado e ilumina aqueles que procuram a verdade" (Lumen Gentium, *35*). *Aquele que atenta contra a família, atenta contra a ordem estabelecida por Deus.*

30 DE JUNHO

Boa oração para os esposos rezarem juntos:

"Senhor, Pai nosso; muito agradecidos porque descobrimos a alegria do amor. Por isso, no meio de tantos ódios e guerras, de tantas indiferenças e egoísmos, nós chegamos a crer que o amor é possível.

Porque cremos em Ti, que és o Amor. Por isso, pusemo-nos em marcha, pelo caminho do amor. Sentimo-nos seguros, não por nossas forças, mas porque Tu estás conosco. Oferecemos-te nossa decisão de ser fiéis ao amor, com suas exigências e compromissos.

Queremos amar-nos, amar nossos filhos e amar a todos os homens, de tal modo que sejamos testemunhas de tua presença, para que o mundo se transforme em teu Reino, para que os outros creiam no amor e assim possam crer em Ti".

O matrimônio é o mais oposto ao egoísmo, pois o essencial no matrimônio é dar-se, mais que dar, porém dar-se em plenitude; e o fruto visível desse dar-se são os filhos, esse tesouro mais precioso que os pais guardarão com um zelo digno da causa que o Criador colocou sob sua custódia.

"Pais, não exaspereis vossos filhos. Pelo contrário, criai-os na educação e doutrina do Senhor" (Ef *6,4*). *"Para atingir a plenitude de sua vida e missão, a família requer a comunhão de alma no bem-querer, a decisão comum dos esposos e a diligente cooperação dos pais na educação dos filhos"* (Gaudium et Spes, *52*).

MÊS DE JULHO

Muitas vezes nosso pensamento não é senão a história de nosso coração.

Num só ano, o coração dá 36.792.000 batidas. Destes milhões, quantos têm sido para Deus?

O coração, borboleta de carne, deslumbra-se e queima levemente suas asas na luz enganadora duma beleza.

O melhor trono do mundo é o coração, que nos ama; mas, como é difícil subir a esse trono, como é difícil sustentar-se nele! Há corações que parecem dar-se a todos, mas que na realidade não se dão a ninguém; há os que se dão logo e por acaso com sinceridade, mas se retiram com maior ligeireza.

Em média, nosso coração movimenta dez litros de sangue por minuto. Em 24 horas nosso coração remove sucessivamente 14.000 litros de sangue.

Não pare aqui.

Multiplique pelos anos de sua existência, tomando como média 70 anos, e chegará a quantidade fantásticas.

Na realidade, o trabalho cardíaco é prodigioso. Não existe máquina industrial capaz, como ele, de trabalhar 70 anos, dia e noite sem cessar.

Quem criou essa máquina, que não é maior que um punho e cujo peso total não ultrapassa 250 gramas, deve ter sido um maravilhoso artista.

Quer uma definição de Deus que, além de poética, seja profundamente teológica? Deus é Coração.

1º DE JULHO

É possível que você tenha topado com uma ambulância, e que talvez o tenha obrigado a pensar na dor, no sofrimento, nesse pobre enfermo que ia a caminho do hospital, no médico, no enfermeiro que vivem dedicados inteiramente a assistir ao enfermo e a tornar-lhe a dor mais suportável.

Para você, essa ambulância tem sido um verdadeiro despertador da sonolência espiritual que gera a atitude de não pensar no mundo da dor. Por isso, Deus permitiu que a ambulância cruzasse em seu caminho.

Esta manhã você se levantou bem disposto de saúde; você não pensou na riqueza imensa que é a saúde e queixou-se porque não tinha outras coisas. Não teria sido mais justo se agradecesse o fato de ter coisas até de sobra, ao invés de queixar-se por ter de menos? Se visse em Deus Aquele que dá todos os bens e não tanto o negador de certas comodidades?

E se Deus permitiu que no dia de hoje sentisse alguma dor, não teria sido melhor se unisse sua dor à dor redentora de Cristo e à de tantos outros homens, que tornam possível que os homens olhem algo mais para o Pai, nos céus?

"Sendo ele de condição divina, não se prevaleceu de sua igualdade com Deus, mas aniquilou-se a si mesmo, assumindo a condição de escravo e assemelhando-se aos homens. E, sendo exteriormente reconhecido como homem, humilhou-se ainda mais, tornando-se obediente até à morte, e morte de cruz. Por isso Deus o exaltou soberanamente" (Filip *2,6-9*).

2 DE JULHO

Fala-se que no mundo existem dois milhões de doentes. Um dia, também você será contado no número deles. Para esse dia, reflita que, se a morte constitui castigo do pecado, tem ela outras projeções, que não deve deixar passar por alto.

A doença nos ilumina o mistério de nosso futuro: lembra-nos que somos deste mundo e que não ficamos eternamente neste mundo; a doença nos humilha, situa-nos na verdade do que somos e nos deixa confiados às mãos de Deus.

Por que com a saúde há tantos homens altivos e opressores, quando acabaremos forçosamente como doentes que imploram piedade e despertam compaixão? Por que tanto egoísmo e avareza, quando temos que acabar entregues aos que caritativamente nos sustentam e ajudam até nosso derradeiro momento?

A doença nos aproxima de Deus; ele é o único com quem vamos permanecer e de quem receberemos para sempre amor e felicidade.

"Porque o salário do pecado é a morte; enquanto o dom de Deus é a vida eterna em Cristo Jesus, nosso Senhor" (Rom *6,23*). *É bom que soframos nossas doenças como uma reparação por nossos próprios pecados.*

Quando já moribundo, Filipe II convocou seus príncipes ao seu leito no Mosteriro do Escorial a fim de instruí-los sobre a prematura corrupção de seu corpo purulento.

"Vejam, filhos, em que acaba a realeza deste mundo!"

Belo exemplo dum rei cristão para tantos ricaços envaidecidos, orgulhosos e altivos.

É muito dura, porém muito purificadora e santificante esta incorporação à confraria da dor, esta configuração com o sofrimento de Cristo, adorando os desígnios divinos, que não podem ser compreendidos quando a vida se desfaz como nuvem ao entardecer de verão.

É bom que nos lembremos dos dez milhões de epilépticos, dos catorze milhões de leprosos, dos trinta e dois milhões de surdos-mudos, dos quinze milhões de crianças subnormais... e de tantas centenas de milhões que não estão catalogados.

Ao doente se deve falar não tanto sobre o porquê de seu sofrimento, mas sobre a razão desse seu sofrimento.

"Por Cristo e em Cristo, portanto, ilumina-se o enigma da dor e da morte, que fora de seu Evangelho nos esmaga" (Gaudium et Spes, 22). *O sofrimento é a moeda com a qual se compra a eficácia do apostolado e é o melhor crisol de nosso amor a Deus.*

4 DE JULHO

A preocupação exagerada pelo nosso mundo pela liberdade fez com que em muitos ambientes a autoridade seja sistematicamente rejeitada; e isto não pode ser.

Quer-se tirar da órbita o campo sagrado e legítimo da liberdade pessoal, até provocar um desequilíbrio funesto, convertido em evidente e claro ataque contra a autoridade, que rege e tutela a ordem e o bem comum.

E em seu lugar se dá livre curso à libertinagem, que gera o caos e a confusão, próprios da rebeldia perturbadora; a desobediência chegou às raias das suas audácias, talvez também pela timidez de certos indivíduos dirigentes em cortar abusos, injustiças e escândalos de tipo muito diferente.

A autoridade deve ser mantida, acatada e respeitada por todos, pois sem ela a sociedade perderia sua razão de ser e se desintegraria. A autoridade vem de Deus.

"Não terias poder algum sobre mim, se de cima não te fora dado (Jo *19,11*). *Deus é o único Senhor e Dono dos homens; é Ele que permite que alguns homens participem de seu poder e autoridade, para dirigir e governar os outros homens.*

5 DE JULHO

"Cada qual seja submisso às autoridades constituídas. Porque não há autoridade que não venha de Deus, e as que existem foram instituídas por Deus. Assim, aquele que resiste à autoridade, opõe-se à ordem estabelecida por Deus; e os que a ela se opõem atraem sobre si a condenação. Em verdade, as autoridades inspiram temor, não porém a quem pratica o bem, e sim a quem faz o mal! Queres uma razão para não temer a autoridade? Faze o bem e terás o seu louvor. Porque ela é instrumento de Deus para teu bem" (Rom *13,1-4*).

"Os reis dos pagãos — dizia Cristo em seu Evangelho — dominam como senhores, e os que exercem sobre eles autoridade chamam-se benfeitores. Que não seja assim entre vós; mas o que entre vós é o maior, torne-se como o último; e o que governa seja como o servo" (Lc *22,25-26*).

Este é o sentido de humildade e serviço da autoridade sentimento cristão.

"Apresentaram-lhe uma moeda. Perguntou Jesus: 'De quem é esta imagem e esta inscrição?' 'De César', responderam-lhe. Disse-lhes então Jesus. 'Dai, pois, a César o que é de César, e a Deus o que é de Deus'" (Mt *22,19-21*).

6 DE JULHO

O homem não é um ser solitário; pelo contrário, é um ser essencialmente social, provém de uma comunidade, insere-se numa comunidade, vive na comunidade e há de ser útil à comunidade.

Deus quer que os homens vivam juntos e juntos trabalhem, sofram, usufruam, se ajudem e se aperfeiçoem. Se a obra de Deus é união entre os homens, a obra do pecado é separação de Deus e dos homens. Separação dos homens, porque primeiro se separou de Deus; separação de Deus, porque se separou dos homens. Da mesma forma que se vive o amor de Deus no amor aos homens, também a união entre os homens se realiza e fortifica na união com Deus.

É o plano comunitário de Deus, que criou o homem social e fundou com ele uma sociedade de amor. Assim, liberta-se de sua auto-escravidão do materialismo individualista, que constitui tirania para os demais, e da ruptura do seu enorme desejo passional de dar sentido à vida.

"Contudo, o diálogo fraterno entre os homens se aperfeiçoa, não neste progresso, porém mais profundamente na comunidade de pessoas, que exige uma reverência mútua para com sua plena dignidade espiritual" (Gaudium et Spes, *23*).

Alguém busca o que você tem; alguém tem o que você busca. É a interdependência que Deus quis que houvesse entre os homens. Não somos independentes uns dos outros; todos dependemos de todos, todos estamos para todos, todos servimos a todos.

Se nem todos servimos para todos, com certeza todos servimos para algo; e, se nem todos podemos ser úteis a todos, decerto todos podemos ser úteis para alguma pessoa; donde que não nos livramos do serviço à comunidade, por mais limitadas que sejam nossas forças e nossas relações humano-sociais.

Alguém busca o que você tem e, em conseqüência, ele o pode receber de você; e você está obrigado a dá-lo. Alguém tem o que você busca; e, por conseguinte, dele você o pode receber; e ele estará disposto a dá-lo a você, se você estiver disposto a pedir-lho, dando-lhe o que você tem.

Dê, se quer que dêem a você; dê, porém, não porque espera que lhe dêem, mas pelo simples gesto de dar, porque você valoriza a pessoa a quem está dando e você mesmo está se dando; porque sabe que ele necessita de você. Deus dá e nada espera de sua criatura; imite-o.

"O que quereis que os homens vos façam, fazei-o também a eles. Se amais os que vos amam, que recompensa mereceis? Também os pecadores amam aqueles que os amam. E se fazeis bem aos que vos fazem bem, que recompensa mereceis? Pois o mesmo fazem também os pecadores" (Lc *6,31-33*).

8 DE JULHO

Você costuma queixar-se de que não tem fé. Talvez não saiba situar-se na noção de fé e menos ainda na realidade da fé.

Para crer em Deus, é preciso despojar-se de si mesmo, é preciso reconhecer que somos fracos, é preciso confessar a nós mesmos nossa miséria, a pouca coisa que somos. Como a você custa muito fazer isso, por isso você tem tantas dificuldades para ter fé.

Outras vezes você pode estar atravessando o que se chama uma crise de fé; está desanimado; tem vontade de mandar tudo às favas. Mediante esta crise, Deus quer levá-lo a crer virilmente, não com uma fé de criança, com uma fé sem consciência e sem responsabilidade, mas com uma fé adulta, uma fé de compromisso. Em resumo: só e unicamente a fé. Assim sendo, quando a fé parece perdida, pode ser que você a tenha mais arraigada, mais pessoal, mais consoante com sua própria vida; quando parece morta, pode estar mais viva. Você sabe muito bem: só quando já não tiver nada, quando, sobretudo, não tiver a você mesmo, é que poderá começar a ter fé.

"Assim demos ainda maior crédito à palavra dos profetas, à qual fazeis bem em atender, como a uma lâmpada que brilha em um lugar tenebroso até que desponte o dia e a estrela da manhã se levante em vossos corações" (2 Ped *1,19*).

9 DE JULHO

É preciso compreender todo o alcance da fé. Crer não é nada mais nada menos do que:

> acostumar-se a amar, comprometer-se sempre mais, tudo compartilhar por amor a Cristo: inclusive minha vida, meu sangue (por que não? num centro de transfusão), meu tempo, meu dinheiro, minha cultura, minhas diversões, minha casa, minha comida, minha alegria, minha amizade, minha fraqueza, minhas forças, meus projetos, meu ideal, minhas esperanças, minha esperança cristã, minha vontade de crer, apesar de tudo, contra tudo, na salvação infalível do homem e do mundo por Cristo.

Eu digo que acredito, que sou crente. Pois bem, em que se notam minhas crenças? Minha dependência de Deus? Quem é Deus para mim: um ser abstrato ou um ser pessoal, em três pessoas? Um Deus que não se preocupa comigo ou, pelo contrário, um Deus que pensa em mim e que me ama?

Às vezes ouço dizer por aí que a gente deve ser religioso "à sua própria maneira"; mas, se dou crédito àquilo que Deus falou, como posso ser religioso à minha maneira, a meu jeito, e não do jeito como Deus me disse que devo ser?

"Assim também a fé: se não tiver obras, é morta em si mesma" (Tg *2,17*). *As promessas feitas ao Senhor, se não chegam a ser realidade, de nada nos servem. Age mal quem promete e não cumpre; pior ainda age quem nem promete; somente aquele que cumpre o que prometeu é que se torna digno do prêmio. Se Cristo conta com você, não o frustre.*

10 DE JULHO

A fé não é um produto, mas sim, um dom de Deus. Por conseguinte, você nunca chegará à fé porque se põe a refletir, mas somente Deus pode dá-la a você. E decerto lha dará, se você for suficientemente humilde para esperá-la da parte dEle e nada mais senão da parte dEle. Porém, se você pretende consegui-la por você mesmo, jamais chegará à fé.

Qual será sua responsabilidade, se você não tem fé? Foi porque você não se dispôs com suficiente humildade. Só podemos ver a Deus quando nos colocamos de joelhos, por mais que nos doa dobrar nossos joelhos e por mais que julguemos que esta posição é indigna de um homem.

A experiência do mundo nos levou à convicção de que aquele que não se ajoelha diante de Deus, acabará se ajoelhando diante dos homens; e isto, sim, que é humilhante. Visto que Deus está em seu interior, se você anda com a cabeça demasiado erguida, nunca verá a Deus; mas, se a inclina, como que olhando-se a si mesmo, no seu interior, ali poderá descobri-lo com facilidade.

"Quem crer e for batizado, será salvo, mas quem não crer, será condenado" (Mc *16,16*). *"Ninguém pode vir a mim, se o Pai, que me enviou, não o atrair"* (Jo *6,44*).

A fé não é um produto da razão. Mas, se você é crente, tem a obrigação de conhecer os fundamentos de sua fé e de saber fazer uma exposição deles; esses fundamentos são os motivos razoáveis que o fazem permanecer no mundo da fé.

Às vezes lhe passou pela mente esta idéia: "Aceito a Deus, mas não seus mistérios". Reconhece o ilógico deste posicionamento? Em termos de fé, trata-se de ver ou de aceitar? E, se o caso é de aceitar, é porque vê tudo razoável ou porque é Deus quem lhe inspira confiança em sua Palavra reveladora?

Se você acredita, porque a você parece verdade e razoável, então está crendo em você, em sua razão, em seu entendimento que lhe mostra as coisas, como sendo aceitáveis; você acredita em você mesmo, mas não em Deus. E isso será fé humana, mas nunca fé divina. E com a fé humana você pode chegar aos maiores desastres, pode perdê-la com facilidade, pois o fundamento em que se apóia é muito variável; ao passo que a fé divina é inalterável, pois Deus é sempre o mesmo e nunca muda.

"Creste, porque me viste. Felizes aqueles que crêem sem ter visto" (Jo *20,29*). *"A fé é o fundamento da esperança, é uma certeza a respeito do que não se vê"* (Heb *11,1*). *A fé é um pulo no vazio, mas quem dá esse pulo, sabe que não cairá no vazio, porém nos braços de Deus, que é seu Pai, que não pode enganar.*

12 DE JULHO

Você é crente, tem fé. Mas, talvez seja mais importante que reflita sobre as exigências de sua fé.

Se você é crente, é o homem do *sim* a Deus. A fé exige que você viva plenamente esse *sim,* com todas as suas conseqüências, sejam estas pessoais, ou de ordem comunitária.

Para dizer *sim* a Deus, você tem que dialogar com Ele, a fim de dar-lhe sua resposta, visto que a fé é isso precisamente: a resposta que o homem dá a Deus, à sua Palavra, que nos é revelada.

Seu diálogo com Deus, sua oração pessoal é indispensável para sua vida de fé. Se você não reza, acaba expondo sua vida de fé; para você, rezar é uma necessidade vital, diária, o mesmo que a respiração.

Primeira e maravilhosa exigência de sua fé: com o povo dos crentes e na intimidade da sua consciência, ser em toda a sua vida o interlocutor vivo do Deus vivo.

"Porque no Evangelho se revela a justiça de Deus, que se obtém pela fé e conduz à fé, como está escrito: O justo viverá pela fé" (Rom *1,17*). *A fé é a condição única para que a justiça de Deus se revele em nós.*

13 DE JULHO

Crer é aceitar todos os gestos salvadores de Jesus Cristo; estes gestos são os sacramentos, atos de Cristo Salvador, repetidos perpetuamente pela Igreja, enquanto houver homens na face da terra, que nascem e que morrem.

Já está vendo: crer é rezar, crer é "praticar", no bom sentido da palavra. Um crente que não pratica converte-se numa verdadeira contradição, numa contradição consigo mesmo, num dilaceramento interior, que o torturará, porque ao mesmo tempo diz SIM e logo a seguir NÃO.

SIM: creio que Deus ama o homem e que lhe enviou Jesus Cristo para que fosse seu Salvador.

NÃO: atuo como se Deus não amasse os homens, como se não me amasse.

Certamente, um gesto exterior, um rito pode ser uma coisa sem sentido e sem razão. Mas o lógico não é deixar de colocar esse rito mas, sim, colocá-lo em toda a vida interior, que o tornará vivo e vivificante.

"Ficai alerta, à cintura cingidos com a verdade, o corpo vestido com a couraça da justiça, e os pés calçados de prontidão para anunciar o Evangelho da paz. Sobretudo, embraçai o escudo da fé, com que possais aparar todos os dardos inflamados do Maligno" (Ef *6,14-16*). *Boa armadura e preparação para as lutas contra o mal; bom programa para nossa ação apostólica!*

14 DE JULHO

Diz a Bíblia que o crente deve abandonar as coisas daqui da terra e buscar de preferência as do alto do céu.

Coisas daqui de baixo, da terra: dinheiro, erotismo, luxo, maldade, desejo de poder, egoísmo de toda espécie, nos indivíduos e nos grupos...

Coisas de cima, do céu: simplicidade de vida, desinteresse, doação de si, verdadeiro amor, alegria, paz, viver em Deus e por Deus.

Dizer-se crente e viver "como todo o mundo", pactuar com o dinheiro, a impureza, a desonestidade, o orgulho, é mentir a Deus, é mentir a si mesmo, à própria consciência e é mentir aos demais, que pensam que somos verdadeiros crentes, porque nos confessamos como tais.

Isto quer dizer: o crente não-crente, o crente que não vive sua fé, é pior e causa mais prejuízo à fé, do que aquele que a si mesmo diz que não é crente.

Por ser crente, você deve manifestar ao mundo, com suas palavras e com seu testemunho de vida, que Deus é Amor.

"Mas descerá sobre vós o Espírito Santo e vos dará força, e sereis minhas testemunhas em Jerusalém, em toda a Judéia e Samaria e até os confins do mundo" (At 1,8). *Não esqueça num só momento que você deve ser testemunha de Cristo e de seu Evangelho.*

A fé faz com que o coração e a voz do homem se tornem instrumento consciente de louvor a Deus e de júbilo para o homem. Deus só se hospeda onde a simplicidade e a humildade lhe prepararam o caminho.

Com essa fé se multiplicam prodigiosamente a luz e a alegria de sentir-se vivendo com Deus, de que a gente está em Deus e de que Deus está na gente. O crente é um homem individualmente otimista e alegre, de modo que, mesmo diante da morte, da dor, do sofrimento, das privações, que a vida impõe, sua alma se inunda de paz e serenidade; porque na morte o cristão, mais do que ver-se privado de algo, é aquele que dá, que se dá ao Pai que está nos céus; e, quem dá, quem oferece, deve fazê-lo com gozo e paz.

A morte e a dor do crente recebem uma luz característica, que não é possível compará-la com nada neste mundo. Somente o crente é capaz de descobri-la, de compreendê-la e de usufruí-la. Para o não-crente, tudo isto é um mistério que lhe ressoa qual música celestial; para o crente, é realmente "celestial".

"Todos nós recebemos da sua plenitude, graça sobre graça" (Jo *1,16*). *Você não deve esquecer que a graça é um "dom", um presente, e que deve fazer da vida de graça seu verdadeiro ideal, o ideal de toda a sua vida. Viver em graça e viver a graça em toda a sua plenitude: consciente e crescente.*

16 DE JULHO

Em torno de Deus tudo é branco, tudo é puro e sem mancha, tudo é simples, tudo é sem fingimentos, tudo tem sorriso de criança, gorjeios de pássaros, aroma de flores, inocência e simplicidade de virgem.

A vida de quem acredita em Deus é um aleluia perene e imutável, um canto de esperança, um grito de exultação e de gozo, um hino de gratidão e de petição, um coração que irrompe repentina e violentamente em lágrimas sedantes que reconfortam, ao saber-se filho de Deus.

Toda a vida do cristão sacraliza-se pela presença de Deus nela; por isso o cristão canta, não somente em seus atos litúrgicos, mas em todos os momentos, mesmo nos mais duros e difíceis, até nos mais ásperos e de arestas mais cortantes.

O crente não pode tratar de enganar a Deus, apresentando-lhe flores artificiais, em atitude de criança travessa que oculta as coisas; terá que dar-lhe uma fé cega e total e amor de entrega absoluta e sem reservas, e não uma aparência de fé e de amor.

Não basta viver a graça consciente e crescente, mas é preciso viver a outra dimensão: a graça difundida ou comunicada aos demais. "Dai, e dar-se-vos-á... porque, com a mesma medida com que medirdes, sereis medidos vós também" (Lc *6,38*).

17 DE JULHO

Antônio Aradillas insiste que você peça perdão a Deus por aqueles mármores, que nos templos não foram mármores, mas estuque ou mármore pintado; e pela seda que foi sedalina; e pelas velas que de vela só tiveram a forma e foram paus compridos pintados de branco; e pelos ramos de flores, que foram papéis ou trapos ou objetos de plástico.

Mais que um obséquio ao Senhor, um objeto autêntico, é um trejeito de desprezo ao Único Autêntico e, além do mais, um índice desditoso de nossas deslealdades, de nossas ilegitimidades e de nossos fingimentos humanos.

Disso, sim, é que você deverá pedir perdão a Deus: de tudo aquilo que você mostrou, sem ser na realidade; de sua piedade fingida, de seu amor falsificado, de sua entrega com dupla finalidade, quando não com tripla, ou com mais inconfessáveis intenções.

Com olhos de carne não é possível ver e com lábios de barro não é possível orar — pois lhe sobra carne e lhe falta espírito.

"Quando oferecerdes ao Senhor um sacrifício de ação de graças, oferecei-o de maneira que seja aceito" (Lev *22,29*). *Para o cristão não valem as prescrições rituais do Antigo Testamento, mas continua vigindo ainda mais imperiosamente a obrigação de oferecer o sacrifício ao Senhor, o Sacrifício Eucarístico, e de oferecê-lo com amor e por amor.*

18 DE JULHO

Todo templo tem um altar; não seria templo se não tivesse um altar; o templo tem por finalidade abrigar e proteger o altar.

Acontece, porém, que em nossa vida temos que ter um altar, no mais profundo da alma, guardado com todo respeito e veneração e para ele devemos orientar todas as ações da atuação cotidiana.

Diante do altar cumpre manter uma postura de entrega e de braços abertos. De lábios em flor, que se abrem para beijos, para canções e súplicas. O beijo ao altar é palavra calorosa de agradecimento sincero; você deve beijar com repetição intensa esse altar íntimo de sua alma, porquanto nele está seu Deus, nele se manifesta a bondade de seu Deus, que o acompanha dia após dia, momentos após momentos, pensando em você, chamando-o e esperando por você. Beijará essa mão de Deus estendida para você, essa ara sacral na qual você oferecerá seus sacrifícios. Tudo é de Deus e tudo é para Deus; e tudo isso você deve oferecer assim: com sorrisos, com súplicas, com cantos e hinos de louvor, com canções e beijos de gratidão e de amor reconhecido e profundo.

"Construirás um altar para queimares sobre ele o incenso... Este altar será uma coisa sacratíssima, consagrada ao Senhor" (Ex *30,1-10*): *O altar, sobre o qual todos os dias você deve oferecer seu holocausto ao Senhor, deverá ser a mesa de seu trabalho, seu escritório, sua ferramenta, seu torno, sua cozinha, tábua de passar roupa, etc. Tudo deve ser oferenda para o Senhor, oferecida em todo lugar e a todo momento.*

Os poetas cantaram com ternura as flores; todos nos extasiamos diante da pomposidade das rosas, com o aroma do cravo, a brancura da açucena, a complicada harmonia de uma orquídea, a caprichosa formação de uma passiflora (planta das regiões tropicais — nota do Tr.), a invisível presença de uma violeta e com a delicada pequenez do miosótis.

Todos cuidamos com esmero das flores de nosso jardim, de nossos corimbos, destinados a formar festões para nossos centros de mesa, ou para obsequiar aqueles a quem queremos bem.

Existem, porém, certas flores que são destinadas a esmaecer seu colorido e sua esbeltez e a destilar seu aroma, acariciando as portinhas de um Sacrário. Poderia parecer que essas flores ganharam a sorte grande de não morrerem na opaca terra, mas diante do Deus de tudo.

Em sua vida, irmão, você tem que reservar alguns atos, que sejam como as flores, a serem dedicados única e exclusivamente a seu Deus; ficará bem que faça o demais, mas será melhor que você não se esqueça dAquele que se lembra de você minuto após minuto.

"É somente a vós, Senhor, que devemos adorar" (Bar *6,5*). *"Vinde, inclinemo-nos em adoração, de joelhos diante do Senhor que nos criou. Ele é nosso Deus"* (Sl *95,6-7*). *Que a postura, que a atitude que você venha a dotar no templo, sobretudo durante o sacrifício da missa, seja de um verdadeiro adorador; de alguém que adora em espírito e em verdade.*

20 DE JULHO

A água corre pura e cristalina, espalhando frescor e natureza verdejante, fecundando a mãe terra, inflando as sementes, dando cor às flores, amadurecendo os frutos, aplacando a sede dos animais e refrescando as gargantas dos caminheiros.

Mas a água cantou sua canção mais canora na pia batismal, quando limpou a fronte da criança e branqueou seu espírito da mancha original.

Naquela ocasião, a água fecundou uma Vida, que não é terrena, porque é a própria Vida de Deus, que se transmitia à alma do homem, ainda criança, mas já feito e, por isso, verdadeiro filho de Deus.

Essa água, instrumento sacramental da nova Vida no homem, continuou correndo e deslizando, porém com a alegria de ter sido o instrumento da imensa Bondade de um Deus, que quis fazer-se homem, mas que não sossegou enquanto não tornou o homem participante de sua própria divindade. E, se o homem perdeu o medo, quando viu a Deus fazer-se como Ele, foi apanhado de surpresa quando se sentiu divinizado pela graça.

"Em verdade, em verdade te digo: quem não renascer da água e do Espírito não poderá entrar no reino de Deus" (Jo *3,5*). *"Pois fostes regenerados não duma semente corruptível, mas pela palavra de Deus, semente incorruptível, viva e eterna"* (1 Ped *1,23*). *Medite na realidade e nas exigências de seu batismo.*

21 DE JULHO

Na luz da vela e na chama do círio pascal existe uma riqueza simbólica.

Seu simbolismo, cheio de significado, lembra-nos que devemos ser luz para o mundo, para esse mundo que anda em trevas, trevas que são de erro e de maldade, maldade que se difunde pelas quatro latitudes, latitudes que deverão ser renovadas pelo homem cristão, homem cristão que será um céu transbordante de luz.

A luz da vela é um grito de vida espiritual; é uma língua que apregoa a vinda do Salvador, que foi "a luz do mundo". Essa débil luz da vela, esse fraco resplendor, ofuscado pelo jato poderoso dos modernos refletores, está indicando que, no meio de todo este mundo dinâmico, esmagador, transbordante, é preciso saber descobrir a luz da fé, que é um canto de prazer e de triunfo sobre todas as limitações humanas; luz que é mensageira de um mundo imaterial de paz e de amor.

"Mas vem a hora, e já chegou, em que os verdadeiros adoradores hão de adorar o Pai em espírito e em verdade, e são esses adoradores que o Pai deseja. Deus é espírto, e os seus adoradores devem adorá-lo em espírito e verdade" (Jo *3,23-24*).

22 DE JULHO

Para o cristão, poucas são as realidades que se revistam de uma projeção tão vital como a da "comunhão".

Acontece que comunhão e comunidade são dois termos que marcham ao mesmo ritmo teológico, tanto na convicção como na vida do cristão. Comunhão é comum-união; sem essa comum-união não pode existir a vida da fé, a vivência do amor.

Só quando "o meu" se converte em "o nosso", Deus nos converterá em "o seu"; e somente quando "o meu" for "o seu", o de Deus, é que nos sentiremos elevados sobre nossa própria natureza. Insistamos, porém: "o meu" só chegará a ser "o de Deus", quando tiver passado pela etapa de ser visto e vivido como "o nosso", o de todos.

Acontece que na Igreja tudo tem o sabor de família; não de força que estatize por lei e apague todas as desigualdades, mas de amor que busca a comunicação, a comunhão de uns com os outros.

"Assim nós, embora sejamos muitos, formamos um só corpo em Cristo, e cada um de nós somos membros uns dos outros" (Rom *12,5*). *Descobrir a comunidade constitui a melhor forma de encontrar a Deus e de encontrar-se a si mesmo. No próximo encontramo-nos os três: Deus, o irmão e cada um de nós.*

Quando estamos assistindo a um espetáculo grandioso, majestoso, o silêncio é a melhor expressão de nossa admiração, a melhor homenagem que podemos render-lhe, porque confessamos implicitamente que não achamos palavras para expressar tudo o que sentimos e vivemos nesse momento.

Em nossa oração tranqüila e íntima, com freqüência deveremos recorrer ao silêncio; não um silêncio inexpressivo e estéril, mas um silêncio operante, de plenitude de Deus e de todas as coisas.

O silêncio é a palavra mais plena, a mais total, a que diz mais, a que todos entendem, a que não precisa de explicação, a que não se acha limitada por conceitos, a que Deus escuta melhor, com a qual os homens mais se entendem.

O silêncio da palavra, quando fala muito profundamente o coração; o silêncio da mente, quando o espírito vive com intensidade; a inatividade do corpo, quando a alma brota por todos os póros e se espalha por todos os momentos.

"Toda criatura esteja em silêncio diante do Senhor: ei-lo que surge de sua santa morada" (Zac 2,17). *O silêncio é o reconhecimento da presença do Senhor, do respeito que lhe é devido e que nós expressamos desta forma. Por isso você deve ter mais respeito pelo silêncio do que a presença sacramental do Senhor no templo exige de você.*

24 DE JULHO

Houve quem expressasse vários pensamentos que não exigem comentário. Vejamo-los:

"Quando outra pessoa age de certa forma, é perversa; quando você age dessa mesma forma, é por causa dos nervos.

Quando outrem é inflexível em sua atitude, é teimosia; quando você se mostra teimoso, é somente firmeza.

Quando a pessoa não gosta de seus amigos, é porque está com prevenção; quando você não gosta dos dela, é porque você tem simplesmente um bom critério sobre a natureza humana.

Quando alguém trata de ser complacente, é adulador; quando você age assim, é porque está demonstrando tacto.

Quando alguém demora em fazer as coisas, é terrivelmente lerdo; quando você demora anos, é cauteloso.

Quando tem defeitos, é porque a pessoa está *lelé da cuca;* quando você tem esses defeitos, é porque mostra discernimento".

Sem dúvida alguma, tudo isto deve ser pensado com vagar e com sinceridade consigo mesmo.

"Porque, do mesmo modo que julgardes, também vós sereis julgados e, com a medida com que tiverdes medido, também vós sereis medidos" (Mt *7,2*). *A delicadeza no trato com os demais é uma virtude não muito conhecida; não obstante, é muito benéfica para as mútuas relações.*

25 DE JULHO

Ser perfeccionista, por acaso é uma virtude ou um defeito? Querer que tudo saia na perfeição mais extremada, é coisa boa ou coisa má?

Existe inato no ser humano o desejo de evoluir, de ser cada vez melhor, pessoal e coletivamente, familiar e socialmente. Quando seu filhinho lhe mostra o caderno de deveres, você lhe elogia o belo trabalho realizado, mas o estimula a aperfeiçoar-se, a fazer os deveres cada vez melhor.

Quando você se barbeia ou penteia os cabelos, deseja que fique bem barbeado ou com um penteado impecável. Assim se dá em todas as coisas e em todos os níveis. Ora, por que é que somente em nossa parte espiritual havemos de ficar sem o devido desenvolvimento?

A meta de tudo ser vivo é conseguir a perfeição completa de sua vida em todos os seus aspectos. Se somos humanos, não nos contentemos com sê-lo; aspiremos a ser filhos de Deus pela graça santificante. Isto quer dizer chegar à meta que nos propusemos e, sobretudo, que o próprio Pai celestial nos assinalou.

"Portanto, sede perfeitos, assim como vosso Pai celeste é perfeito" (Mt *5,48*). *"O Senhor Jesus, Mestre e Modelo divino de toda perfeição, a todos e a cada um dos discípulos de qualquer condição pregou a santidade de vida da qual ele mesmo é o autor e consumador"* (Lumen Gentium, *40*).

26 DE JULHO

Você conhece algum livro de receitas culinárias? Certamente, pelo menos deve ter lido às pressas algumas dessas receitas, por curiosidade, em alguma revista.

Quer que lhe apresente uma receita original? Quem a escreveu foi um sábio e prudente autor, que lhe deu esta forma:

"Pegue uma grande quantidade de alegria e ponha-a a ferver em fogo lento, sem parar. Despeje uma xícara bem cheia de leite de bondade e em seguida junte uma medida completa de consideração e respeito para com os outros.

Misture com estes ingredientes uma colher de compreensão; porém, uma boa colher, não uma de café, mas de sopa; se colocar uma colherada bem cheia, a receita não estragará; pelo contrário, ficará melhor.

Tempere tudo isso com bastante caridade; espalhe-a muito bem por todo o conjunto de horas, tempos e pessoas.

Misture tudo perfeitamente e a seguir com todo o cuidado passe num coador, a fim de eliminar qualquer partícula de egoísmo. Na hora de degustá-lo, sirva-o com bastante molho de amor. É delicioso e cativante".

"Cristo nos revela que Deus é amor. Ao mesmo tempo nos ensina que a lei fundamental da perfeição humana e, portanto, da transformação do mundo, é o mandamento novo do amor. Aos que acreditam na caridade divina certifica estar aberto o caminho do amor para todos os homens e não ser inútil o esforço para a instauração da fraternidade universal" (Gaudium et Spes, *38*).

Ontem lhe dei uma receita, com garantia certa de êxito. Não obstante, parece que você não ficou muito convencido; pelo menos não de todo. Parece que em não poucas ocasiões você tratou de fazer algo semelhante e não alcançou o resultado desejado.

Por isso, a título de garantia da receita que ontem lhe dei, permito-me agora fazer-lhe algumas observações: você não colocou algum dente de alho? Será que não carregou demais com a pimenta? Será que não se descuidou no molho?

Porque, evidentemente, qualquer receita ficaria inutilizada e até muito desagradável, se lhe tivesse acontecido alguma dessas coisas. Você já sabe o que dizem por aí: para que uma salada fique muito boa, tem que ter muito azeite e pouco vinagre.

Que segredos não têm os cozinheiros!

Sua vida tem muito de salada composta de numerosos elementos, às vezes difíceis de conciliar; despeje em sua vida muito azeite que suavize e não faça cara de rabugento a ninguém; se experimentar, talvez chegue a convencer-se do que lhe digo.

"Deus encerrou todos estes homens na desobediência para usar com todos de misericórdia" (Rom *11,32*). *"Como, porém, todos nós caímos em muitas faltas, precisamos continuamente da misericórdia de Deus e devemos cada dia rezar: 'E perdoai-nos as nossas ofensas'"* (Lumen Gentium, *40*).

28 DE JULHO

Quando você anda pela rua, topa com uma infinidade de pessoas de toda classe e condição, as quais revelam em seus rostos diferentes disposições de espírito.

Uns com rosto sorridente, cheio de felicidade: saíram-se bem num negócio, tiveram sorte num assunto; receberam uma grata notícia, encontraram alguém de quem gostam...

Outros denotam preocupação: têm problemas familiares que os perturbam, situações econômicas oprimentes, desgostos com os amigos, insegurança em seu trabalho.

Outros dão a impressão de que vão olhando para a frente e para as alturas: têm projetos, idéias, planos que desejam realizar; e isso lhes dá força e otimismo.

Só é digno de compaixão aquele que se "chateia com a vida", que não faz nada nem tem planos de fazer algo; aquele que não tem vitalidade, que não encontra objetivo para a sua existência, para quem a vida carece de sal. Isto é triste. Olhe-se no espelho e diga-me como é que você se vê.

"Ele continua na Igreja, na qual pela fé somos instruídos também sobre o sentido da nossa vida temporal, enquanto com esperança dos bens futuros levamos a termo a obra entregue a nós no mundo pelo Pai e efetuamos a nossa salvação" (Lumen Gentium, *48*).

Nem todos os dias você se levanta com o espírito alegre e despreocupado; algumas vezes, já desde manhã bem cedo persegue-o a lembrança de uma adversidade que há tempo você está enfrentando.

Faz 300 anos, um prisioneiro gravou na parede de sua prisão esta frase, com a qual pretendia conservar em "alto astral" seu estado de ânimo:

"Não é a adversidade que mata, mas a impaciência com que suportamos a adversidade".

É verdade! Se você se impacientar nas adversidades, nada resolverá; pelo contrário, botará tudo a perder ou agravará a situação. Por conseguinte, a impaciência ou a ira não são um remédio.

Se a este conselho de ordem meramente natural e psicológica você souber acrescentar outro de ordem superior, de ordem sobrenatural — como é reconhecer que Deus lhe permitiu essa adversidade para que seja capaz de mostrar seu valor, sua fidelidade, sua capacidade de amar — então você enfrentará a adversidade não só com paciência e resignação, mas até com certa alegria por você se saber fiel.

"A Igreja é fortalecida pela força do Senhor ressuscitado, a fim de vencer, pela paciência e pela caridade, suas aflições e dificuldades tanto internas quanto externas, para poder revelar ao mundo o mistério dEle, embora entre sombras, porém com fidelidade, até que no fim seja manifestado em plena luz" (Lumen Gentium, *8*).

30 DE JULHO

Cheio de significado o relato daquela senhora que foi ao hospital infantil, levando guloseimas e brinquedos para as crianças. Ao visitá-las, ia passando de uma cama a outra, colocando nas mãos dos pequenos doentes seu presente. Mas uma menina doente não quis receber nada, enquanto apresentava um rosto tristonho.

Quando lhe perguntou por que não queria nem doces nem brinquedos, a criança tristonha respondeu que não era isso o que ela esperava. A senhora perguntou de novo que esperava, que desejava, e ela respondeu então:

— O que espero é alguém que me dê um beijo.

Você dirá que é uma criancice, mas acontece que muitas pessoas levam em seu interior uma criança que facilmente acorda e só pára de chorar quando lhe dão o que necessita.

Por que você não se preocupa em descobrir a criança de cada pessoa e em proporcionar-lhe um pouco de afeto, algo mais de bondade, um sorriso, uma companhia pelo menos de meia hora de conversação?

O mundo padece violentamente de falta de afeto, ressente-se com a frieza dos corações.

"E ainda outros mandamentos, que existam, resumem-se nesta palavra: Amarás o teu próximo como a ti mesmo... Portanto, a caridade é o pleno cumprimento da lei" (Rom *13,9-10; 1 Jo 4,20*). *"E isto se comprova ser de máxima importância para os homens que cada dia são mais dependentes uns dos outros e para o mundo que incessantemente se unifica mais"* (Gaudium et Spes, *24*).

Como custa pouco ser agradecido e, no entanto, quanto se estima a gratidão!

Essa gorjeta que você deixa sobre a mesinha do restaurante, sem dizer palavra, teria mais sentido se você acrescentasse uma única palavrinha, tão fácil de pronunciar: "Obrigado!"

Esse pouco dinheiro, que você deposita na mão daquele que lhe engraxa os sapatos, seria recebido com maior alegria se o acompanhasse de uma palavra que fizesse com que esse homem humilhado a seus pés reconhecesse que seu trabalho é dignificante e que por isso você lhe é muito grato.

Essa carta que você recebe, esse telegrama, essa verdura que compra, esse telefonema a que atende, esse serviço que um funcionário público lhe presta, essa informação que lhe dão na estação rodoviária... tudo isto é muitas outras coisas, se forem salpicadas com a palavrinha "Obrigado!" e com um amável sorriso, sincero, caloroso, certamente chegariam até o coração dos demais e os tornariam mais abertos, mais dispostos para a ajuda do próximo mais solícitos.

Se todos os dias você dissesse "Obrigado!" a Deus por ter-lhe dado um novo dia e por fazê-lo gozar de saúde e de tantas outras coisas, a vida de seu espírito seria mais intensa e você a viveria com outra visão das coisas.

Cristo curou os dez leprosos de sua doença; só um deles voltou para agradecer a Deus a saúde recebida. Cristo tomou a palavra e perguntou: "Não ficaram curados todos os dez? Onde estão os outros nove? Não se achou senão este estrangeiro que voltasse para agradecer a Deus? E acrescentou: Levanta-te, e vai, que a tua fé te salvou" (Lc *17,11-19*).

Ontem prometi,
diante do Sacrário;
jurei-o
ao Cristo da minha fé;
que guardarei total fidelidade,
que a luz do meu cursilho jamais se apagará.

MÊS DE AGOSTO

Não sei se você entendeu direito o que é a "piedade".

O objetivo da "piedade", sua razão de ser e seu coroamento é a intimidade com Deus.

Nosso coração há de ser um cálice repleto de hóstias para que possamos comungar quantas vezes necessitemos durante o dia: uma mortificação, uma hóstia; um ato de caridade, uma hóstia; um ato de silêncio diante do desejo de uma resposta, outra hóstia; um sorriso para quem nos é pouco simpático, outra hóstia... quantas e quantas hóstias no cibório de seu dia, para que logo você possa comungar, não uma, porém centenas de vezes.

Piedade artificial é aquela que foge do sacrifício e consiste em atos meramente externos.

Piedade fictícia, a que quer permanecer somente no interior, sem manifestar-se no exterior.

Piedade ilógica, aquela que coloca todo seu empenho em privar-se de um doce ou do café, mas não se priva de uma violência do gênio.

A piedade é um anjo que leva na mão uma taça donde transborda um licor divino, que vai se derramando gota a gota nos demais para que se reanimem, caso se achem consagrados; se abatidos, que recobrem a esperança; se tristes, que comecem de novo a sorrir.

A piedade que não é "piedosa" com os demais, é impossível que seja piedosa com Deus.

Também não é piedade aquela que só consiste em multiplicar rezas e mais rezas em vez de fazê-la consistir em uma permanência constante em Deus pela lembrança, a entrega e o amor.

Eis aqui um decálogo para a esposa:

1. Não falarás eternamente. Teu esposo tem direito a que o escutes.
2. Prepararás amorosamente a comida do dia e manterás a casa em ordem e com limpeza.
3. Não atrapalharás teu esposo em seus negócios.
4. Não espalharás maledicências infundadas sobre teus vizinhos.
5. Não farás alarde a respeito do teu esposo diante de outros homens, mas o respeitarás em silêncio.
6. Quando for necessário chamar-lhe a atenção em algo ou por causa de alguma coisa, não o farás imediatamente, mas esperarás pelo momento oportuno e prudente, e logo esquecerás o caso.
7. Serás paciente com os defeitos de teu esposo, exaltando de vez em quando suas boas qualidades.
8. Não transformarás teu esposo num criado.
9. Não pensarás que teu esposo sempre tem razão, mas também não pensarás que ele nunca tem razão.
10. Amá-lo-ás acima de todas as pessoas e sobre todas as coisas.

"Os esposos e os pais cristãos, por sua vez, devem seguir o próprio caminho, em amor fiel. Ajudem-se mutuamente a conservar a graça no decurso de toda a vida. Impregnem a prole amorosamente recebida de Deus com as doutrinas cristãs e as virtudes evangélicas" (Lumen Gentium, *41*).

2 DE AGOSTO

Vejamos agora o decálogo do esposo:

1. Não te esquecerás de demonstrar à tua esposa admiração e delicadeza, como fazia quando eram noivos.
2. Com palavras ou com tua atitude, lhe externarás aprovação pela comida de cada dia, pois a comida não chega sozinha à mesa.
3. Lembrarás a tua esposa, consultando-a sobre teus problemas e falando-lhe do teu trabalho.
4. Evitarás tudo aquilo que gostarias que tua esposa evitasse; aquilo de que você não gosta, provavelmente também a ela desgostará.
5. Não lhe mentirás nunca em coisa alguma, sequer quando se fale de teus recebimentos em dinheiro.
6. Lembrarás os aniversários de tua esposa e de teus filhos.
7. Lembrarás o aniversário do teu matrimônio.
8. Nunca discutirás acaloradamente com tua esposa, muito menos diante dos teus filhos. Quando for necessário, dialogarás com ela, sempre com todo o respeito e com carinho, como corresponde a dois bons esposos.
9. Amarás tua esposa e lhe serás fiel sobre todas as coisas.
10. Lembra que, se o homem é a cabeça do lar, a esposa é a coroa dessa cabeça.

"Portanto, todos os fiéis cristãos nas condições, ofícios ou circunstâncias de sua vida, e através disto tudo, dia a dia mais se santificarão, se com fé tudo aceitam da mão do Pai celeste e cooperam com a vontade divina" (Lumen Gentium, *41*).

3 DE AGOSTO

Todos trazemos dentro de nós um altar no qual temos entronizado o nosso EU, ao qual rendemos culto com excessiva freqüência e intensidade.

A conquista do próprio EU é a maior vitória que o homem pode alcançar; conseguir que a vida não seja dominada pelo *ego,* mas pela razão e o coração.

Quanto mais perfeitos nós sejamos em nossa vida, mais compreensivos nos mostraremos com as imperfeições dos demais; pelo contrário, quanto menos perfeitos formos nós, mais exigentes nos mostraremos com os outros.

Sempre somos inclinados a reprovar e criticar os defeitos dos outros, sobretudo aqueles defeitos que também nós temos e que não nos atrevemos a confessar. Outras vezes criticamos os defeitos que nós não temos, como uma evasão para não reconhecer e não lembrar os defeitos que temos e nos dominam.

Todos lamentamos as injustiças que nosso mundo de hoje sofre. O Concílio nos adverte que muitas delas "surgem do espírito dominador, do desprezo das pessoas e, investigando as causas mais profundas, da inveja, da desconfiança, da soberba e de outras paixões egoístas" (Gaudium et Spes, *83*).

4 DE AGOSTO

Com freqüência ouvem-se palavras e críticas dos demais, de pessoas que nós conhecemos e que talvez até apreciemos. Não será prudente que logo vamos levar-lhes ao conhecimento o que se tem dito a seu respeito em sentido desfavorável e menos ainda que comentemos e aumentemos o que ouvimos, a fim de granjear-lhes a benevolência.

Nunca digamos a outrem o que supomos que irá desgostá-lo; a não ser que vejamos de maneira certa que lhe fará bem ou lhe será de proveito. Mas, neste caso, devemos usar de um jeito todo especial, a fim de diminuir o impacto desagradável e a dor que lhe poderia causar o que lhe dissermos.

Tomar como lema de nossas relações com os demais nunca dizer-lhes coisa alguma desagradável: isto pode constituir um bom plano de vida. Nunca exijamos dos outros o que nós ainda não fomos capazes de conseguir; nunca nos creiamos melhores do que os demais, pois, ainda que em algumas coisas talvez o sejamos, certamente em outras são eles muito superiores a nós.

"Finalmente, tende todos um só coração e uma só alma, sentimentos de amor fraterno, de misericórdia, de humildade" (1 Ped *3,8*).

> *"Esquecer paixões, rancores, vilezas,*
> *Ser fortes, piedosos, retribuindo o mal com o bem:*
> *esta é a vingança das almas fortes*
> *que vivem possuídas de um alto ideal".*

5 DE AGOSTO

Já reparou nas árvores que margeiam os caminhos? Nos dias quentes do verão, quando o sol aperta fortemente, todos procuram a sombra protetora das árvores e andam sob ela, protegendo-se do calor.

As árvores se expoem aos ventos, à chuva, ao sol; em contrapartida, proporcionam sombra, frescor, proteção.

Sua vida tem que ser como as árvores: nela têm direito a abrigar-se quantos, de uma ou de outra forma, necessitam de você, de sua compreensão, de sua companhia, de seu alívio, de sua ajuda; você deverá expor-se ao sofrimento, para que os demais não sofram; abraçará o entusiasmo pelo trabalho, para que os demais descansem; suará com ansiedade, para que os demais descansem ao amparo da proteção que você lhes oferece.

Numa palavra: sofrerá você, para que os outros não sofram. E esta será a maior alegria que você experimentará e o seu maior motivo de orgulho: ser útil aos demais, ofertar-se pelos outros, interessar-se vivamente pelo seu próximo, a ponto de morrer para si mesmo.

"Dois homens juntos são mais felizes que um isolado, porque obterão um bom salário de seu trabalho. Se um vem a cair, o outro o levanta. Mas, ai do homem solitário: se ele cair, não há ninguém para o levantar" (Ecle *4,9-10*). *Daí a necessidade de você não se afastar de seus irmãos; de que sua reunião do grupo com eles o mantenha ao lado deles e, por intermédio deles, ao lado do Senhor.*

6 DE AGOSTO

Semelhantes às bem-aventuranças do Evangelho são as do livro de *Kêmpis:*

— "Bem-aventurado o homem que dá ouvidos ao Senhor, que lhe fala no seu íntimo e de sua boca recebe palavras de consolo.

— Bem-aventurados os ouvidos que percebem a sutileza das inspirações divinas e não notam os sussurros mundanos.

— Bem-aventurados certamente os ouvidos que não escutam a voz do exterior, mas a verdade que ensina lá de dentro.

— Bem-aventurados os olhos que, fechados para as coisas exteriores, só estão atentos para as interiores.

— Bem-aventurados os que penetram as coisas interiores e estudam com exercícios contínuos, a fim de preparar-se para entender cada dia mais os segredos celestiais".

Sabemos perfeitamente que também o exterior é necessário; mas, visto que tanto nos absorve o exterior e muito descuidamos do interior, temos então que nos valer das bem-aventuranças de Kêmpis.

"O fruto do Espírito é caridade, alegria, paz, paciência, afabilidade, bondade, fidelidade, brandura, temperança. Contra estas coisas não há lei. Pois, os que são de Jesus Cristo crucificaram a carne, com as paixões e concupiscências" (Gal *5,22-24*).

7 DE AGOSTO

Salvo poucas exceções, a vida humana se encerra em duas únicas cifras. A vida do mundo talvez se expresse em cinco cifras.

E a eternidade? Quantas cifras apresenta? E acrescentem-se cifras e mais cifras, a partir daqui até a estrela mais distante... e leia-se essa quantidade, se for possível... e, mesmo assim, muito pouco nos aproximamos da eternidade!

A eternidade não tem cifras!

A vida não é mais do que o início do livro da eternidade; não interessa tanto o início, mas sim o livro.

Mas é certo que o início já nos pode adiantar a idéia do livro; donde a importância de uma vida honesta e santa.

A vida nos foi dada para buscar a Deus. A morte, para encontrá-lo. A eternidade, para possuí-lo.

Se consigo alcançar isso, minha vida terá sido digna de ser vivida; de outra forma, tê-la-ei malbaratado, a terei perdido.

"Regozijam-se os que em vós confiam, permanecem para sempre na alegria. Protegei-os e triunfarão em vós os que amam vosso nome" (Sl *5,12*). *Decerto deverá ser motivo de alegria para você, saber que você ama o Nome do Senhor e que Ele espera por você, a fim de recompensá-lo para sempre, por toda a eternidade.*

8 DE AGOSTO

Tudo passa, é verdade; mas não é tão verdade. Você acha que tudo passa e que tudo passa por completo? Eu creio que não.

É verdade que tudo passa e que todos passamos; mas nós, pelo menos, não passamos completamente. Existe algo que fica atrás de nós, como um rastro, como uma semente, como um germe, que em seu devido tempo deverá desenvolver-se.

O poeta Núñez de Arce cantou:

> "Que é nossa vida? O sonho de um momento;
> onda que passa, sombra que se distancia;
> ave tímida e muda, que não deixa
> nem o rastro de suas asas no vento".

E as boas obras? E as más obras? Não deixam elas rastros que perduram? Você não quer que sua vida deixe vestígios? Você se satisfaz com viver alguns anos e logo passar para o vazio infinito e para o total esquecimento? Não acredito que haja coração humano que fique satisfeito com esta perspectiva.

"Lembra-te de que minha vida nada mais é do que um sopro" (Jo 7,7). *É uma estupidez transformar em meta esta vida, que é passageira, que não é a definitiva, que será superada por aquela que é a verdadeira Vida.*

O viajor não se fixa tanto no caminho, porém no término ao qual deve chegar; o seu caminho é esta vida.

Sua meta é a eternidade.

9 DE AGOSTO

A vida é algo sério, muito sério mesmo; mas é também algo lindo, muito lindo.

O segredo de toda existência condensa-se na tríplice fórmula:

— um amor a oferecer,
— um compromisso a assumir,
— um apostolado a exercer.

Ter um ideal é ter razão para viver. É também um meio para viver uma vida mais ampla, mais elevada.

Quem superou seu egoísmo e se consagrou ao serviço de um ideal maior que ele próprio, acha-se próximo de Deus.

Aquele que pratica o culto de si mesmo não tem ação, é absorto, como é toda falta de atividade; aquele que se realiza no próximo é dinâmico, possui o dinamismo da doação.

A vida é extremamente valiosa, quando sabemos para que nos foi dada. Valorizar a vida já é colocar-se sob a influência de um ideal. Uma vida ociosa é uma morte antecipada.

Viver é sentir a alma, toda a alma; é amar com todas as forças até o sacrifício.

"Cristo será glorificado no meu corpo (tenho toda a certeza disto), quer pela minha vida quer pela minha morte. Porque para mim o viver é Cristo e o morrer é lucro" (Filip *1,20-21*). *Minha vida é Cristo, e Cristo é minha vida. Cristo é quem dá sentido à minha vida, quem orienta minha vida, o que lhe dá impulso, e a morte será o encontro definitivo já e total com esse Cristo, que é minha ressurreição e minha vida.*

10 DE AGOSTO

Viver é trabalhar; trabalhar é lutar; lutar é vibrar e fazer que os outros vibrem.

Em sua maioria, os homens vivem num perpétuo adiamento, deixando para um amanhã imaginário — cuja aurora teima em jamais brilhar — as reformas, as execuções decisivas.

E isto não é senão perder o tempo; não empregá-lo. Ao tempo perdido se chama apenas *existência*. Como existe a pedra; embora a pedra, *em existindo,* preencha sua missão. Em compensação, chama-se *vida* ao tempo que se empregou; como vive tudo o que desgasta suas forças no aperfeiçoamento próprio ou alheio.

Você existe ou vive? Emprega o tempo para você, para aperfeiçoar-se, para superar-se? Você o emprega em benefício dos demais? Sente que sua vida está repleta de um ideal, ou a percebe vazia e oca? Tem desejos ardentes de viver, ou já está pouco menos do que cansado da vida?

Centre sua vida em Deus e há de sentir-se feliz.

"Cristo, principalmente pelo mistério pascal da sua sagrada paixão, ressurreição dos mortos e gloriosa ascensão... destruiu a nossa morte e, ressuscitando, recuperou a nossa vida" (Sacrosanctum Concilium, 5). *Nossa vida, por Cristo, é outra vida, com dimensões distintas; lembre-se do que era sua vida antes do seu encontro com Cristo, e o que ela é agora. E o que você deseja que ela se torne.*

11 DE AGOSTO

As crianças merecem todo nosso respeito e nosso amor. Não será demasiado que examinemos se temos faltado ao respeito com a criança; não somente as crianças podem faltar ao respeito com os maiores; a falta de respeito para com a criança, por parte dos adultos, é muito mais grave.

Examinemos se nosso amor pelas crianças foi sempre sincero, grande e puro.

Finalmente, analisar, com inteira honestidade diante da própria consciência, se o olhar das crianças, que tudo descobre, pode ver sempre a Deus em nós.

As crianças são como diamantes em bruto, que precisam ser trabalhados e polidos; são uma linha de reticências, sem saber o que encerram em seu pontilhado. Talvez dependa de nós o fato de algumas dessas reticências resultaram em magníficas afirmações de fidelidade ao dever, de generosidade e de entrega.

"E o que recebe em meu nome a um menino como este, é a mim que recebe. Mas, se alguém fizer cair em pecado um destes pequenos que crêem em mim, melhor fora que lhe atassem ao pescoço a mó de um moinho e o lançassem no fundo do mar" (Mt *18,5-6*). *Cuide de seus filhos e cuide das crianças em geral; a pureza deles é o que há de mais lindo sobre a terra.*

12 DE AGOSTO

Um vendaval de idéias subversivas ataca os alicerces da família, com a evidente finalidade de abalar os sustentáculos dos antepassados da sociedade.

Depois das tempestades sociais, após as guerras, revoluções e agitações populares, nossa sociedade humana dispõe de um lugar de refúgio: é a família.

Mas é necessário fundamentar bem essa família, se queremos que resista a toda a avalanche devastadora; é necessário fundamentá-la humana e sobrenaturalmente.

Homem e mulher devem chegar à constituição da família com idéias sadias sobre a mesma e com uma adequada preparação sobre os deveres que mais tarde gravitarão sobre seus ombros e em sua consciência. Na família, todos têm seus olhares fixos e seus interesses; os que pretendem fundamentar a sociedade e os que tratam de destruí-la; isto nos convence da importância e do decisivo centro de enfoque da família.

"É necessário que nesta espécie de Igreja doméstica os pais sejam para os filhos, pela palavra e pelo exemplo, os primeiros mestres da fé. E favoreçam a vocação própria a cada qual, especialmente a vocação sagrada" (Lumen Gentium, *11*).

Toda pessoa humana tem os mesmos direitos à verdade e à liberdade; mas não são objetos de liberdade nem de direito o erro, o mal, a desordem nem a anarquia.

Conseqüentemente, a pessoa humana poderá fazer uso de sua liberdade para seu próprio bem; mas nunca e sob nenhuma hipótese para prejudicar seu próximo, para acarretar-se um mal.

Você não deve pensar que se quer limitar sua liberdade, quando impõem a você alguma coisa, seja na ordem do intelecto ou da vontade, dos costumes ou da vida, das crenças ou do afeto. Muito pelo contrário: submetendo-se você a isso voluntária e conscientemente, sua vontade se aperfeiçoará.

A liberdade do intelecto consiste em ser escravo da verdade, e a liberdade da vontade em ser escravo da virtude. O ato de liberdade mais sublime é concretizar a concordância e a harmonia mais perfeita possível entre sua liberdade pessoal e a vontade de Deus.

"É a pessoa humana que deve ser salva. É a sociedade humana que deve ser renovada. É, portanto, o homem considerado em sua unidade e totalidade, corpo e alma, coração e consciência, inteligência e vontade..." (Gaudium et Spes, *3*). *Não procuremos cair num materialismo cru nem caiamos em um angelismo inocente: voltemo-nos, isto sim, para um humanismo integro e cristão.*

14 DE AGOSTO

Será forçoso insistir na idéia de que todo homem é nosso irmão; não importa donde seja, donde venha, para onde vá. E, se todo homem é meu irmão, a todo homem devo amar e ajudar como a meu irmão.

> "Empresta-me teu viver, remoto irmão,
> para que nele ponha o que te falta;
> o sabor de meu pão, para tua fome;
> para tua solidão, minha companhia.
> De minha fibra, o calor para teu frio.
> De meu esperar, sustentáculo para tuas ânsias.
> De meu pranto, consolo partilhado.
> De meu crer, oásis de bonança.
> De meu lutar, valor em teu caminho.
> De meu entender, a luz que te fizer falta.
> E de todo meu amor, morno bálsamo;
> Pois, se vives sem Deus, ofereço-te o meu.

"Em virtude de sua missão — que é de iluminar o mundo inteiro com a mensagem evangélica e de reunir em um único Espírito todos os homens de todas as nações, raças e culturas — a Igreja torna-se o sinal daquela fraternidade que permite e consolida um diálogo sincero" (Gaudium et Spes, *92*).

Devemos oferecer todo nosso afeto e nossa ajuda a todos.

A todo homem: ao que está em boa situação econômica e ao que se vê privado das coisas mais necessárias.

Ao que goza de saúde, mas também ao doente.

Ao que come todos os dias e ao que só pode fazê-lo dia sim, dia não.

Ao que pensa como nós e ao que discorda de nossas opiniões, sejam estas sociais, políticas ou religiosas.

Ao que está perto de nós e ao que vive muito distante.

A todos sem exceção: à dona-de-cada, que assine com três sobrenomes, é nossa irmã, o mesmo que a jovem empregada doméstica. Todos somos irmãos; tratemo-nos como irmãos; amemo-nos como irmãos; ajudemo-nos como irmãos. A vida será diferente.

Somente então estaremos capacitados para poder rezar o Pai-Nosso, para poder dizer a Deus que é nosso Pai; somente então, quando conseguirmos tratar uns aos outros como irmãos e o fizermos com inteira sinceridade.

"É evidente que todos os fiéis cristãos de qualquer estado ou ordem são chamados à plenitude da vida cristã e à perfeição da caridade. Por esta santidade se promove também na sociedade terrestre um modo mais humano de viver" (Lumen Gentium, *40*).

16 DE AGOSTO

Não venha me dizer que você não gosta que o julguem simpático, porque então eu não lhe daria crédito. Se você não for simpático, permita-me que lhe dê alguns meios para conseguir sê-lo:

1. Mostre-se agradável, quando se sente inclinado a estar mal-humorado.
2. Escute com alegria os que lhe falam de seus problemas, mesmo quando você tenha problemas maiores que os deles.
3. Encarregue-se das tarefas que os demais recusam e tratam de dar o fora; mesmo que para tanto tenha que deixar para depois seus gostos.
4. Fale sempre bem de todos; mas em particular daquela pessoa que é criticada na presença de você.
5. Olhe sempre para o lado bom das coisas e sobretudo das pessoas, e trate de fazer ressaltar precisamente o lado bom de tudo e principalmente de todos.
6. Lamente-se menos e aja mais; o êxito e o triunfo não são dos que falam, mas dos que agem.

"Quem dentre vós é sábio e inteligente? Mostre com um bom proceder as suas obras repassadas de doçura e de sabedoria... A sabedoria, porém, que vem de cima é primeiramente pura, depois pacífica, condescendente, conciliadora, cheia de misericórdia e de bons frutos, sem parcialidade, nem fingimento. O fruto da justiça semeia-se na paz para aqueles que praticam a paz" (Tgo *3,13-18*).

17 DE AGOSTO

A seguir oito normas dadas por Abraham Lincoln, sem dúvida repletas de grande sabedoria:

1. Você não chegará à prosperidade, desprezando a economia.
2. Você não pode fortalecer o fraco, enfraquecendo o forte.
3. Você não pode ajudar o trabalhador, rebaixando o que lhe paga o salário.
4. Você não deve promover a fraternidade dos homens, incitando o ódio de classes.
5. Você não pode ajudar o pobre, destruindo o rico.
6. Você não pode estabelecer uma segurança bem fundamentada com dinheiro emprestado.
7. Você não pode dar ao homem valor e caráter, tirando-lhe a iniciativa e a independência.
8. Você não pode ajudar os homens, fazendo o que eles poderiam fazer.

Conselhos a nível humano; porém, se sobre eles projetarmos a luz do Evangelho, tomarão novo sentido e elevação.

"Entretanto, vós vedes tudo: observais os que penam e sofrem, a fim de tomar a causa deles em vossas mãos. É a vós que se abandona o infortunado, sois vós o amparo do órfão. Esmagai, pois, o braço do pecador perverso; persegui sua malícia, para que não subsista. O Senhor é rei eterno, as nações pagãs desaparecerão de seu domínio. Senhor, ouvistes os desejos dos humildes, confortastes-lhes o coração e os atendestes. Para que justiça seja feita ao órfão e ao oprimido, nem mais incuta terror o homem tirado do pó" (Sl *10,14-18*).

18 DE AGOSTO

Não sei se você conhece o autor Mark Twain, escritor de brilhante talento, o qual escreveu esta sábia observação:

"Esforcemo-nos por viver de maneira tal que, quando chegarmos à morte, até o diretor da funerária o sinta".

Os que mais lamentamos quando morrem são aqueles que trataram sinceramente de melhorar o mundo durante sua estadia nele, ao contrário daqueles que tomaram muito da vida e que pouco deram.

Os que trataram de enriquecer o mundo, a serviço dos demais, e não tanto os que se enriqueceram a si mesmos até em prejuízo da própria comunidade.

Assim, nesta vida os que amam a todos são por todos amados. As pessoas desaparecem, mas sua lembrança, grata ou ingrata, perdura por muito tempo; e, principalmente, perdurará para sempre no Coração de Deus, que aprovará ou reprovará.

"Padecendo por nós, não só nos deu o exemplo para que sigamos os seus passos, mas ainda abriu novo caminho: se nós o seguirmos, a vida e a morte se santificam e adquirem nova significação" (Gaudium et Spes, *22*). *Esse novo sentido que se dá às coisas, quando as olhamos sob o ângulo de Deus.*

19 DE AGOSTO

Pode parecer algo artificial, mas não deixa de ter sua boa razão: as trilogias, que, afinal, podem ser símbolos da Trindade.

Três coisas devemos ser: puros, justos e honrados.

Três coisas devemos ter: valor, afeto e amabilidade.

Três coisas devemos dar: esmola ao necessitado, consolo ao triste e estima a quem a merece.

Três coisas devemos amar: a sabedoria, a virtude e a inocência.

Três coisas devemos prezar: a frugalidade, a laboriosidade e a presteza.

Três coisas devemos desprezar: a crueldade, a arrogância e a ingratidão.

Três coisas devemos conseguir: a bondade de coração, a integridade de nossos propósitos e a alegria.

Se a isto tudo você acrescentar as bem-aventuranças, terá duplicado seu mérito.

"A passagem de uma sombra: eis a nossa vida, e nenhum reinício é possível, uma vez chegado ao fim" (Sl *2,5*). *É prudente aproveitar o tempo que Deus nos concede, para a prática do bem; porque, se tudo passa, o bem que fizermos não passará.*

20 DE AGOSTO

Muito curioso o costume daquele diretor de um colégio que, extremamente ocupado na direção do estabelecimento e na atenção aos alunos e seus familiares, temia esquecer-se de Deus. Então mandou fazer um letreiro com os seguintes dizeres:

"Senhor, no dia de hoje vou estar muito ocupado; talvez eu me esqueça de Ti; mas Tu não te esqueças de mim".

Talvez possa acontecer o mesmo a você: suas ocupações, seus problemas, suas preocupações, seus afazeres, etc... talvez lhe tornem difícil lembrar-se de Deus no decorrer do dia. Pois bem, não será nada mau que ao menos à noite você lhe dedique algum dos seus pensamentos e que lhe peça para o dia seguinte sua constante proteção; porque, se é possível que você se esqueça de Deus, não é possível que ele se esqueça de você. Ele próprio assim se expressa na Bíblia: "A mãe poderá esquecer-se do filho de suas entranhas, mas Eu não me esquecerei de ti".

"Lembra-te de que me formaste como o barro, far-me-ás agora voltar à terra" (Jó *10,9*). *"Lembrai-vos de mim, Senhor, pela benevolência que tendes com o vosso povo; assisti-me com o vosso socorro, para que eu prove a felicidade de vossos eleitos, compartilhe do júbilo de vosso povo e me glorie com os que constituem vossa herança"* (Sl *106,4-5*).

Proponho-lhe esta antiga oração:

"Senhor, que eu não tenha nenhum homem como inimigo, e que eu seja amigo do que é eterno.

Que ame, procure e consiga somente o que é bom.

Que eu deseje a felicidade de todos os homens e não inveje a ninguém.

Que não me regozije com a desgraça de quem me fez mal.

Que, até onde minhas forças puderem, eu preste a ajuda necessária a todos os necessitados.

Que eu possa, com palavras amáveis e consoladoras, aliviar os sofrimentos dos que padecem.

Que, quando eu tiver dito ou feito algo de mal, eu não espere que os outros o digam a mim, mas que eu mesmo me censure até corrigir-me disso.

Que me acostume a mostrar-me amável e nunca irritado com os outros, qualquer que seja a circunstância em que me encontre.

"Todos vós, em vosso mútuo tratamento, revesti-vos de humildade; porque Deus resiste aos soberbos, mas dá a sua graça aos humildes. Humilhai-vos, pois, debaixo da poderosa mão de Deus, para que ele vos exalte no tempo oportuno. Confiai-lhe todas as vossas preocupações, porque ele tem cuidado de vós" (1 Ped *5,5-7*).

22 DE AGOSTO

Não pense que tudo tem o mesmo valor, nem que tudo seja igualmente aceitável.

Causam mais benefícios as pessoas que se esforçam por fazer melhor as coisas do que aquelas que só se interessam em desaprová-las.

É sempre muito melhor acender uma luz do que amaldiçoar as trevas; será mais construtivo apontar o que é correto, ao invés de deter-se em demonstrar o que não está certo.

O mundo precisa mais de pessoas que digam o que "se pode fazer" e menos de pessoas que manifestem sua convicção de que é "impossível fazê-lo".

Mas, não basta isso: é melhor a pessoa que inspira confiança aos demais, e não a que joga um jato de água fria sobre os que deram um passo que seja na direção correta.

·Necessita-se mais de pessoas que se interessem pelas coisas e "façam algo para corrigi-las", e menos das que tiram o corpo fora, ocupando-se apenas em descobrir os defeitos.

"Vós sois minhas testemunhas, diz o Senhor, e meus servos que eu escolhi, a fim de que se reconheça e que me acreditem e que se compreenda que sou Eu" (Is *43,10*). *Sublime a missão que Deus confiou a você: ser sua testemunha e ser seu arauto — ser seu apóstolo.*

Há coisas difíceis que todos os dias se nos deparam.

Não é fácil pedir desculpas, quando a gente se enganou.

Nem recomeçar, quando tudo foi água abaixo.

Nem admitir um erro, quando no-lo fazem ver.

Não ser abnegado, nem ser razoável, nem insistir diante das dificuldades, sobretudo quando são muito persistentes.

Não é fácil suportar o peso do êxito e da prosperidade, sem por isso vangloriar-se ou ufanar-se diante dos demais.

Também não é fácil perdoar e esquecer as faltas de atenção dos outros, principalmente quando se referem a nós mesmos.

Também não é fácil dominar nosso mau caráter, sem despejar nos demais nossa carga de agressividade, quando as coisas não saem conforme nossos desejos.

Nada disto é fácil: não é fácil, mas não é impossível consegui-lo; nem sempre temos que procurar o caminho do mais fácil, porém do que seja melhor.

"Louvai o Senhor, invocai o seu nome, fazei que suas obras sejam conhecidas entre os povos; proclamai que seu nome é sublime" (Is *12,4*). *É admirável o que Deus faz com os seus, como os purifica, os santifica, os eleva. Deixe-se purificar e elevar pelo Senhor; coloque-se em suas mãos com total confiança.*

24 DE AGOSTO

Não busque o êxito, desprezando os demais.

Não profiras jamais palavras que ofendam; elas ferem os demais, porém mais ferem elas a você mesmo; você sai mais prejudicado e se rebaixa.

Não seja orgulhoso; você tem qualidades, mas também os outros as têm; você tem coisas que eles não possuem, mas eles talvez tenham a vantagem sobre você em muitas outras coisas.

Não faça cara de réu, como que pedindo um pouco de compaixão; pelo contrário, seja alegre e mostre-se sorridente; é mais agradável e até mais bonito.

Enterre o machado, embainhe a espada, esconda o martelo, pois ninguém se elevou, desprezando os demais. Eleve-se você, porém sem rebaixar a ninguém; reconheça os méritos dos outros, sem negar os que você tem e sem envaidecer-se pelo que Deus lhe deu. Afinal de contas, todo mérito só vem de Deus, que é a fonte de todo bem.

"E agora, eis o que diz o Senhor: Nada temas, pois eu te resgato, eu te chamo pelo nome, és meu. Se tiveres de atravessar a água, estarei contigo. E os rios não te submergirão; se caminhares pelo fogo, não te queimarás, e a chama não te consumirá. Pois eu sou o Senhor, teu Deus, o Santo de Israel, teu Salvador" (Is *43,1-3*).

Veja quanta prudência existe nestes conselhos de um homem idoso para os que querem que sua vida seja infeliz, desditosa. É só fazerem o que segue, e logo conseguirão o que desejam.

Fale sempre de você mesmo e critique sempre os outros.

Cuide que a palavra "Eu" não saia só dos seus lábios.

Preste bem atenção no que os outros dizem a respeito de você.

Espere ser apreciado e faça o que puder para sê-lo.

Procure sempre divertir-se e levar a vida da melhor maneira possível.

Sempre que puder, fuja dos seus deveres, sempre que para cumpri-los tiver que fazer algum sacrifício; busque sempre o caminho mais fácil.

Faça o menos que puder em favor dos demais.

Ame-se a si mesmo com grande intensidade, esquecendo-se dos outros; seja egoísta e não ligue se os demais têm que sofrer por causa das suas atitudes.

Faça tudo isto e lhe garanto que muito depressa sua vida será profundamente infeliz e desditosa.

Receita infalível e garantida.

"Todos vós, em vosso mútuo tratamento, revesti-vos de humildade; porque Deus resiste aos soberbos, mas dá a sua graça aos humildes. Humilhai-vos, pois, debaixo da poderosa mão de Deus, para que ele vos exalte no tempo oportuno. Confiai-lhe todas as vossas preocupações, porque ele tem cuidado de vós" (1 Ped 5,5-7).

26 DE AGOSTO

Torna-se-nos difícil aceitar os outros como são; sempre tratamos de corrigi-los, de fazer que sejam como nós somos.

Porém, com que direito pretendemos anular a sua personalidade, fazê-los de forma diferente daquela com Deus os fez?

Por outro lado, se pretendemos mudá-los, para que sejam como nós, é porque subconscientemente estamos convencidos de que somos como tem que ser, de que nossa forma de ser é a melhor de todas; por isso quiséramos que os outros fossem como nós.

E nutrir esta convicção é, evidentemente, um orgulho desmedido.

Toda pessoa tem sua personalidade e todos devemos respeitar a personalidade dos outros; reconhecer que eles têm direito a ser diferentes de nós e a pensar que a forma de pensar deles é melhor que a nossa.

Em conclusão: deve-se aceitar os outros como eles são e sem pretender mudá-los a nosso gosto.

"Vós sois minhas testemunhas e meus servos que eu escolhi, a fim de que se reconheça e que me acreditem e que se compreenda que sou eu" (Is *43,10*). *Sublime a missão que Deus confiou a você: ser sua testemunha e ser seu arauto — ser seu apóstolo.*

Testemunha é aquele que testifica, aquele que testemunha, aquele que dá fé de algo ou de alguém. Ser testemunha é afirmar a veracidade e a retidão de algo ou de alguém, é expor e comprometer a própria palavra e a própria vida para defender essa pessoa ou essa posição.

Todos devemos ser testemunhas da verdade e do bem; em todas as partes devemos dar testemunho da verdade e do bem, defendê-los ainda que à custa de nossa personalidade, devemos comprometer nossa retidão e toda nossa vida; isto é ser testemunha.

Se somos testemunhas, estaremos dispostos a empenhar-nos em prol da verdade e do bem. Embora isso represente para nós enfrentar certos incômodos, perder certas posições ou conveniências, de vez que acima de tudo isso, que é nosso, devemos colocar a bondade e a verdade.

Devemos, portanto, ser testemunhas da verdade e do bem; porém, como Cristo disse que Ele é a Verdade e o Bem, devemos ser testemunhas de Cristo; e isso com todas as conseqüências que antes mencionamos.

"Mas descerá sobre vós o Espírito Santo e vos dará força, e sereis minhas testemunhas em Jerusalém, em toda a Judéia e Samaria e até os confins do mundo" (At *1,8*). *Não pode haver nenhum lugar onde o discípulo de Cristo não se sinta "testemunha do Senhor", com sua voz e com sua vida, com sua palavra e com seu testemunho.*

28 DE AGOSTO

Uma testemunha empenha sua palavra, compromete sua palavra e com ela sua honra e sua vida. Porém, nem sempre se liga para a testemunha e a ela se dá crédito.

Por empenhar sua palavra, a testemunha é uma voz; uma voz que afirma a verdade, que defende os direitos da verdade; porém uma voz que em muitas ocasiões ressoa no deserto, isto é, uma voz que ninguém escuta, para a qual ninguém liga.

Mas o importante da testemunha não é tanto que seja uma voz ouvida e aceita, mas que seja uma voz que soe, que sempre persista em soar, que não se canse de gritar. É isto que faz com que seja voz; porquanto, se ela se cala, deixa de ser voz para transformar-se em um silêncio, que poderá ser conformismo e tácita aceitação.

Por conseguinte, minha vida deverá situar-se na categoria de voz que oportuna e inoportunamente soa, fala, chama a atenção, exorta, reprova, orienta; uma palavra, uma voz que, quanto maior é o deserto em que soa, mais intensa é sua decisão de persistir.

"Todos os discípulos de Cristo, perseverando em oração e louvando juntos a Deus, ofereçam-se como hóstia viva, santa, agradável a Deus. Por toda parte dêem testemunho de Cristo. E aos que o pedirem dêem as razões da sua esperança da vida eterna" (Lumen Gentium, *10*).

A angústia e o desespero invadem muitos homens de hoje. Fruto disso é a grande preocupação que muita gente tem em procurar analisar-se pela psiquiatria; assim, o que essa gente necessita é de sua auto-análise, colocar-se diante da consciência e da própria vida.

E a angústia surge porque não se divisa no horizonte uma orientação para a vida. E o desespero se apodera do homem quando este vê que o horizonte se aproxima e, no entanto, não se viu sentido no caminho que se percorreu até ele.

Em compensação, a paz e a tranqüilidade começam a invadir o homem, quando este se sente situado na vida, quando conhece com íntima clareza os três básicos pontos da vida humana: sabe donde vem, para onde vai e por onde deve ir.

Um princípio, uma origem; um fim ou termo e um caminho a percorrer; cada passo dado na vida desse homem é um aproximar-se da luz, do objetivo, que é vitória e felicidade, é uma aproximação da fonte de todo bem, que é Deus.

"As pessoas e os grupos desejam viver plena e livremente de maneira digna do homem, colocando a seu próprio serviço todas as coisas que o mundo moderno pode oferecer tão abundantemente" (Gaudium et Spes, *9*). *Todo cristão deve ser um agente da realização da plenitude dessa vida, sabendo que o homem deve aspirar à Vida da Graça.*

30 DE AGOSTO

Há quatro tipos de homens:

— Aquele que nada sabe, e não sabe que nada sabe: é um ignorante; tenha pena dele.
— Aquele que nada sabe, e sabe que nada sabe: é um simples; ensine-lhe o que você puder e ele necessitar.
— Aquele que sabe, e não sabe que sabe: está dormindo; acorde-o.
— Aquele que sabe, e sabe que sabe: é um sábio; imite-o.

Talvez seja mais difícil situar-se a si mesmo com eqüidade e sem falsidades no plano que nos corresponde. Mas, embora seja difícil, não é impossível e, portanto, é uma obrigação de consciência, de vez que não podemos julgar-nos mais do que somos nem menos do que Deus nos deu.

A pessoa julgar-se mais do que é, não passa de pura soberba e orgulho desprezível; a pessoa não reconhecer o que realmente é, constitui um ato de ingratidão para com Deus, que depositou em nós as qualidades com que nos enriqueceu. Seja simples e agradecido.

"Vivei em boa harmonia uns com os outros. Não vos deixeis levar pelo gosto das grandezas; afeiçoai-vos com as coisas modestas. Não sejais sábios aos vossos próprios olhos" (Rom *12,16*). *Tratar os outros sempre com humildade, com deferência, com bondade e compreensão — isto, que parece tão fácil, de fato não o é, e por isso supõe não pouca santidade.*

31 DE AGOSTO

As palavras de Deus passam muitas vezes sobre nós sem tocar-nos.

As palavras de Deus soam com freqüência ao nosso ouvido, sendo-nos muitas vezes causadoras de aborrecimento.

As palavras de Deus chegam ao coração para que meditemos sobre elas.

As palavras de Deus nos tocam como um raio e nos fazem tremer.

As palavras de Deus se gravam em nossa memória como flechas na carne e ficamos iluminados.

As palavras de deus nos cativam e já não há resistência.

As palavras de Deus apoderam-se de nós e somos transformados.

É por isso que se pôde afirmar que o bem maior da mente é o conhecimento de Deus; e a esse conhecimento só podemos chegar escutando, meditando e vivendo a palavra de Deus.

"No princípio era o Verbo, e o Verbo estava junto de Deus e o Verbo era Deus" (Jo *1,1*). *"O Reino manifesta-se lucidamente aos homens na palavra, nas obras e na presença de Cristo. Pois a palavra do Senhor é comparada à semente semeada no campo: os que a ouvem com fé e são contados no número da pequena grei de Cristo receberam o próprio Reino"* (Lumen Gentium, *5*).

Um Cristo eu sou
para a humanidade.
Piedade, ação
e estudo hei de ter
qual lema fiel,
que a mim me dará
cores alegres da graça
que em minha alma brilharão.

MÊS DE SETEMBRO

Existe um modo de representar as figuras, que se chama "anamorfose". As figuras são muito irregulares, de qualquer lado em que as olhemos, menos quando vistas a partir do ponto ideado pelo autor.

É assim que acontece com tudo o que há neste mundo.

Tudo parece disforme, sem sentido, sem disposição prévia nem medida, sem razão de ser.

Não entendemos por que certas coisas acontecem, nem que proveito se pode sacar delas.

Logo chegaremos a ver e admirar essas coisas e esses acontecimentos, do ponto de vista do Divino Artista, que é Deus; então ficaremos maravilhados com sua infinita sabedoria e com sua não menos infinita bondade.

Muitas pessoas só recorrem a Deus quando dele necessitam. Se recorrem a Deus, é sinal de que têm fé; mas, se só recorrem quando dele precisam, é sinal de que têm pouca fé.

A Providência de Deus costuma transformar os obstáculos em meios, quando o homem confia em Deus; e os meios em obstáculos, quando o homem confia em si mesmo.

Não será esta a explicação por que você fracassa tantas vezes e em tantas coisas?

Deus nos criou cegos; ignoramos as coisas e o porquê das coisas. Sabe por quê? Porque quer ser nosso guia de cegos; deixe-se levar pela mão de Deus, que você vai com segurança.

1º DE SETEMBRO

Na vida de todo homem, existe um momento admirável: é o momento em que se compromete, diante de sua própria consciência, a viver o heroísmo do cumprimento do dever.

A partir deste momento o homem olha todas as coisas sob outro ponto de vista e tudo readquire novos reflexos, nova vida.

Desde esse momento, abre-se na vida do homem uma nova fase, mais linda e sublime; a mais linda e sublime de toda a sua vida; porque nela — em lugar do dinheiro, do prazer, do conforto e do egoísmo — o dever passou a ocupar um lugar não só importante como decisivo.

E, se o dever ocupa o primeiro lugar, também Deus ocupa-o; e, se Deus é o primeiro, tudo está em ordem.

E, quando tudo está em ordem, o homem desfruta de autêntica e verdadeira paz. Não foi com pouca razão que os antigos definiram a paz como "a tranqüilidade na ordem".

Desejo a você a paz de sua consciência.

"O homem leal será cumulado de bênçãos" (Prov *28,20*). *"Porventura não foi na prova que Abraão foi achado fiel?"* (1 Mac *2,52*). *A fidelidade à palavra que empenhamos, quando nos disseram que Cristo contava conosco e que nós contávamos com sua graça, será mantida a qualquer custo. Em última análise, a fidelidade à palavra é fidelidade ao amor.*

2 DE SETEMBRO

A vida é uma mistura contínua de alegrias e de dores, de êxitos e de fracassos, de manhãs cheias de luz e de noites carregadas de escuridão.

Quantos fracassos, quantos esmorecimentos na vida de todo homem, até mesmo na vida dos heróis e na vida dos santos! Portanto, não é de se estranhar que também nós os tenhamos, embora não sejamos nem heróis, nem santos.

Porém, esses heróis e esses santos assim se tornaram, porque souberam conciliar e equilibrar esses momentos, tampouco se deixaram abater pelas trevas, nem se descontrolaram com a luz dos êxitos.

Isso, também você pode fazê-lo; e, se o pode, deve fazê-lo.

Nunca deslize pelo caminho dos pensamentos comuns e das ações desprezíveis.

Você deverá caminhar sempre com os pés no chão; mas que seu coração esteja no céu. Lá, no final de sua caminhada, como estrela orientadora, fixe seu ideal, que consiste em você tornar-se cada vez melhor, assemelhando-se a Deus.

"No dizer do povo, quem é o Filho do homem? Responderam: Uns dizem que é João Batista; outros, Elias; outros, Jeremias ou um dos profetas. Disse-lhes Jesus: E vós, quem dizeis que eu sou? Simão Pedro respondeu: Tu és o Cristo, o Filho de Deus vivo!" (Mt *16,13-16*). *Muitas e muitas vezes perguntarão a você, quem acha que é Cristo — o que você irá lhes responder?*

3 DE SETEMBRO

Tomás de Aquino define a paz como sendo a tranqüilidade na ordem; e Agostinho nos fala da beleza, dizendo que ela está intrinsecamente relacionada com a ordem.

Acontece que a ordem entra nos planos do Criador.

Olhe acima de sua cabeça e verá milhões de estrelas admiravelmente ordenadas; contemple o que há debaixo dos seus pés e admirará o sábio equilíbrio de todos os seres, que servem para seu sustento ou sua recreação.

Sua vida há de ser ordenada em todos os níveis; a desordem e a desorganização não podem ser úteis, não podem entrar nos planos de Deus sobre você.

Que a ordem dirija desde seus cabelos, até seus sentimentos; desde suas roupas, até suas idéias; desde seus atos mais íntimos, até suas relações com os outros.

Em toda a sua vida, seja você um reflexo da ordem que Deus estabeleceu na criação.

"A bondade e a fidelidade outra vez se irão unir, a justiça e a paz de novo se darão as mãos. A verdade brotará da terra, e a justiça olhará do alto do céu. Enfim, o Senhor nos dará seus benefícios, e nossa terra produzirá seu fruto. A justiça caminhará diante dele e a felicidade lhe seguirá os passos" (Sl *85,11-14*). *"A adequada promoção daquela honesta paz púbica que é a convivência ordenada na verdadeira justiça..."* (Dignitatis Humanae, *7*).

4 DE SETEMBRO

Não é raro ouvir dizer, diante de qualquer circunstância: "Fiz isso porque fui arrastado pela corrente, pelo costume..."

Você não deve deixar-se arrastar por nada, nem por ninguém, que não seja sua própria consciência; porque na sua vida você não deve tolerar que nada nem ninguém mande mais que você.

Se você se deixa arrastar, será como folha de árvore caída e seca e, pela mesma razão, já sem fecundidade e estéril.

Se você permanece fiel aos ditames de sua consciência, será como a rocha milenária, que sempre aponta o caminho aos viandantes.

Por conseguinte, não queira inocentar-se de culpa quando age "arrastado pela corrente". Na realidade, a única coisa que o arrastou foi sua falta de vontade, a fraqueza do seu caráter.

Se você se deixa arrastar, é uma coisa; se não deixa que nada nem ninguém o arraste, é simplesmente homem.

Seja pessoa; não seja coisa.

Peça ao Senhor que fortifique os músculos de seu corpo e também as molas de sua vontade.

"Quanto mais prevalecer, pois, a consciência reta, tanto mais as pessoas e os grupos se afastam de um arbítrio cego e se esforçam por se conformar às normas objetivas da moralidade" (Gaudium et Spes, *16*). *Deus fala a você por sua consciência: escute-o.*

5 DE SETEMBRO

Não duvido que, em algumas oportunidades de sua vida, diante de um fracasso, tenha escapado de seus lábios aquela frase:

"Fiz tudo o que pude!"

Todavia, os psicólogos nos afirmam que são muito poucas as pessoas que fazem tudo o que podem fazer. Pode ser um verdadeiro subterfúgio pensar que fizemos quanto podíamos; um subterfúgio para tranqüilizar nossa consciência.

Ao perguntarem a um santo o que faria se viesse a recomeçar sua vida, ele respondeu com toda verdade:

"O mesmo que fiz até agora".

Poderia você afirmar o mesmo com toda honestidade? Vejamos se amanhã você vai fazer algo mais que hoje. Ou pelo menos se o faz melhor que hoje.

"Tudo posso naquele que me conforta" (Filp *4,13*). *Você sabe muito bem que sozinho nada pode fazer: "Porque sem mim nada podeis fazer"* (Jo *15,5*). *Porém, com Cristo você é maioria esmagadora. Cristo está sempre a seu lado, sempre disposto a ajudá-lo, segurando-o sempre pela mão; basta que você aceite essa mão, que a procure quando dela necessita, que a aperte quando sente que vai desfalecer.*

6 DE SETEMBRO

Léon Bloy tem um pensamento profundo, que diz: "A única tristeza é a de não ser santo".

Se tivéssemos que fazer uma lista das possíveis causas de nossas tristezas, talvez não nos lembrássemos de catalogar como causa de nossa falta de alegria o fato de não sermos suficientemente bons.

Ou, pelo menos, a teríamos colocado num lugar muito secundário.

Mas para Léon Bloy era a primeira.

E, se pensarmos nisso detidamente, veremos que ele não estava equivocado, quando escreveu essa afirmação.

Não somos bons, não somos suficientemente bons, não somos tão bons como deveríamos ser, não somos cada vez mais bons — e isto é a causa da maioria (de todas?) de nossas tristezas, de nossos problemas.

"Libertados de mãos inimigas, possamos servi-lo em santidade e justiça, em sua presença, todos os dias da nossa vida" (Lc *1,74-75*). *Santidade e justiça na presença de Deus, que vê no fundo do coração; santidade e justiça, que nos estimula a uma maior perfeição, a ser cada dia melhores.*

Com gravata ou com jaqueta
ou com macacão azul de operário
podemos estar em graça, casado ou solteiro.

7 DE SETEMBRO

Quantas vezes a origem das suas preocupações reside no fato de que você pensa demasiado no que lhe resta por fazer.

Oxalá você viva com maior intensidade o momento presente de sua vida e não se angustie tanto com o momento que há de vir, pois você não sabe nem como virá, nem quando virá, nem simplesmente se virá.

Preocupe-se, isto sim, para que viva o momento presente em todos os seus pormenores, com toda retidão.

Na hora da morte, todos os pormenores não retos de sua vida hão de lhe inspirar morte.

"Por conseguinte, mesmo quando se ocupam com as tarefas temporais, os leigos podem e devem exercer preciosa ação para evangelizar o mundo... Por esta razão os leigos diligentemente procurem um conhecimento mais profundo da verdade revelada e constantemente peçam a Deus o dom da sabedoria" (Lumen Gentium, *35*).

O ânimo é juvenil,
se contraria o respeito humano;
e é fácil chegar ao fim,
agarrados com nosso irmão.

8 DE SETEMBRO

Não se contente em cumprir o seu dever; isso é muito, porém não é tudo; e você não deve ficar satisfeito senão com o todo.

Cumpra seus deveres até os mínimos pormenores; afinal de contas, a perfeição costuma estar nos pormenores.

Quando você cumpre com seu dever, pense que a perfeição do mesmo reside em cada um dos pormenores que o mesmo apresenta.

E, para isso, não se fixe nos outros; não cumpra como os outros; não faça as coisas porque os outros as fazem. Cada um tem sua própria personalidade, sua própria consciência, sua própria responsabilidade.

Ainda que todos à sua volta falhem e caiam, isto nunca poderá justificar uma só queda sua. O que os outros fazem não pode justificar que também você o faça.

Eles poderão ter suas razões; você não as tem.

Tanto a virtude como o pecado são coisas muito pessoais.

Que cada dia você seja mais fiel à sua consciência.

"Já é hora de despertardes do sono. A salvação está mais perto do que quando abraçamos a fé... Ao contrário, revesti-vos do Senhor Jesus Cristo e não façais caso da carne nem lhe satisfaçais os apetites" (Rom *13,11-14*).

9 DE SETEMBRO

Quem mais quem menos, o fato é que todos queremos ser melhores do que somos e até, em certa medida, nos esforçamos por sê-lo.

No entanto, nem sempre conseguimos o que pretendemos. A que se deverá essa falta de eficiência?

Acontece que, para ser bons, queremos fazer mais, e não... fazer melhor.

Contudo, mais que pretender fazer, trabalhar, atuar, etc., deveríamos fixar-nos nos advérbios: plenamente, cuidadosamente, com mais perfeição.

Por conseguinte, não é questão de verbos, mas de advérbios.

Não é questão de mais, porém de melhor.

Santo não é aquele que fez coisas extraordinárias, mas aquele que fez as coisas ordinárias de um modo extraordinário.

Pense que, para você melhorar-se, não precisa mudar de ocupações, mas é só preciso que se esforce por fazer suas ocupações diárias com um novo coração.

"Por conseqüência, meus amados irmãos, sede firmes e inabaláveis, aplicando-vos cada vez mais à obra do Senhor. Sabeis que o vosso trabalho no Senhor não é em vão" (1 Cor *15,58*). *Nada do que se faz pelo Senhor é inútil; embora Ele saiba qual é o momento oportuno, para dar-lhe fecundidade e eficiência.*

10 DE SETEMBRO

Qualquer atuação em sua vida tem uma grande importância, tanto para você como para todos os homens.

Se em tal ou qual ocasião você não procede mal, o mundo se sentirá um pouco menos mau; e isto por causa de você.

Se na outra oportunidade que lhe surge você procede com retidão e honradez, o mundo se sentirá algo melhor; e isto por causa de você.

De você depende se o mal aumenta no mundo ou, pelo contrário, se o bem cresce; se o mundo continua enfermo ou sara dos seus males.

Se o mundo se sente mais infeliz ou mais feliz.

Tudo depende de você.

Não fale tanto, não critique tanto, não se aflija tanto; aja mais e aja melhor, e sua ação será positiva.

Não semeie pessimismos; espalhe sementes de bondade.

"Todos vós que fostes batizados em Cristo, vos revestistes de Cristo... pois todos vós sois um em Cristo Jesus" (Gal *3,27-28*). *Cristo é aquele que unifica, aquele que faz com que nós irmãos sejamos um, que todos tenhamos um único batismo e uma só fé, um só Corpo e um só Amor. Cristo é o princípio da unidade: portanto, quando nos falta unidade, é porque nos está faltando Cristo.*

11 DE SETEMBRO

É bom que de vez em quando você se faça esta pergunta:

Para que estou na vida?

Talvez você não se faça esta pergunta, temendo que ela lhe tire o sono. Posso garantir-lhe que é exatamente o contrário.

Quando alguém não sabe, com toda a certeza, para que está no mundo, certamente não tem a paz suficiente para conciliar o sono; pelo menos um sono reparador.

Ao passo que, quando temos o horizonte resplandecente, quando sabemos com toda a certeza donde vimos e para onde vamos, então a tranqüilidade do espírito passa para o próprio corpo e este pode entregar-se ao descanso e usufruir dele de um modo mais profundo e reparador.

É preciso fixar-se metas, olhar para o futuro e não asfixiar-se com as limitações do presente.

É preciso lembrar que acima da terra se acha o céu; e o azul do firmamento é sempre mais lindo que a cor da terra.

"Resta-me agora receber a coroa da justiça, que o Senhor, justo Juiz, me dará naquele dia, e não somente a mim, mas a todos aqueles que aguardam com amor a sua aparição" (2 Tim *4,8*). Ninguém é tão generoso como o Senhor; em ninguém você deve ter tanta confiança como nEle; nada do que você faz por Ele, cai no vazio.

12 DE SETEMBRO

Acontece que os mais imperfeitos são os que mais perfeição exigem; os menos humildes são os que menos facilidade têm de tolerar as faltas de humildade nos outros.

O mais humilde é o mais compreensivo com as faltas dos outros; o mais perfeito é o mais compreensivo com as imperfeições dos outros, porque a virtude é a compreensão com o que não é virtuoso, e a imperfeição é a intolerância até com a própria virtude.

Se você é intolerante com os outros, com seus familiares, com seus filhos, com seus dependentes, com seus vizinhos... não será porque não é suficientemente perfeito?

Sempre é bom a gente julgar-se a si mesmo, antes de pretender julgar os outros. Porém, isto sim: julgar-se a si mesmo com inteira imparcialidade e não com um certificado de boa conduta, que nos conferimos já antes de iniciar o julgamento.

"Ouvi, Senhor, uma causa justa! Atendei meu clamor! Escutai minha prece, de lábios sem malícia. Venha de vós o meu julgamento, e vossos olhos reconheçam que sou íntegro" (Sl *16,1-2*). *O Senhor tudo conhece, tudo pesa e mede com absoluta imparcialidade e justiça; Ele é santíssimo e exige a santidade de seus filhos.*

13 DE SETEMBRO

Há os que correm o risco de comprometer-se para toda a sua vida; há os que adotam como norma de sua vida o lema "não se meta!" que é egoísta e estéril.

Uma coisa é "meter-se" e outra muito diferente "intrometer-se".

É bom que não se intrometa na vida dos outros; deixe-lhes sua liberdade pessoal e reconheça o direito que eles têm de mandar em sua vida.

Porém, "meta-se" com eles, sempre que isso suponha um bem para eles; meta-se, isto é, preocupe-se pelo bem deles, por seus problemas, por suas necessidades.

Não se isole dentro de você mesmo, não se feche em suas próprias necessidades e problemas; não limite sua preocupação somente a você e aos seus.

Pelo contrário, convença-se de que, de uma ou de outra forma, todos os seres humanos são "os seus, de você".

"O Senhor perguntou a Caim: Onde está teu irmão Abel?. Caim respondeu: Não sei! Sou porventura eu o guarda de meu irmão"? (Gen *4,9*)*. Caim pecou, porque matou seu irmão; acontece, porém, que já o tinha matado ao despreocupar-se dele. Despreocupar-se do irmão é despreocupar-se de Deus, que é Pai de ambos.*

14 DE SETEMBRO

Numa de suas cartas, o apóstolo São Paulo diz o seguinte:

"Quem de vós está triste, que eu não me aflija? Quem está necessitado, que eu não me preocupe? Quem está alegre, sem que eu me regozije com sua alegria?".

Sem dúvida alguma, o apóstolo Paulo sabia muito bem que todos os homens eram seus irmãos e que nada podia acontecer a nenhum deles, sem que tocasse muito diretamente a ele.

Todo homem é meu semelhante; é um primeiro passo, porém não o decisivo. Todo homem é meu companheiro; é um segundo passo, porém não o último. Todo homem é meu irmão; é finalmente o encontro da fraternidade cristã, que une todos os homens no Coração de Deus.

"Os irmãos sejam unidos", diz um poema gaúcho.

"Os irmãos amem-se e ajudem-se uns aos outros", nos manda o Evangelho.

"Oh! Como é bom, como é agradável para irmãos unidos viverem juntos" (Sl *133,1*). *Unir-se com os irmãos é unir-se com o Pai celeste; desunir-se deles é afrouxar os laços que unem com o Pai. Não se esqueça de que não vivemos o batismo, se não o convivemos.*

A perfeição não é inata na pessoa, mas adquire-se.

Ninguém pode afirmar que é perfeito; mas todos somos chamados a conseguir a perfeição.

Não se pode exigir de ninguém que alcance a perfeição em um só dia; mas todos somos obrigados a trabalhar continuamente, a esforçar-nos dia após dia no sentido de alcançar a perfeição.

Ninguém chega a ser eminente matemático em um só dia; precisa de muitos esforços; ninguém se torna músico famoso em uma semana, pois são necessários muitos anos.

Ninguém poderá corrigir seus defeitos com um único esforço; mas, se não fizer esse esforço e não o repetir diariamente, jamais chegará a ser perfeito.

É triste ter defeitos; mas é muito mais triste fazer as pazes com os defeitos, resignar-se a tê-los.

"Não vos conformeis com este mundo, mas transformai-vos pela renovação de vosso espírito, para que possais distinguir qual é a vontade de Deus, o que é bom, o que lhe agrada e o que é perfeito" (Rom *12,2*). *Conhecer a vontade de Deus sobre você e, uma vez conhecida, cumpri-la fielmente, esta deve ser sua norma de vida em tudo e por tudo.*

Não se esqueça de que a única coisa que santifica é a vontade de Deus.

16 DE SETEMBRO

Hoje em dia muito se fala do cumprimento do dever; de que todos devemos ser fiéis ao cumprimento do dever.

E isto é ótimo.

Só que não está tão ótima a interpretação que as pessoas poderiam dar a essa afirmação, como se com ela quiséssemos expressar que não estamos obrigados a nada mais do que ao cumprimento do dever.

Se você faz somente aquilo que "deve", se em seus esforços limita-se àquilo que "pode", será difícil chegar à perfeição.

O amor nunca diz basta, o amor não reconhece limites; se você lhe estabelece limites de "dever", então deixa de ser verdadeiro amor.

Fará o que "deve", por dever; quanto ao mais, por amor.

O que você "pode", por obrigação; o que "não pode", por generosidade. O amor e a generosidade aumentam a potência.

"Não te deixes vencer pelo mal, mas triunfa do mal com o bem" (Rom *12,21*). *Não basta não fazer o mal; é preciso praticar o bem. A virtude não é algo negativo, como o mal; ela é algo muito positivo, como o bem. Aquele que não pratica o mal não sabe quanto bem está fazendo: mas, aquele que não pratica o bem, desconhece quanto mal está fazendo.*

17 DE SETEMBRO

Muita gente ouve falar dos santos, mas não sabe o que é um santo.

Um santo é um olhar aprazível, que pousa em todos com bondade e para distribuir bondade.

É o rosto aberto, para receber a todos que dele se aproximam.

São ouvidos sempre atentos para escutar o sofrimento dos outros, os problemas dos angustiados.

É o coração que se torna lágrimas com aquele que chora e risos com quem experimenta gostosas emoções.

É a mão que se estende suave e acariciadora, para oferecer a ajuda de que o próximo necessita e que não se atreve a pedir.

Um santo é um homem que soube transformar-se em um crucifixo da vontade de Deus.

Você está a caminho da santidade? Como vê, o caminho não é impossível, nem tão difícil, que digamos...

"A exemplo da santidade daquele que vos chamou, sede também vós santos em todas as vossas ações, pois está escrito: Sede santos, porque eu sou santo" (1 Ped *1,15-16*). *Não basta ser bom, com uma bondade intolerante; é preciso chegar a ser santo, isto é, a ser fiel cumpridor da vontade do Pai celeste, e isto, por amor.*

18 DE SETEMBRO

Mais um dia passado na virtude é um passo a mais rumo a Deus.

Quando escutei esta frase, tivera um dia cheio de amarguras, de dificuldades de todo gênero, de provas íntimas e obstáculos exteriores.

Esforçara-me, porém, por permanecer fiel à minha consciência, a minhas convicções, a meu dever.

Por isso, quando ouvi esta frase: "Mais um dia passado na virtude é um passo a mais rumo a Deus", não pude deixar de sentir a sensação suave da carícia de Deus em meu espírito.

E os sofrimentos se dissiparam, a perturbação se acalmou, abrandou-se a amargura e sossegou a intranqüilidade.

Porque aproximar-se de Deus é tudo isto: serenidade, doçura, paz.

"E todo aquele que nele tem esta esperança torna-se puro, como ele é puro. Todo aquele que peca, transgride a lei. Sabeis que Jesus apareceu para tirar os pecados, e que nele não há pecado. Todo aquele que permanece nele, não peca" (1 Jo *3,3-6*).

Aquele que diz é muito inferior àquele que faz.

Melhor é fazer, do que dizer.

Você já disse muitas vezes que ia se corrigir dos seus defeitos. Que não seria tão impetuoso, tão violento, tão irreflexivo, tão... já o disse muitas vezes e o disse a você mesmo.

Será que já não chegou a hora de fazer, mais do que de dizer?

Todas as palavras não pesam tanto quanto uma só obra.

Quando você falou aos outros, disse-lhes como devem ser consigo mesmos, com seus familiares, com todos os demais... Será que já não é tempo de você não falar tanto aos outros e de praticar você mesmo o que diz que os outros devem fazer?

Sem dúvida alguma, a promessa tem seu valor; pelo menos denota uma boa vontade que sempre devemos supor que seja sincera. Mas, se a promessa é boa, muito melhor é a realização.

"Mas aquele que ouve as minhas palavras e não as põe em prática, é semelhante a um homem insensato, que construiu sua casa na areia" (Mt *7,26*). *Não basta escutar a palavra do Senhor: é preciso praticá-la; por isso Maria Santíssima foi proclamada feliz, não tanto por haver escutado, mas por ter praticado a palavra do Senhor* (cf. Lc *11,28*).

20 DE SETEMBRO

Sua vida é muito variada; às vezes até divertida.

Algumas vezes o cercarão de atenções; outras, se esquecerão de você.

Algumas vezes você ouvirá a seu lado elogios até imerecidos, e outras vezes chegarão aos seus ouvidos críticas e murmurações sobre seu modo de proceder.

Um dia apreciarão seus valores, e no dia seguinte não levarão em consideração seus méritos. Um dia você será o preferido, e no dia seguinte cairá em desgraça de todos.

Você não deve deixar-se envaidecer nos primeiros dias, nem deve deixar-se esmagar nos segundos. Não se autovalorize, tampouco se subestime.

Sorria a tudo e a todos; e sorria sempre, todos os dias, tanto nos dias de triunfo, como nos de facasso.

Tudo pode e deve servir-lhe para seu aperfeiçoamento.

"Bendito seja Deus, o Pai de nosso Senhor Jesus Cristo! Na sua grande misericórdia ele nos fez renascer pela ressurreição de Jesus Cristo dentre os mortos, para uma viva esperança" (1 Ped *1,3*). *Nossa esperança está em Cristo; como Ele venceu o mundo, assim também nós o venceremos.*

21 DE SETEMBRO

Há uma pessoa a quem você não deve perdoar coisa alguma; essa pessoa é você, e ninguém mais que você.

Há uma pessoa com a qual você deve ser extremamente exigente; essa pessoa é você, e ninguém mais que você.

Há uma pessoa com a qual você deve mostrar-se rígido e duro; mas não se engane: essa pessoa é você, e ninguém mais que você.

Há uma pessoa com a qual nunca deve mostrar-se indulgente; essa pessoa é você e somente você.

Você não altera com freqüência os termos, sendo indulgente consigo e duro com os outros, suave e complacente consigo e violento e áspero com os outros?

Neste caso a ordem dos fatores altera de verdade o produto, e altera-o profundamente.

"Mas, se não me escutardes e não guardardes os meus mandamentos, se desprezardes os meus preceitos e vossa alma aborrecer as minhas leis, de sorte que não pratiqueis todos os meus mandamentos e violeis minha aliança, eis como vos hei de tratar: enviarei terríveis flagelos sobre vós..." (Lev *26,14-16*). *Existe um compromisso entre você e seu Deus; se você não for fiel, não espere que o Senhor o seja com você; tudo depende de você; Deus nunca falhará com você.*

22 DE SETEMBRO

Dizem que o rosto é o espelho da alma, pois nele se manifestam os diferentes estados de espírito, as diferentes disposições internas.

Se você não quer que seu rosto reflita a cólera ou o mau humor, não anime esses sentimentos no seu interior; não ofereça a seus familiares, a seus dependentes, aos que lidam com você ou se movimentam ao seu redor, a triste cena de um rosto cheio de aflição, acabrunhado, repelente.

Pelo contrário, ofereça um aspecto alegre, otimista, empreendedor; o sorriso é sempre mais cativante do que o semblante austero ou o gesto áspero e grosseiro.

E o sorriso não é só mais cativante, mas também mais construtivo; você será mais gente, conseguirá mais, será mais útil, se em seu interior fomenta a ordem, a tranqüilidade e uma serena paz. Será mais aceito pelos outros, porque em seu exterior e em seu rosto transparecerá o seu interior.

"Quanto a mim, eu o celebro na terra do meu exílio, publico sua força e sua grandeza à nação dos pecadores" (Tob *13,7*). *Você tem motivos de sobra para louvar o Senhor e empenhar-se a fim de que se dediquem também a louvá-lo todos aqueles que se acham à sua volta. Você tudo recebeu dEle; a Ele você deve infinitas ações de graças.*

23 DE SETEMBRO

Os dias vão passando; uma após outra vão se arrancando as folhas do calendário; cada dia faltam menos folhas por arrancar.

Os dias são semelhantes a esse punhado de água que escorre por entre nossas mãos, por mais que a queiramos reter.

A vida vai passando, nós vamos passando, mas há algo que fica; a vida tem uma projeção que permanece: o bem ou o mal que na vida praticarmos, deixa um sulco, tanto em nós como nos demais.

Na realidade, não podemos dizer que o que fizermos na vida seja algo sem importância; nada é pequeno e insignificante se transcende ao tempo e tem repercussão na eternidade.

"Por Ele ofereçamos a Deus sem cessar sacrifícios de louvor, isto é, o fruto dos lábios que celebram o seu nome. Não negligencieis a beneficência e a liberalidade. Estes são sacrifícios que agradam a Deus" (Heb *13,15-16*). *Não ofereçamos a Deus os sacrifícios que agradam a nós; ofereçamos-lhe os que agradam a Ele. "Porque eu quero o amor mais que os sacrifícios, e o conhecimento de Deus mais que os holocaustos"* (Os *6,6*).

Você já pensou alguma vez do que seria capaz, se quisesse?

Se você quisesse, poderia espalhar ao seu redor sementes de alegria e de otimismo.

Se você quisesse, poderia estender sua mão, para que outros a agarrassem e, assim, juntos pudessem seguir adiante, cada um em seu dever.

Se você quisesse, todos veriam em você uma luz, que os guiaria em seu caminho, um caminho que suavizaria a monotonia da viagem, um amigo que propiciaria compreensão e afeto.

Se você quisesse, poderia fazer muitas coisas para seu bem e dos demais.

Se você quisesse, poderia fazer tudo isso e muito mais.

Se você quisesse... se quisesse...

E por que não quer?

"Ensinai-me fazer vossa vontade, pois sois o meu Deus. Que vosso espírito de bondade me conduza pelo caminho reto" (Sl *143,10*). *Você deverá pedir todos os dias que o Senhor lhe dê a força que necessita para ser-lhe fiel no cumprimento de sua vontade; suplique-lhe com atenção e fervor: "Faça-se a vossa vontade; fazei que minha vontade desapareça, para que só apareça a vossa; que eu só queira o que Vós quereis".*

Vivemos no mundo do movimento e do ruído; hoje em dia é impossível a gente parar; e, não obstante, talvez por isso mesmo sejamos obrigados a procurar o silêncio.

Mas um silêncio que não seja tanto externo, porém interno; um silêncio que imponha o ordenamento de todos os nossos afetos e sentimentos, de nossos pensamentos e, inclusive, de nossos problemas e preocupações.

Silêncio diante de atitudes que podem ferir-nos, diante de palavras não totalmente acertadas, diante de esquecimentos que não esperávamos.

Nessas ocasiões, o canto do silêncio, em vez de aumentar a intensidade dos gritos, ou a amargura da discussão, será mais benéfico.

Esse canto do silêncio só o podem entoar os homens que sabem dominar-se a si mesmos e as circunstâncias em que devem atuar.

"A sabedoria vale mais que a força; mas a sabedoria do pobre é desprezada e às suas palavras não se dão ouvidos. As palavras calmas dos sábios são mais bem ouvidas que os gritos de um chefe entre insensatos" (Ecle *9,16-17*). *Por conseguinte, não se trata de falar muito, mas de saber falar o necessário e o conveniente; em não poucas ocasiões o silêncio será o que melhor toca o coração.*

26 DE SETEMBRO

O êxito ou o fracasso de qualquer missão espacial pode depender de pressionar um botãozinho insignificante, ou de pressioná-lo um minuto antes e não no preciso momento.

Você é o botãozinho sumamente pequeno no macrocosmo. Mas, que esse macrocosmo da humanidade se sinta melhor e se aperfeiçoe, pode muito bem depender do microcosmo da vida que você tem.

Se você fracassa, poderá fracassar toda uma legião de homens que pressupunham o êxito pessoal de você; se você fracassa, terá privado toda a comunidade da força e do vigor que o êxito automaticamente comunica.

Porém, se o êxito não depende de você, se você fracassa, não por você ter feito questão do seu empenho, mas por causas alheias à sua vontade, então não desanime, porquanto Deus suprirá o que você não pôde colocar, o que você não conseguiu.

"Quem se compara a vós, Senhor, Deus dos exércitos? Sois forte, Senhor, e cheio de fidelidade... Vossos são os céus e também a terra; vós que criastes o globo e tudo o que ele contém... Tendes o poder em vosso braço, a firmeza na mão, a autoridade em vossa destra" (Sl *89,9-14*). *Quantos motivos para confiar em Deus! O maior pecado que você pode cometer é desconfiar do poder e da bondade de Deus!*

Sempre está em nossos planos fazer algo; nunca desistimos de pretender fazer algo, mas nunca chegamos a fazê-lo.

Você passa a vida fazendo planos; esses planos raras vezes chegam a ser realidades, nem para você, nem para os outros. Não são realizados por você, porque você, pelo contrário, continua fazendo novos planos, em vez de realizar os que já planejou e aprovou; tampouco são realizados pelos outros, porquanto não são planos que eles tenham organizado.

Desta forma, você nunca acaba de organizar as coisas segundo um plano e jamais começa a realizar; e assim você termina um ano e recomeça; e sua vida termina, e sem dúvida você começaria de novo sua vida, se pudesse.

Já não chegou o tempo da realização, que supere o do planejamento?

Para isso, planeje coisas realizáveis por você; entregue-se de uma vez por todas a uma ação de bem; pense menos e realize mais; não deixe para amanhã o que deve realizar hoje.

"Quem de vós, querendo fazer uma construção, antes não se senta para calcular os gastos que são necessários, a fim de ver se tem com que acabá-la? Para que, depois que tiver lançado os alicerces, e não puder acabá-la, todos os que o virem não comecem a zombar dele, dizendo: 'Este homem principiou a edificar, mas não pôde terminar'" (Lc *14,28-30*). *Por conseguinte, os propósitos são muito bons; melhores, porém, as realizações; é mais frutífero prometer pouco e cumpri-lo, do que prometer muito e não cumpri-lo.*

28 DE SETEMBRO

É bom sonhar, mas não é bom sonhar muito, que nunca despertemos do sono; é bom caminhar na vida, olhando para as estrelas; mas não é bom que, ao caminhar, não olhemos para onde pousamos os pés.

É bom fixar uma meta à distância, para onde nos dirigimos; mas não é bom que nos despreocupemos daquilo que acontece ao nosso redor.

É bom querer melhorar a todos; mas é melhor a gente começar melhorando-se a si mesmo. É bom querer fazer obras de destaque; mas talvez seja melhor acariciar a cabecinha dessa criança que todos os dias encontramos à porta de nossa loja.

É bom proferir discursos ou falatórios diante de multidões; mas talvez devamos começar a falar alguns rápidos minutos com o carteiro, com o leiteiro ou com o engraxate que lustra nossos sapatos.

"Aquele que é fiel nas coisas pequenas, será fiel também nas coisas grandes. E quem é injusto nas coisas pequenas, sê-lo-á também nas grandes" (Lc 16,10). É nas coisas menores que se manifesta o amor; as coisas pequenas oferecem-se diariamente e é nelas que você deve viver seu amor a Deus.

Alguém escreveu que no coração de todo homem dorme um santo e, ao mesmo tempo, dorme um pecador; um homem comum, talvez até um criminoso e também um santo.

Cada um de nós se conscientizará disso e cada um de nós deverá despertar em si o herói e o santo, deixando o pecador e o criminoso em sono profundo.

Se é bom que o homem comum fique adormecido e anulado em nosso interior, não será bom que o santo e o herói continuem dormindo e inativos.

Todos nós levamos, dentro de nós mesmos, um bloco de mármore, do qual podemos esculpir ou a imagem do palhaço ou o busto de um poeta. De nossa vida podemos fazer a do homem que tem visões rastejantes, ou a daquele que vive para praticar o bem e para suscitar a inquietude em fazer o bem.

"Sabemos, de fato, que a lei é espiritual, mas eu sou carnal, vendido ao pecado. Não entendo, absolutamente, o que faço: pois não faço o que quero; faço o que não quero" (Rom *7,14-15*). *Não estranhe se experimenta também em você esta lei do pecado: a inclinação pelo mal. Humilhe-se como o apóstolo e, depois de depositar a confiança no Senhor, continue em seu esforço por ser cada dia um pouquinho melhor. E isto, apesar de suas quedas.*

30 DE SETEMBRO

Sem a constância, nenhuma virtude é grande.

Esta é a grande diferença: os heróis e os santos perseveraram em seus propósitos, ao passo que nós fazemos os mesmos propósitos que eles, mas não perseveramos em seu cumprimento como eles perseveraram.

Nós começamos com uma boa vontade extraordinária, às vezes até vencendo não poucas dificuldades; a coisa "surge fantástica". Porém, mal acabamos de começar, vamos cedendo em intensidade, logo perdemos a ilusão e por fim abandonamos definitivamente.

Foi uma lástima! Prometia tanto! Esperávamos tanto!

Por fim, ficamos de mãos vazias, sem nada. E começaremos imediatamente, para logo voltar a desistir outra vez.

Realmente, sem a constância nenhuma virtude é grande.

"Tu, porém, permanece firme naquilo que aprendeste e creste. Sabes de quem aprendeste" (2 Tim *3,14*). *Aquilo que o Senhor lhe deu a conhecer no abençoado dia de seu cursilho, de seu retiro, de seus exercícios, de seu encontro com Ele, tudo isso, não o esqueça; mantenha-o no mais profundo do seu ser, porquanto pode constituir-se para você fermento que dê sentido à sua vida.*

MÊS DE OUTUBRO

Antigamente, o mês de outubro era dedicado ao santo Rosário.

O Rosário é a mola mais poderosa do coração humano, de modo que todos os que se dedicam à reza do Rosário melhoram de costumes.

Não existe mais que um livro: o Evangelho; e o Rosário é justamente o resumo desse livro.

Por isso Pio IX afirmou que "o Rosário é um pequeno Evangelho".

Quem nos recomenda o Rosário?

Deus: *ligando a ele muitas graças e milagres.*

A Santíssima Virgem: *aparecendo em Lourdes e em Fátima não só com o Rosário nas mãos, mas convidando a rezá-lo.*

Trinta e dois papas: *citaremos apenas dois deles: Leão XIII publicou nada menos que sete encíclicas sobre a devoção do Rosário. Pio IX escreveu, a 29 de setembro de 1937, também outra encíclica sobre o Rosário.*

Leia o que São Luís Grignion de Montfort escreveu: "De minha parte, não encontrei nada mais poderoso, para atrair o Reino de Deus, do que rezar o santo Rosário e meditar os quinze mistérios que encerra.

Se quereis chegar a um alto grau de perfeição, rezai todos os dias o santo Rosário: 'Este é um admirável segredo para alcançar a perfeição'".

E São Paulo da Cruz acrescentava: "Enquanto tiver forças, rezarei o Rosário; quando meus lábios não puderem pronunciá-lo, rezá-lo-ei com o coração".

E agora sou eu que o digo a você, com a minha experiência sacerdotal: Quer manter seu lar unido? Reze o Rosário em família. "Família que reza unida, permanece unida".

1º DE OUTUBRO

Com bastante profundidade se tem afirmado que é fácil deixar-se enlevar no ofertório, mas que já não se torna tão fácil deixar-se mastigar na comunhão.

O cacho de uva brilha mais quando no ramo mostra seus grãos cheios e maduros; mas aproveita mais quando os grãos são triturados pelos dentes, ou no lagar que os espreme e arranca-lhes o sumo vital.

Em não poucas ocasiões nossa ação poderá ser visível aos outros; talvez, em compensação, nossa ação seja mais benéfica para nós e para os demais, quando o dever nos obrigue a permanecer no silêncio da obscuridade e desconhecimento, ou na imolação da dor.

Não basta viver para os demais; será preciso imolar-se, morrer para nós para viver para os outros.

"Não me agradam vossos holocaustos, nem me comprazem os sacrifícios" (Jer *6,20*). *Não são os holocaustos ou sacrifícios o que agrada ao Senhor, mas o espírito com que lhe oferecemos esses sacrifícios. Com razão diz São João da Cruz: "Deus não olha o que oferecemos, mas o coração com que o oferecemos". Graças a Deus que é assim, pois nada podemos oferecer ao Senhor, que seja digno dEle; em compensação, podemos oferecer, isto sim, nosso coração: pequeno e pobrezinho, porém todo inteiro.*

2 DE OUTUBRO

No século da produtividade incentivada, nós homens estamos nos fixando mais no fazer, do que no ser. Não obstante, o fazer não tem sentido, se não é uma exigência do ser.

O fazer pode converter-se num ativismo, num dinamismo, numa ação descontrolada, sempre que a esse fazer não responda um ser íntimo e profundo. Porque, neste caso, esse fazer, fazer... converte-se num infrutífero aparecer.

O ser exige uma transformação sincera e profunda, que muda toda a minha vida e, conseqüentemente, também o fazer; e muda o fazer, porque então o fazer é legítimo, autêntico, profundo, apostólico.

E a única coisa que pode julgar-me se "sou" de verdade, é minha própria consciência, sempre que não a tenha feito calar ou não haja sido deformada; e minha consciência, em última análise, não é senão a voz de Deus.

"Mostra-me o teu rosto, faze-me ouvir a tua voz. Tua voz é doce, e delicado teu rosto!" (Cant *2,14*). *É bom falar a Deus; mas não é menos bom, nem menos proveitoso ouvir a voz de Deus. Deus nada ignora do que lhe possamos dizer; em compensação, Ele pode dizer-nos muitas coisas que nós ignoramos ou temos esquecido.*

3 DE OUTUBRO

Não basta refletir nas relações entre fazer e ser; precisamos, também, analisar a interrelação entre "ter" e "ser".

No entanto, o fato de ter mais ou menos não muda fundamentalmente o ser, que continua sendo substancialmente o mesmo ser. Não poderei orgulhar-me de ter, se esse ter não me serve para ser mais e melhor.

Com efeito, o ter tem valor enquanto me serve como meio e instrumento para ser mais, para realizar-me mais, para aperfeiçoar-me mais, é um meio; deve ser um meio e não um fim.

O ter comporta um verdadeiro valor, conquanto não se desloque da linha de servir como instrumento das ações.

"Não confieis na violência, nem espereis vãmente no roubo; crescendo vossas riquezas, não prendais nelas os vossos corações" (Sl *62,11*). *O homem não foi feito para as riquezas, mas estas para o homem; o homem não deve ser escravo, mas as riquezas é que devem ser escravas; elas não são más, nem devem ser tomadas como más, pois também os bens da terra são bens de Deus, colocados nas mãos do homem para seu aperfeiçoamento. Porém, já são algo mau, quando, em vez de servir para o aperfeiçoamento, transformam-se em obstáculo. E você tem o coração apegado?*

4 DE OUTUBRO

Em muitas de nossas cidades existe uma rua principal, uma rua que se denomina mais ou menos como "Rua Branca", porque é bem iluminada.

Existe até uma cidade, conhecida com o epíteto de "A Cidade Luz".

O mundo de hoje e o homem de nossos dias necessitam de luz, muita luz branca, que vare o espesso manto das trevas, que lhe ocultam a verdade e o bem.

A luz vem de Deus, mas vem através dos homens; cada um de nós deve chegar a converter-se em algo parecido com um refletor de Deus.

Refletores que recebam e transmitam e, se for possível, reforcem a luz recebida; refletores que iluminem e orientem; refletores que façam com que se sintam mais seguros aqueles que seu jato luminoso alcança.

Dissipar trevas, transmitir a luz, lindo ideal.

"Minha alma tem sede de Deus, do Deus vivo; quando irei contemplar a face de Deus?" (Sl *42,3*). *É a paz de Deus que fará infinitamente felizes os que gozam dela; tanto mais feliz será nesta vida, quanto mais puder e souber descobrir a face de Deus nas pessoas e nos acontecimentos da vida.*

5 DE OUTUBRO

Um dia começou a doer-lhe o dente molar, o rosto ficou inchado e você sentia uma espécie de vergonha de sair para o trabalho com o rosto desfigurado; como você se envergonharia também de sair à rua com roupa amarrotada ou sapatos rasgados.

No entanto, você deveria sentir muito maior vergonha, não tanto pelo seu aspecto exterior, quanto por seu interior; se seu interior está dessarrumado, desordenado, transtornado, sem dúvida alguma você tem motivos mais que suficientes para sentir-se chateado e envergonhado.

O homem é mais interioridade, que aparências; você deve empenhar-se e interessar-se muito mais no sentido de que seu espírito cultive as virtudes que o farão homem e santo, do que preocupar-se que seu cabelo apareça bem penteado ou que sua gravata sobressaia bem.

É por isso que não desfalecemos. Ainda que exteriormente se desconjunte nosso homem exterior, nosso interior renova-se de dia para dia'' (2 Cor *2,16*). *É normal sentir, de quando em vez, desfalecimentos, cansaços, desânimo e até desejos de largar mão de tudo e entregar-se à boa vida, sem contratempos e complicações. Mas não devemos ceder a essas tentações, que decerto não procedem do Espírito de Deus.*

6 DE OUTUBRO

É possível que hoje você se tenha sentido esmagado e abatido; talvez se tenha arrastado no rés-do-chão, sem ânimo para erguer seu olhar. No entanto, conta a lenda que Deus criou as aves para que o homem levantasse os seus olhos para o céu, quando as ouvisse cantar.

Assim as aves seriam embaixadoras de Deus. E são tantas e tantas as coisas que podem ser verdadeiramente embaixadoras de Deus!

Levante seus olhos, erga seu olhar, fite o céu e siga adiante.

Quando amanhã você iniciar suas atividades, inicie-as com maior otimismo, com redobrado entusiasmo, com alegria comunicativa e, caso você torne a sentir-se abatido, redobre seus esforços, para elevar-se às alturas.

Desta forma, talvez sem falar, sua vida poderá ser uma voz que anuncia a Deus.

"Para os montes levanto os olhos: de onde me virá o socorro? O meu virá do Senhor, Criador do céu e da terra... O Senhor te resguardará de todo o mal, ele velará sobre tua alma. O Senhor guardará os teus passos, agora e para todo o sempre" (Sl *121,1-8*). *Se você confia em Deus, Ele não lhe faltará. O que às vezes acontece não é que falte a ajuda de Deus; o que falta é a confiança que você deve ter nEle.*

7 DE OUTUBRO

Que multidão e que variedade de seres a gente vai descobrindo, dia a dia! Chega-se até a descobrir novos mundos e o homem vai conquistando novos espaços imensos.

Todavia, falando com propriedade, só existem dois seres em todo o universo: Deus e eu. Sim, porque Deus está em tudo o que foi criado: está em todos os homens e eu diante dEle, vendo-o em todos e em tudo.

Não há nada que eu possa dispensar, como também não há nada que não precise de mim. Esta será a única forma de beneficiar-me com tudo e com todos.

Todos formamos uma única unidade e, entre os elementos integrados dessa unidade, existe uma interrelação, que a vincula e faz com que uns dependam dos outros.

"No entanto, no próprio diálogo as Sagradas Letras são excelentes instrumentos na poderosa mão de Deus para conseguir aquela unidade que o Salvador apresenta a todos os homens" (Unitatis Redintegratio, *21*). *Deus é o Deus da unidade e não da divisão. Tudo o que ajuda para que a unidade frutifique, vem de Deus; tudo o que desfaz ou afrouxa a unidade, não pode vir do Espírito de Deus.*

8 DE OUTUBRO

É fácil a gente cair numa angústia: na situação de preocupar-se excessivamente sobre se me vêem ou não me vêem, se me estimam ou não me estimam, se me valorizam ou se me esquecem, se me correspondem ou se deixam de me corresponder.

Não podemos fazer nossa vida depender dos outros, por mais que nossa vida tenha sua projeção nos outros.

Cada um de nós tem sua própria consciência e a essa consciência lhe deve fidelidade; não podemos afastar-nos do caminho do bem e da verdade, para que os que nos rodeiam reconheçam ou deixem de reconhecer nossas aptidões, interpretem bem ou mal nossas intenções, aceitem ou rejeitem nossa colaboração.

Afinal, nós somos obrigados a empenhar nosso esforço, nossa ação; mas não somos obrigados a que os outros aceitem nossa ação.

"Pois, que homem pode conhecer os desígnios de Deus e penetrar nas determinações do Senhor?... E quem conhece vossas intenções, se vós não lhe dais a Sabedoria e se, do mais alto dos céus, vós não lhe enviais vosso Espírito Santo?" (Sab *9,13-17*). *A devoção que você tem ao Espírito Santo, além de movê-lo a invocá-lo no começo de todas as suas obras, deve levar você a recorrer a Ele em todo momento em que necessite de luz ou força. "Se enviais, porém, o vosso sopro, eles revivem e renovais a face da terra"* (Sl *103,30*).

9 DE OUTUBRO

Muitas são as ocupações que temos ao longo do dia. Se não sabemos ordenar nossas obrigações, chegaremos a ver-nos oprimidos e esmagados por elas.

Não pensemos em tudo o que devemos fazer no decurso do dia, porque certamente não faremos tudo em um só momento, mas aos poucos, uma coisa depois da outra.

Em cada momento, a gente deve concentrar-se unicamente naquilo que se deve fazer nesse instante. Logo nos esperarão outras coisas: visitas a fazer, cartas a responder...; porém, tudo pode esperar. Acontece, porém, que não pode ser prorrogado o que você deve fazer nesse preciso instante.

Mais do que nos preocuparmos em fazer muitas coisas, será preciso responsabilizar-nos por melhorar e viver melhor o momento presente.

Não se trata de grande número de coisas, porém melhores.

"Embora vos falemos deste modo, caríssimos, temos a melhor idéia a vosso respeito e de vossa salvação" (Heb *6,9*). *A todo momento o Senhor está a seu lado, para pedir com insistência que aperfeiçoe as suas obras com maior retidão de intenção, com maior pureza de consciência, com maior limpidez de espírito, com maior intensidade de amor. Não deixe passar esse movimento do Espírito.*

10 DE OUTUBRO

A melhor vida não é a mais complicada, mas a mais simples.

Às vezes sonhamos realizar muitas coisas, ou coisas de destaque que nos dêem importância e, no entanto, via de regra não poderemos realizar nem muitas coisas, nem coisas de importância.

Em compensação, dia após dia podemos realizar poucas coisas e simples; e essas poucas e simples coisas são as que mudarão nossa vida e poderão influir na vida dos que nos cercam.

A simplicidade costuma ser uma característica das melhores obras que são; em contrapartida, as grandes obras costumam perder sua grandeza, quando as complicamos. A faísca que cega não se torna tão útil como a simples lâmpada que incessantemente projeta seu débil esplendor.

"A fim de serdes irrepreensíveis e inocentes, filhos de Deus íntegros no meio de uma sociedade depravada e maliciosa, onde brilhais como luzeiros no mundo" (Filip *2,15*). *É isso que você tem que ser, no meio do mundo que o rodeia, que é um mundo de perdição: semente de renovação, força de superação: "Ao vencedor darei a comer do fruto da árvore da vida, que se acha no Paraíso de Deus"* (Apoc *2,7*). *À árvore da Vida, que produz a alegria do espírito.*

11 DE OUTUBRO

Os meios de comunicação social chegaram a penetrar de maneira absorvente nossa maior intimidade.

Todos os dias ouvimos coisas, palavras, músicas, conselhos, discursos, anúncios, etc...

Palavras, palavras e nada mais do que palavras, conforme reza o canto do folclore.

Organizam-se reuniões de todo tipo, conferências, a nível municipal, estadual, nacional, internacional. Fala-se muito, talvez demasiado.

Tudo isto não deixa de ser uma boa. Mas não esqueçamos que as obras não se realizam pelos que falam muito, porém pelos que fazem pelo menos alguma coisa.

E, quando essas obras têm projeção espiritual, recordemos que as obras de Deus não são realizadas pelos que falam, mas pelos que dão tudo por Deus e pelos homens.

"Impõe-se, pois, a todos os cristãos o dever luminoso de colaborar para que a mensagem divina da salvação seja conhecida e acolhida por todos os homens em toda parte" (Apostolicam Actuositatem, *3*). *O apostolado não é algo optativo; é algo exigido pelo próprio batismo e pela confirmação. Por conseguinte, quando você exerce sua ação apostólica, não pense que está fazendo algo mais do que lhe corresponde; pelo contrário, não está fazendo outra coisa senão cumprir com sua estrita obrigação de batizado e de crismado que tem recebido o Espírito Santo.*

12 DE OUTUBRO

A vida de todo homem um dia terá um fim, mas um fim no qual terá que enfrentar-se com o exame dessa sua vida.

Todos desejamos sair aprovados desse exame.

Para garantir-nos a "aprovação", não esqueçamos que no exame de sua vida o homem não será examinado tanto pelos trabalhos que tenha realizado, quanto pelos motivos que tenha tido nas coisas que tiver executado.

Ser-lhe-ão creditados mais os esforços que os resultados, pois estes nem sempre respondem à generosidade daqueles.

Olhar-se-á mais o coração dele do que as suas mãos.

No final, se o coração está limpo, será impossível que as mãos não atuem limpamente.

"Que Cristo habite pela fé em vossos corações, arraigados e consolidados na caridade..." (Ef *3,17*). *"Recitai entre vós salmos, hinos e cânticos espirituais. Cantai e celebrai de todo o coração os louvores do Senhor. Rendei graças, sem cessar e por todas as coisas, a Deus Pai, em nome de nosso Senhor Jesus Cristo!"* (Ef *5,19-20*). Cada uma das obras que você tiver praticado se converterá em um hino de louvor e de ação de graças ao Senhor.

13 DE OUTUBRO

Todos pedimos e todos esperamos conseguir o que pedimos: melhorias, conforto, comodidades, exceções...

Todos pedimos e são poucos os que dão.

São poucos os que imitam a Cristo, cujas mãos nunca pediram e sempre deram; e, porque sempre deram, foram se desgastando de tal forma que até chegaram a perfurá-las.

À semelhança daquelas dele, também nossas mãos podem desgastar-se e quebrar-se de tanto dar: dar conselho, dar ajuda, dar compreensão, dar força; dar, dar e sempre dar.

É a melhor forma de a própria pessoa se realizar, embora isto tenha como conseqüência que lhe perfurem as mãos, como as de Cristo.

Não devemos contentar-nos com dar, tampouco com dar-nos esporadicamente. Devemos estar em constante disposição e atitude de dar-nos; devemos fazer do "dar-nos" algo como uma espécie de estado de vida.

"Maldito o homem que confia em outro homem e cujo coração vive distante do Senhor!... Bendito o homem que deposita a confiança no Senhor e cuja esperança é o Senhor. Assemelha-se à árvore plantada perto da água, que estende as raízes para o riacho. Venha o calor, ela não temerá" (Jer *17,5-8*). *O verdadeiro filho de Deus não teme, sequer quando ouvir a tormenta roncar. Sabe que está em Deus e que nEle encontra segurança.*

14 DE OUTUBRO

Um sol radiante e um céu limpo e acariciador. Porém, em lugar de desfrutar esta situação, corremos o risco de desperdiçá-la se em nosso coração não houver paz.

Quando não há paz, até o sol parece desagradável; até a tranqüilidade da atmosfera incomoda e desagrada.

Um dia de vento e de chuva; carregado, molesto.

Mas, se temos paz no coração, podemos fazer com que a chuva deixe de ser aborrecedora e se converta em canto e música; com o nariz colado ao vidro molhado e ouvindo a chuva cair, podemos fazer que suas gotas batam em nosso coração.

Isto significa que não são as coisas, mas o coração que coloca em nós alegria ou tristeza, otimismo ou derrotismo, amargura ou paz.

"Exorto-vos, pois, — prisioneiro que sou pela causa do Senhor — que leveis uma vida digna da vocação à qual fostes chamados" (Ef *4,1*). *Sem dúvida alguma, o Senhor deu a cada um sua vocação pessoal, que deve cumprir; cada um será fiel a essa vocação. Se chamou você ao apostolado, é inútil que vá procurar outras formas de vida cristã, pois não as encontrará.*

15 DE OUTUBRO

Hoje em dia se fala muito do amor; nem sempre do verdadeiro amor. Acontece que o mundo só se salvará com amor e não com ódio.

É preciso, pois, amar a todos sem exceção; até mesmo os próprios inimigos, conforme no-lo ordena Cristo no Evangelho.

É preciso amar sem desfalecimentos nem tréguas. Tanto nas horas boas como nas más; tanto na primavera como no verão; a pessoa que nos é simpática e aquela que nos é antipática; a que nos faz o bem, como a que nos persegue.

É preciso amar a todos, sem exceção.

Foram ensaiados muitos métodos para pôr ordem no mundo, e o mundo continua desordenado. Não será porque não se experimentou o método do amor? As famílias e as pessoas não seriam mais felizes se nelas reinasse o amor, em lugar da incompreensão?

Só existe uma bomba que ao explodir não destrói, mas constrói: é a bomba do amor.

"Conhecer a caridade de Cristo, que desafia todo o conhecimento e ser cheios de toda a plenitude de Deus" (Ef *3,19*). *Cristo é o verdadeiro pleroma do Pai, e o cristão deverá constituir-se em um Pleroma, ou seja, Plenitude e Cristo; desta maneira o mundo irá a Cristo mediante o cristão, e ao Pai por intermédio de Cristo.*

16 DE OUTUBRO

Hoje em dia, nada se busca tanto, nada se deseja ardentemente como a paz.

A paz para o mundo, a paz para nossas famílias, a paz para cada um de nós.

Existem, porém, vários tipos de paz: a paz dos ciprestes dos cemitérios; a paz dos silêncios; a paz envolta no canto dos pássaros.

Nenhuma se pode comparar com a paz que se produz no interior de todo homem, ao saber que em sua vida está se cumprindo a vontade de Deus.

Porque então a vida toma sentido, a vida está fundamentada, garantida, é pacífica.

Quando tudo está em seu lugar, cumprindo com sua função, é quando se goza de paz. Se em mim tudo está ordenado segundo a vontade do Criador, poderei desfrutar uma profunda e autêntica paz interior.

"A Igreja é fortalecida pela força do Senhor ressuscitado, a fim de vencer pela paciência e pela caridade suas aflições e dificuldades tanto internas quanto externas, para poder revelar ao mundo o mistério dEle, embora entre sombras, porém com fidelidade, até que no fim seja manifestado em plena luz" (Lumen Gentium, *8*).

17 DE OUTUBRO

A vida se desenrola numa contínua tensão entre o "agora" e o "depois".

Entre ambos existe uma relação de dependência muito íntima; o depois depende do agora. A um agora lento, inativo, fechado, sem luz, terá que corresponder necessariamente um depois de trevas, de desilusão, de fracasso, de desterro.

Em compensação, o agora entregue, o agora sacrificado em prol dos demais e da própria perfeição, será seguido infalivelmente do depois gozoso, satisfeito, feliz e pleno.

Em resumo: o depois só se constrói com os agoras de cada momento e será impossível pretender um futuro depois feliz e satisfeito, se os agoras de cada momento não se realizam com toda a plenitude de vida, com todo entusiasmo de ação, com toda a entrega de um amor verdadeiro e pleno.

Amanhã será o projeto da manhã que passou, e assim sucessivamente.

"Tem piedade de nós, Mestre, Deus do universo, e olha, derrama o teu temor sobre todas as nações... Reúne todas as tribos de Jacó... Dá a recompensa aos que esperam em ti. Ouve, Senhor, a oração dos teus servos... e que todos, sobre a terra, conheçam que tu és o Senhor, o Deus eterno" (Eclo *36, 1-17*). *Mas já está nos planos de Deus fazer tudo isso por você; você será seu instrumento consciente e livre e, por isso, meritório.*

18 DE OUTUBRO

Às vezes nos queixamos de que nossa vida está ficando monótona e sem projeção; e talvez sejamos nós mesmos os culpados disso.

Com efeito, deixamos de agir, quando pensamos que não está ao nosso alcance fazer de nossa vida algo de maravilhoso.

Pense que nunca é pouco, quando o que se dá é tudo o que se tem. Não olhe para o que você dá, mas para o coração com que o dá. Se o que pode dar é pouco, certamente nunca é pouco com que o pode dar.

O amor é o detalhe da fidelidade: a fidelidade é o amor em detalhes; e os detalhes costumam ser pequenos e talvez passem despercebidos; no entanto, neles consiste a perfeição e é neles que se deve colocar o amor, é neles que o amor deve viver, tanto o amor a Deus como o amor aos irmãos.

"Porque o Filho do homem não veio para ser servido, mas para servir e dar a sua vida em redenção por muitos" (Mc *10,45*). *E você, como dirigente cristão, deverá conscientizar-se de que existe para isso: para servir e não para servir-se dos outros; para servir-lhes e não para que eles sirvam a você. Se tiver isto bem presente, muitas de suas atitudes mudarão.*

Alguma vez já pensou na maravilha que são seus olhos? Neles cabe o universo inteiro, com eles você abrange a imensidão, pois você pode pousá-los na florzinha que cresce à sua passagem e nas estrelas que volteiam por sobre sua cabeça.

Nessa florzinha, da mesma forma que nessas estrelas... nas nuvens da cor do arrebol e nas montanhas cobertas com o turbante da neve brilhante, você deve contemplar a grandeza de Deus, que pôde fazer a violeta humilde e insignificante e a montanha majestosa.

Cada luzeiro na noite é como uma balada de amor, que assoma à grande janela da criação. Cada estrela é uma assinatura divina, sobre o pergaminho do céu.

É bom que nos acostumemos a saber ler as assinaturas de Deus em tudo o que nos rodeia; afinal de contas, Deus o escreveu para nós.

"Exaltado pela direita de Deus, havendo recebido do Pai o Espírito Santo prometido, derramou-o como vós vedes e ouvis" (At *2,33*). *Também em você Deus derramará seu Espírito, se você souber dispor-se com verdadeira humildade; e com o Espírito de Deus poderá fazer e dizer coisas com que nunca sonhou.*

20 DE OUTUBRO

Sem dúvida alguma, a prova convincente de que alguém ama de verdade, é quando sofre pela pessoa ou pelo ideal que ama.

O sofrimento purifica o amor e o torna mais puro e generoso. Nunca devemos queixar-nos de que devemos sacrificar-nos por aquelas coisas ou pessoas que amamos.

Se não quer sofrer, desista de amar.

Mas, se não ama, pode você me dizer para que quer viver?

Você tem, pois, três realidades que em última instância não são mais que uma só: sofrer, amar, viver.

Se deseja, pode mudar-lhes a ordem: viver, amar, sofrer... ou então a seu bel-prazer; porém, entre elas sempre haverá uma conexão que as torna inseparáveis.

Não se fixe tanto no que está sofrendo: pelo contrário, fixe-se no que está amando, ou no que está vivendo; então o sofrimento terá outro sentido e você recobrará maiores forças.

"A Mãe Igreja não deixa de rezar, esperar e agir. E exorta seus filhos à purificação e à renovação, a fim de que brilhe mais claro o sinal de Cristo sobre a face da terra" (Lumen Gentium, *15*). *A purificação nunca se realiza sem dor; aceite sua dor, como ato de purificação.*

Em seu sono ferrado, mais de uma vez você deve ter tido um pesadelo. Você se sentia angustiado... Porém, de repente acordou e a angústia se dissipou e o pesadelo desapareceu e seu espírito se sentiu aliviado.

Isto é o que pode acontecer com você com relativa freqüência em sua vida; a dor pode ser-lhe de não pouca utilidade, embora resulte amarga, como amargo é o remédio, sem deixar de ser extremamente benéfico.

A dor pode ser-lhe um despertador excelente, com o qual Deus faz você despertar de seus sonhos irreais ou de seus sonos profundos sem nenhum resultado.

A dor pode aproximá-lo de Deus, se é que você sabe sofrer a dor, pois do contrário talvez lhe sirva para afastá-lo mais de Deus.

Tudo depende da maneira como você se decidir a suportar a sua dor.

Tudo depende de que você transforme a sua dor em despertador, ou que a converta, pelo contrário, em niveladora que o possa esmagar e destruir.

"Tal e tamanho é o mistério do homem que pela Revelação cristã brilha para os fiéis. Por Cristo e em Cristo, portanto, ilumina-se o enigma da dor e da morte, que fora do seu Evangelho nos esmaga" (Gaudium et Spes, *22*). *Um missionário claretiano exclamou: "Nunca me senti tão apóstolo como agora que sofro".*

22 DE OUTUBRO

Você se queixa de que se sente sozinho e de que ainda não chegou a descobrir os segredos da solidão.

Não é aquela solidão dos picos nevados de nossos Andes; nem a dos pampas extensos sem fim; nem a do areal do deserto; nem a das cascatas de águas, que rompem o silêncio com o estrondo sempre tenso do arrebentar de suas águas.

Pelo contrário, a solidão é o silêncio pacífico, o entardecer sereno, o retraimento do barulho que nos cerca. E tudo isso pode servir de ocasião para que você se aproxime mais de Deus.

Porque onde há muito ruído, não é fácil reconhecer a voz de Deus, porquanto a voz de Deus é muito suave. Para poder ouvi-la, é preciso fazer silêncio ao nosso redor.

A solidão pode fazer com que você se conheça a si mesmo, a partir do momento em que você entrar em seu eu, em seu interior, em sua própria consciência e assim verá sua própria vida.

Solidão não é peso; é alívio. Não é tortura; é paz.

"Uma voz exclama: abri no deserto um caminho para o Senhor, traçai uma pista reta na estepe, para nosso Deus" (Is *40,3*). *"Por isso a atrairei, conduzi-la-ei ao deserto e falar-lhe-ei ao coração"* (Os *2,16*). *Muitas vezes só se pode escutar a voz de Deus no silêncio e na oração.*

23 DE OUTUBRO

Nunca diga: "Já não posso mais".

Você não sabe quanta força descobre em si aquele que se olha por dentro, aquele que se decide a continuar fazendo esforços cada vez mais redobrados.

Não diga que não pode mais, quando se trata de corrigir seus defeitos; você sempre pode realizar mais um esforço.

Não diga que não pode mais, quando se trata de sofrer. O que você sofreu certamente não chegou ao que outros estão sofrendo a seu lado; se eles podem mais, por que você não poderá?

Não diga que não pode mais, quando se trata de ajudar os outros; é tanto o que você tem, para dar-lhes, que nunca dará o suficiente e você nunca se dará completamente.

Seja mais otimista consigo mesmo, procure ter mais confiança, recobre mais valor, dilate seus horizontes, descubra novos campos de ação. Que seja este seu lema: "Sempre mais e sempre melhor!"

"Trabalhai na vossa salvação com temor e tremor... Porque é Deus quem, segundo o seu beneplácito, realiza em vós o querer e o executar" (Filip *2,12-13*). *Se Deus põe em funcionamento nosso querer e nosso agir, a Deus devemos recorrer, sempre que sintamos que nossas forças e nosso entusiasmo vão diminuindo ou se apagando.*

24 DE OUTUBRO

Já reparou como a vela se consome? Dá luz, dissipa trevas, porém à custa de sua própria existência; vai se consumindo, desfazendo-se, desaparecendo... Quanto mais luz dá, menos fica para ela.

E quando já não pode ser útil, deixa de existir.

Assim temos que ser também nós: devemos dar luz à custa de nossa morte total.

Este será nosso programa de vida: proporcionar a felicidade aos outros, mesmo que isto implique que nos desfaçamos e desapareçamos.

Quando a mãe dá a vida a seu filho, perde algo de si; mas ela não desaparece completamente; permanece em seu próprio filho; em seu filho recobra nova vida, mais jovem, mais repleta de possibilidades.

É lindo chegar ao fim da vida com a consciência de que nos temos consumido em prol do bem dos demais.

"Por uma só oblação ele realizou a perfeição definitiva daqueles que recebem a santificação" (Heb *10,14*). *Chegaremos à perfeição se nos entregarmos aos demais; porém, é também certo que a melhor forma de dispor-nos para entregar-nos aos outros é trabalhar pela nossa perfeição.*

25 DE OUTUBRO

Não é difícil ser valente, sentir-se valente, quando tudo está saindo às mil maravilhas; e mesmo não chega a ser difícil sentir-se valente quando se está na luta.

É porque a luta tempera o vigor do espírito.

Mas, sentir-se valente na derrota, isto já não é tão fácil.

Sentir-se com coragem e disposição para prosseguir, quando tudo desmoronou, quando tudo gorou, isto só é próprio dos verdadeiros valentes.

Sentir-se com forças e ânimo até na própria derrota, está reservado aos homens autênticos, que depositaram sua confiança em Deus, os quais da derrota mais humilhante são capazes de fazer surgir a mais esplêndida vitória.

"Não percais esta convicção a que está vinculada uma grande recompensa, pois vos é necessária a perseverança para fazerdes a vontade de Deus e alcançardes os bens prometidos" (Heb *10,35-36*). *Precisamos ter paciência também em nossos próprios fracassos, nas próprias derrotas e quedas; Deus permite tudo isso em nossa vida porque quer que nos mantenhamos na humildade.*

26 DE OUTUBRO

Quando o grão de uva se desfaz no lagar onde é triturado, converte-se em sumo doce e vitalizante.

Quando a azeitona passa pelo moinho, transforma-se em azeite suave e gostoso.

Só a dor nos fará compreender os outros e ser bálsamo para as dilacerações e feridas de todos.

É bonito viver uma vida difícil, mas com a simplicidade do ambiente diário; deposite o beijo da simplicidade em cada ato difícil, em cada momento árduo.

As horas mais difíceis de nossa vida são as que melhor nos moldam; as dificuldades talham a verdadeira personalidade de cada um de nós.

Assim sendo, não se acostume a queixar-se das coisas que diariamente lhe acontecem; pelo contrário, acostume-se a ir subindo a encosta do cumprimento de seu dever, escalando suas empinadas ladeiras e entoando ao mesmo tempo um canto à cruz que você carrega.

"Eis a aliança que, depois daqueles dias, farei com eles — oráculo do Senhor: imprimirei as minhas leis nos seus corações e as escreverei no seu espírito e não mais me lembrarei dos seus pecados e das suas iniqüidades" (Heb *10,16-17*).

27 DE OUTUBRO

O trigo vai formando o grão na espiga. Mas só chegará a converter-se em hóstia de elevação quando for posto na patena, para tornar-se Eucaristia.

Cada um dos atos de seu dia poderá vir a transformar-se em vida, ação, em fecundidade, em Deus.

Porém, antes você deverá colocá-lo na patena de sua oferenda, a fim de que se eleve acima da materialidade da vida e chegue a converter-se em espírito.

E assim toda a sua vida será uma verdadeira missa que transforma e muda seu existir em uma missa, que o aproxima de Deus e o faz comunhão e sacrifício.

Um sacrifício redentor e transformador; você desaparecerá e, em troca, em seu lugar aparecerá Deus.

E, quando Deus aparece, tudo é visto de outra forma e sob outra cor, tudo recebe novo significado e outra dimensão; em tudo se descobre uma projeção mais dilatada e promissora.

"A nossa presente tribulação, momentânea e ligeira, nos proporciona um peso eterno de glória que não se pode medir. Porque não olhamos as coisas que se vêem, mas sim as que não se vêem. Pois as coisas que se vêem são temporais e as que não se vêem são eternas" (2 Cor *4,17-18*). *Tudo passa e nós passamos com tudo; somente Deus e o que é de Deus permanecem.*

28 DE OUTUBRO

Compadecer é padecer com outro. Mas não se pode padecer com outro, se antes não se padeceu sozinho.

Compreender é aprender com outro. Mas isso exige que antes tenhamos aprendido sozinhos.

Por isso, você não deve julgar que está perdendo o tempo nem desperdiçando os esforços, quando está sofrendo sozinho; você está se capacitando para sofrer com os demais.

Quem sabe sofrer, sabe fazer sofrer menos; quem sabe chorar, sabe compreender melhor os que choram.

Às vezes, a gente sofre mais do que Deus quer, ou porque se sofre como Deus não quer, ou porque não se sofre com os demais.

Não se pode chegar a compreender o que significa uma lágrima, se antes não se experimentou o seu sabor salgado rolando pelas próprias faces e chegando aos próprios lábios.

Que coisa atraente! As lágrimas próprias têm o gosto de salgado; as lágrimas dos outros têm sabor doce quando se misturam com as próprias.

"Ouvi, Senhor, a minha oração, escutai os meus clamores; não fiqueis insensível às minhas lágrimas. Diante de vós não sou mais que um caminhante, um peregrino, como foram os meus pais" (Sl *39,13*). *O Senhor sempre ouve nossas súplicas, se estas são apresentadas com a devida humildade e confiança em sua bondade infinita.*

29 DE OUTUBRO

Ultimamente se está falando muito de complexos que alteram a vida do homem.

Uns têm complexos de inferioridade, que os anulam.

Outros, complexos de timidez, que os inibem.

Não faltam aqueles que experimentam o complexo de superioridade ou do domínio, que os lança a empreendimentos descontrolados que certamente resultam em fracassos desalentadores.

Dizem os psicólogos que, quem mais quem menos, todos estamos sujeitos a algum complexo.

Por que então estranhar de se ter o complexo de Deus?

Afinal de contas, é o único complexo verdadeiramente libertador, o único que não esmaga, mas que anima, o único que não corta as asas, porém as alonga e aumenta sua potencialidade.

Ver em tudo a Deus não destrói a própria personalidade, mas a reafirma, a orienta, a fundamenta e robustece.

"O homem emitiu e ainda emite muitas opiniões a respeito de si mesmo, variadas e contrárias entre si. Numas, muitas vezes se exalta como norma absoluta. Noutras, deprime-se até o desespero. Donde sua hesitação e angústia... As Sagradas Escrituras ensinam que o homem foi criado à imagem de Deus, capaz de conhecer e amar seu Criador, que o constituiu senhor de todas as coisas terrenas, para que as dominasse e usasse, glorificando a Deus" (Gaudium et Spes, *12*).

30 DE OUTUBRO

São desesperados os esforços que o homem realiza para conseguir a felicidade. Por que nunca chega a alcançá-la de um modo pleno?

É porque o ser não será feliz enquanto não possuir aquilo para que sua natureza foi criada.

O coração humano foi criado somente para Deus e, conseqüentemente, será feliz na medida em que se aproximar de Deus, enquanto se deixar possuir por Deus, enquanto viver para Deus.

Os pulmões não vivem sem oxigênio, os olhos sem luz, a flor sem a carícia do sol, o pássaro sem os amplos espaços... e o homem não pode viver sem Deus.

Para ele, Deus é o oxigênio, a luz, o sol, o espaço, a vida; Deus é aquele que todo ser deseja com mais ardor.

"Vós sois justo em todo o vosso proceder; vossas obras são justas, vossos caminhos são retos, vossos julgamentos são justos e certos" (Dan *3,27*). *Sempre é bom o que Deus faz; Ele sempre procura nosso bem pessoal, por mais que em determinadas ocasiões não consigamos compreender como tudo isso contribui para a glória do Senhor ou para nosso bem pessoal. Impõe-se um ato de fé, impulsionado pelo amor.*

31 DE OUTUBRO

A Bíblia diz que Deus fez o homem à sua imagem e semelhança; esta afirmação está repleta de significado.

Essa imagem e semelhança de Deus deverão existir em todas e em cada uma de nossas ações exteriores e interiores.

De tal forma que o próprio Deus possa refletir-se e contemplar-se a Si mesmo, quando surge na janela de nosso espírito.

Cada ação do dia de amanhã deverá ser, portanto, uma semelhança de Deus.

Em cada uma delas deveremos poder encontrar um parecido de Deus para que todos os que nos rodeiam possam chegar a descobrir a Deus em nós.

Cada um de nossos atos deverá conter um pouco da beleza de Deus, da bondade de Deus, do amor de Deus.

Assim sendo, por mais que nós vivamos no dia de amanhã, será Deus que viverá em nós.

"É de todo nosso coração que nós vos seguimos agora, que nós vos reverenciamos, que buscamos vossa face. Não nos confundais; tratai-nos com vossa habitual doçura e com todas as riquezas de vossa misericórdia" (Dan *3,41-42*). *É mais conveniente confiar na bondade de Deus, do que na das criaturas.*

MÊS DE NOVEMBRO

Novembro é o mês de Maria, em nosso hemisfério latino-americano.

Permita-me que lhe diga duas palavras sobre Maria Santíssima.

Maria, Virgem e Mãe. E nasceu o poema.

O magnífico poema do dueto celeste virginal e materno.

E vibrou o acorde. O acorde mais terno que poderia vibrar nas fibras de carne e nas notas da alma:

A carne puríssima da Mãe,
A alma integral da Virgem.
E Maria foi Mãe.
E Maria foi Virgem.

E as fibras maternais e virginais de Maria ressoaram no relicário precioso de seu Coração Imaculado e terno, que desde então reuniu em si, pela divina bondade,

quanto de terno as mães possuem
quanto de formoso as virgens possuem.

•••

E afinal, ao ser criado por Deus, o Coração de Maria foi formado para ser

Coração de Mãe e
Coração de Virgem.

Dois raios de luz que conjugam seus cambiantes.
Duas pétalas de rosa que misturam seus aromas:

a maternidade virginal;
a virgindade maternal.

Duas coroas que cingem o Coração de Maria.
Um lírio que brota do caule duma rosa.

•••

Porta-vozes do amor de Maria aos homens:

livros, folhetos e revistas,

e toda a gama de palavra escrita
formaram a consciência da cristandade,
de que não existe amor mais lindo nem sublime

que o amor do Coração de Maria.

E a cristandade inteira caiu prostrada de joelhos,
venerando
o amor do Coração de Maria.

1º DE NOVEMBRO

Josué Carducci foi um grande homem, de fortes paixões e de indomável caráter. Espírito ardoroso, não conheceu meias-tintas.

Não teve formação religiosa; por isso foi ateu e dedicou não poucos esforços no combate à idéia de Deus. Para ele, Deus era um mito; porém, um mito pernicioso, que por isso era preciso combater, a fim de desterrá-lo do coração do homem.

Mas um dia Carducci foi fazer um passeio na praia do mar e, num arroubo de muda contemplação diante da vastidão do mar, quebrou seu profundo silêncio com este grito: "Creio em Deus!"

A tranqüila majestade daquela imensidão de água arrancou de Carducci o que mantinha oculto e represado em sua consciência.

Acontece que, nos grandes silêncios do homem, Deus sempre aparece.

"Alguns não abordam sequer o problema de Deus: parece não sentirem nenhuma inquietação religiosa e nem atinarem por que deveriam preocupar-se com religião" (Gaudium et Spes, *19*). *A inquietude por Deus, a fome de Deus, tudo isto é algo que, apesar do ateísmo moderno, o homem sente em todos os seus níveis. É porque Deus é o oxigênio para os pulmões da vida.*

2 DE NOVEMBRO

Saber calar, quando é preciso calar, constitui toda uma sabedoria; mas saber falar, quando é preciso falar, não é menor sabedoria.

Falar, quando é conveniente calar, é condenar-se ao fracasso; é pôr a perder as coisas ou talvez piorá-las.

Calar, quando é prudente falar, é sinal evidente de covardia; é não cumprir com o dever.

O silêncio será benéfico, quando for mais prudente calar; será pernicioso, quando surgir a obrigação de falar.

A palavra será útil e frutífera, quando sair de um generoso desejo de ajudar o irmão; será contraproducente, quando é envolta em sentimentos egoístas ou em desejos de humilhação para os demais.

Silêncio e palavra, calar e falar... terá que ir moderando-os e aplicando-os com prudência; com essa prudência que os converterá de vícios em virtudes.

"Guarda tua língua do mal e teus lábios das palavras enganosas" (Sl *34,14*). *"A língua é um pequeno membro, mas pode gloriar-se de grandes coisas... A língua, porém, nenhum homem a pode domar. É um mal irrequieto, cheia de veneno mortífero"* (Tgo *3,5-8*).

3 DE NOVEMBRO

A vida fica diferente, se sobre ela projetamos um raio de alegria.

Você deve ser alegre e otimista, sem deixar-se desorientar ou amargurar por tantas injustiças que vê na vida.

Será que Deus tem sobre você o projeto de que o mundo se sinta um pouco melhor, para que você contribua no sentido de elevá-lo?

Você não deve ser como aqueles que sempre estão criticando e lamentando que o mundo de hoje vai mal, que a sociedade não é uma sociedade autêntica; mas eles nunca fazem coisa alguma para que isso não aconteça.

Você deve ser como a água cantante do riacho que, enquanto vai espalhando umidade e vegetação, desliza cantando salmos de fecundidade.

Não olhe somente para os horizontes escuros; mesmo quando um sofrimento muito profundo encher sua alma de aborrecimentos, ande de cabeça bem erguida, os olhos cheios de luz, o sorriso nos lábios, a paz no coração.

"Acautelai-vos, pois, de queixar-vos inutilmente, evitai que vossa língua se entregue à crítica, porque até mesmo uma palavra secreta não ficará sem castigo, e a boca que acusa com injustiça arrasta a alma à morte" (Sab *1,11*). *"Fazei todas as coisas sem murmurações nem críticas..."* (Filip *2,14*). *Fala-se muito de críticas construtivas. Mas é tão fácil ver a construção e somos tão cegos para descobrir a destruição!*

4 DE NOVEMBRO

A alegria é o sinal patente de que Deus está na alma.

Paul Claudel coloca na boca de seu personagem as seguintes palavras: "Meu Deus, tu me havias dado a possibilidade de fazer com que todo aquele que olhasse tivesse desejos de cantar, como se eu lhe desse o tom em voz baixa".

Muitos esperam ser felizes, para depois fazer troça; talvez por isso morram sem nunca ter rido, pois não foram felizes por jamais terem encontrado a Deus, que é a verdadeira fonte de toda alegria.

Deve procurar que sua vida não seja um riso; mas também se esforçará para que seu riso seja uma vida: algo que vivifique quantos o rodeiem.

Muitas vezes se lhe apresentarão oportunidades de oferecer uma esmola a um próximo necessitado de sua ajuda: todos precisam da ajuda de seu sorriso.

"O insensato eleva a voz quando ri; mas o homem sábio sorri discretamente" (Eclo *20,23*). *Isto quer dizer que a alegria do homem sensato, do homem que possui a Deus, é uma alegria, além de profunda, serena e permanente, que não desaparece com o estrondo duma gargalhada, mas que penetra o fundo do coração, que lhe dá um aspecto loução e o tranqüiliza.*

5 DE NOVEMBRO

A grande preocupação do homem é como fazer para livrar-se da cruz que lhe pesa nos ombros.

São imensos os esforços que o homem está fazendo para evitar a carga da cruz, do sofrimento; a gente quer ter uma vida sem sofrimentos, sem dores, sem problemas; mas neste afã desmedido o homem encontra a sua penitência.

Acontece que o homem de hoje desconhece que o sofrimento pode encerrar um verdadeiro valor; desconhece este fato e o rejeita. Em seu esforço por encontrar uma vida sem sofrimentos, topa com alguns sofrimentos sem vida; isto é, sem sentido, sem projeção e é justamente isto que o amargura: que não pode evitar de sofrer e que não vê nenhum sentido para seu sofrimento.

Sob o ponto de vista cristão, diríamos que aquele que quer encontrar um Cristo sem cruz, encontrará uma cruz sem Cristo; e uma cruz sem Cristo torna-se esmagadora, amarga, insuportável de carregar nos ombros, impossível de levá-la no coração.

"Andando, porém, através de tentações e tribulações, a Igreja é confortada pela força da graça de Deus prometida pelo Senhor, para que na fraqueza da carne não decaia da perfeita fidelidade, mas permaneça digna esposa de Seu Senhor e, sob a Ação do Espírito Santo, não deixe de renovar-se a si mesma, até que pela cruz chegue à luz que não conhece ocaso" (Lumen Gentium, *9*).

6 DE NOVEMBRO

"Bem-aventurados os pobres... bem-aventurados os mansos... bem-aventurados os que sofrem... bem-aventurados os pacíficos... bem-aventurados os que têm fome e sede de justiça..."

Assim o Mestre de Nazaré foi desenvolvendo sua magistral lição. Se algum dia nós homens nos decidíssemos a aceitar seriamente esses ensinamentos do Sermão da Montanha, a terra se converteria num lugar de felicidade e paz.

Nunca os poetas nem os filósofos ou sociólogos traçaram um plano de ação como esse; nunca ouviram afirmações tão estranhas, porém tão consoladoras, e jamais se traçou um programa de ação e vida como este programa do Evangelho.

Nele os homens aprenderam que na vida existem certos valores que estão acima do valor do dinheiro; que há certas coisas que não são materiais e que podem encher o coração humano.

Nele os homens se convenceram de que devem preocupar-se uns com os outros.

"Cristo foi enviado pelo Pai para 'evangelizar os pobres, sanar os contritos de coração' (Lc *4,18*), *'procurar e salvar o que tinha perecido* (Lc *19,10*): *da mesma forma a Igreja cerca de amor todos os afligidos pela fraqueza humana, reconhece mesmo nos pobres e sofredores a imagem de seu Fundador pobre e sofredor. Faz o possível para mitigar-lhes a pobreza e neles procura servir a Cristo"* (Lumen Gentium, *8*).

7 DE NOVEMBRO

Há dois objetos que amiúde usamos e que podem proporcionar-nos belo ensinamento para nossa vida prática: a cera e o pão.

O pão que diariamente comemos... Quando queremos afirmar a bondade de uma pessoa, assim nos expressamos a respeito dela: "Ela é melhor que o pão"; e com isso dizemos tudo.

Isto porque ser pão para os outros é servir de deleite e utilidade para os demais; e, depois disso, ou precisamente por isso, deixar-se cortar, deixar-se torrar, esmigalhar, mastigar e triturar ou, talvez, deixar-se puxar.

Para a plácida cera, dar a vida a outros é morrer.

E dar a vida a outros é entregar tudo por eles; tudo: consaço, tempo, preocupações, sorrisos, palavras... tudo sem exceção.

E devemos fazer isso sem esperar nada dos demais.

Na conjugação do tudo e do nada reside o segredo da perfeição.

"Quem é sábio atenda a estas coisas! Que o homem inteligente reflita nelas. Porque os caminhos do Senhor são retos, os justos andam por eles, mas os pecadores neles tropeçam" (Os *14,9*). *Não se afaste do Senhor, siga sempre seus caminhos, observe sempre sua santa lei; disto nunca poderá se arrepender.*

8 DE NOVEMBRO

As portas parecem mais bonitas quando estão abertas do que quando as vemos fechadas.

Que seu coração seja uma porta escancarada para todos os homens; não o feche para ninguém.

Talvez alguém acabe de lhe jogar uma pedra: a pedra duma calúnia, de um desdém, de um desprezo...

Quando você apertar a mão de uma pessoa, se o faz com sinceridade e com amor, lhe estará abrindo sua porta, essa porta que ele inconscientemente quis apedrejar.

Quando sorri de verdade e não fingidamente para quem falou mal de você, em lugar de vingar-se, está abrindo sua porta para que por ela penetre quem não soube ser justo nem caritativo.

Desta maneira fará com que, começando por você, todos vamos melhorando um pouco, todos abramos as portas de nosso coração; e quando os homens não esconderem em seu coração falsidade nem hipocrisia, então e somente então o mundo se sentirá melhor.

"Mas em todas as coisas nos apresentamos como ministros de Deus... pela pureza, pela ciência, pela longanimidade, pela bondade, pelo Espírito Santo, por uma caridade sincera..." (2 Cor *6,4-6*). *O fingimento, a falta de sinceridade é o que há de mais contrário ao Evangelho, ao testemunho que você deve dar, como apóstolo de Cristo. Se o mundo de hoje busca e exige a autenticidade, não irá exigi-la daqueles que se dizem seguidores e até apóstolos de Cristo?*

9 DE NOVEMBRO

Os dias vão passando; vai se aproximando o fim do ano. Isto nos deve levar a pensar que nosso destino final não pode ser este mundo daqui de baixo.

Nós homens somos peregrinos deste mundo; somos cidadãos de outra pátria, rumo à qual vamos indo e na qual moraremos definitivamente.

Existe uma estrela em nosso caminho e essa estrela é a que deve guiar-nos não somente para a pátria definitiva, mas para seguir a rota enquanto vamos peregrinando.

Enquanto vamos caminhando, devemos construir um novo mundo, que é a antecipação daquele reino de Deus vindouro, que será reino de justiça, de verdade e de amor.

De nossa vida terrenal, semeada de justiça e de amor, surgirá o novo mundo, impregnado de felicidade e de paz.

Somos caminheiros, somos peregrinos, deixemos, pois, um marco de verdade e de bem.

"A semente de eternidade que o homem leva dentro de si, irredutível à só matéria, insurge-se contra a morte" (Gaudium et Spes, *18*). *Por conseguinte, a morte não é o ponto final da vida do homem. Depois da morte se abrem algumas portas de luz e de nova vida, que já não será seguida por nenhuma outra morte: plenitude de vida e plenitude de realização.*

10 DE NOVEMBRO

Conhece a canção da alegria? Foi feita para os que se deixam oprimir pela tristeza.

Mas a canção adverte-o sabiamente que, se não encontra a alegria nesta terra, você deve buscá-la mais além das estrelas.

Se em seu caminho só existe a tristeza e o pranto amargo da solidão completa, cante a canção da alegria, busque-a sobre sua cabeça, nas alturas dos céus.

Quem espera um novo dia mais cheio de sol, mais claro e puro, não poderá deixar de entoar a canção alegre daquele que espera a felicidade, por mais que nesses momentos deva sofrer o peso da caminhada.

Sonhe cantando, viva não tanto sonhando, mas gozando antecipadamente o novo dia, o novo sol, a nova vida; se a música espanta as dores, e o canto faz esquecer a tristeza, a alegria de seu espírito produzirá em você maior otimismo e lhe comunicará maiores desejos de viver.

"Enquanto toda a imaginação fracassa diante da morte, a Igreja contudo, instruída pela Revelação divina, afirma que o homem foi criado por Deus para um fim feliz, além dos limites da miséria terrestre" (Gaudium et Spes, *18*). *Esta esperança num além feliz não obsta a que o cristão assuma sua responsabilidade pelo presente, a que matize seu presente com uma energia desconhecida para quem não tem fé.*

11 DE NOVEMBRO

Constitui realmente bom costume iniciar o dia oferecendo a Deus todas as obras; proponho-lhe esta simples oração, que pode resumir seus sentimentos mais profundos:

"Senhor, ao começar este novo dia te ofereço os sofrimentos e alegrias, os trabalhos e dificuldades, as horas de lazer e de trabalho.

Aceita-as, Senhor, pelos oprimidos, pelos que sofrem, pelos que têm fome e frio. Sobretudo, Senhor, por aqueles que, de uma ou de outra maneira, necessitam ser libertados da opressão de suas próprias paixões.

Dá-nos a todos um coração nobre e generoso, grande como o horizonte, sedento de infinito, a fim de colaborar na construção de um mundo melhor".

Singela oração que pode ter a força de fazê-lo passar seu dia com mais fecundidade.

"Os fiéis devem reconhecer a natureza íntima de toda criatura, seu valor e sua ordenação ao louvor de Deus. E mesmo através das obras seculares devem ajudar-se a si mesmos para uma vida mais santa. E isso de tal forma que o mundo seja imbuído do espírito de Cristo e na justiça, caridade e paz atinja mais eficazmente seu fim" (Lumen Gentium, *36*).

12 DE NOVEMBRO

Nem todos os dias são iguais; não é verdade?

Pois bem, você que corre, não se afobe; você que vive, não se angustie; você que duvida, não vacile.

Se corre, não se precipite; se vive, não se desoriente; se está angustiado, não se aflija.

Será preciso correr, viver, angustiar-se; a vida é tudo isso. Mas em todo momento se deve ter presente a moderação em tudo. Para todos é a regra de ouro que deve reger nossos atos.

Cristo disse que Ele é o Caminho, a Verdade e a Vida.

Se você envereda por esse Caminho, não se extraviará; se aceita e vive essa Verdade, não incorrerá em erro; se penetra essa Vida, se distanciará da morte.

Ele disse também que é a Luz do mundo; não se afaste dEle e caminhará seguro, banhado por sua luz.

"Eu sou a luz do mundo; aquele que me segue não andará em trevas, mas terá a luz da vida" (Jo *8,12*). *"Comportai-vos nobremente entre os pagãos. Assim, naquilo em que vos caluniam como malfeitores, chegarão, considerando vossas boas obras, a glorificar a Deus no dia em que ele os visitar"* (1 Ped *2,12*).

13 DE NOVEMBRO

O homem não pode viver sem fé; tem que crer em algo e em alguém; se assim não for, afoga-se em si mesmo. Mas, antes que nada, deve crer em Deus. Ofereço-lhe a conhecida oração da fé:

"Creio, embora tudo te oculte a minha fé. Creio, embora todos me gritem que não. Porque baseei minha fé em um Deus imutável, em um Deus que não muda, em um Deus que é amor.

Creio, embora tudo pareça morrer. Creio, embora já não queira viver, porque fundamentei minha vida em palavras sinceras, em palavras de amigo, em palavra de Deus.

Creio, embora tudo revolte meu ser. Creio, embora sinta muito sozinho a dor. Porque um cristão, que tem o Senhor como Amigo, não vacila na dúvida, mantém-se na fé.

Creio, embora veja os homens matando. Creio, embora veja as crianças chorando. Porque aprendi com certeza que Ele sai ao encontro, nas horas mais duras, com seu amor e sua luz.

Creio, mas aumenta minha fé".

"Para que se preste essa fé, exigem-se a graça prévia e adjuvante de Deus e os auxílios internos do Espírito Santo, que move o coração e converte-o a Deus, abre os olhos da mente e dá a todos suavidade no consentir e crer na verdade" (Verbum Dei, 5).

14 DE NOVEMBRO

A vida está cheia de segredos.

Hoje alguns nasceram, enquanto outros se despediram da vida; alguns fecharam seus olhos, enquanto outros os abriram para a luz.

Hoje muitos riram e regozijaram-se, enquanto outros sofreram aos gritos ou em silêncio; neste mundo, tudo está misturado; sofrimentos e glórias, guerras e paz.

Porém, nem tudo passa; nem tudo é como a ave, que não deixa nem o rastro de suas asas no ar.

Existe algo que não passa: são as obras que cada um de nós realiza; sejam elas boas ou más, permanecem em nossa lembrança, na profundeza da consciência, na presença de Deus.

E de cada uma dessas coisas deveremos prestar contas ao Criador; para nossa vergonha ou para nosso consolo.

Dizem que a mortalha não tem algibeira; acontece, porém, que as obras não nos acompanham na mortalha, mas em nossa consciência.

"Ensina a fé cristã que a morte corporal, a qual o homem não sofreria se não tivesse pecado, será vencida um dia, quando a salvação perdida pela culpa do homem lhe for restituída por seu onipotente e misericordioso Salvador" (Gaudium et Spes, *18*). *"Não procureis a morte por uma vida desregrada, não sejais o próprio artífice de vossa perda; Deus não é o autor da morte, a perdição dos vivos não lhe dá nenhuma alegria..."* (Sab *1,12-13*).

15 DE NOVEMBRO

Quando perguntaram ao astronauta russo Yuri Gagarin se tinha visto a Deus lá em cima, nas alturas, ele respondeu: "Não o vi; Deus não existe".

Pouco tempo depois, subiu à estratosfera também Gordon Cooper; quando lhe fizeram a mesma pergunta, replicou: "Para ver a Deus não preciso subir às alturas: levo-o dentro de mim mesmo".

Quantos pretendem encontrar a Deus longe de si, quando o têm tão perto! Deus sorri no brinquedo da criança; Deus geme na dor do enfermo; Deus sofre na miséria daquele que não tem pão; Deus morre na criança desnutrida; Deus foge no homem perseguido; Deus estende a mão na pessoa do mendigo; Deus grita no clamor por justiça para o pobre operário explorado.

Deus está em todos os lugares e em todos; não é preciso ir muito longe para encontrá-lo; basta que abramos os olhos para poder vê-lo. Como seria triste passar a seu lado, sem reconhecê-lo!

"As Sagradas Escrituras ensinam que o homem foi criado à imagem de Deus, capaz de conhecer e amar seu Criador, que o constituiu senhor de todas as coisas terrenas para que as dominasse e usasse, glorificando a Deus" (Gaudium et Spes, *12*). *Nosso erro está em que pretendemos ver a Deus demasiado longe de nós mesmos, ou em coisas ou acontecimentos raros e longínquos. Esforcemo-nos por vê-lo nas coisas que diariamente nos acontecem.*

16 DE NOVEMBRO

Hoje quero entoar o salmo da água cristalina e veloz.

Quero ser como a água, que serve prazenteira aos filhos de Deus.

Quero ser como a água que acalma a sede do sedento. sem considerar se é homem de ciência, de pouca cultura, de cor branca ou de cor negra.

Quero ser como a água, que é de todos e todos a possuem, a bebem, a degustam, a utilizam; a todos refresca, limpa-os e fecunda.

Quero ser como a água, que canta sonora seus sons brilhantes e desliza seus filetos por encostas e leitos, levando a vida, o frescor e a alegre canção.

É isso que minha vida há de ser: água. Água que limpa os corpos e lustra as almas com luz batismal. E água que fecunda e dá vida, a vida de graça que o bom Deus nos dá.

"Pelo sacramento do batismo... o homem é verdadeiramente incorporado a Cristo crucificado e glorificado, e regenerado para o consórcio da vida divina, segundo esta palavra do Apóstolo: 'Com Ele fostes sepultados no batismo e nEle fostes juntamente ressuscitados pela fé no poder de Deus, que o ressuscitou dos mortos'" (Col *2,12*) (Unitatis Redintegratio, *22*).

17 DE NOVEMBRO

A gratidão é própria das almas bem formadas. Por isso é justo que demos graça a Deus por tudo o que nos está proporcionando diariamente com mãos dadivosas e generosas.

O sol que acaricia nossos rostos, a água que refresca nossos corpos, o calor que vivifica, o gorjeio do estorninho na ramagem, a espiga do trigo que oscila ao sopro do vento leve da tarde... Tudo isso é dom e presente do bom Deus.

Os risos das crianças, o aroma das flores, o prazer da amizade, o afeto do lar, o amor dos esposos, a bandeira da pátria, o consolo da fé... tudo isso é dom e presente do bom Deus.

Os minutos que transcorrem, os dias que fluem, os anos que vão passando, a saúde e as forças, o trabalho e os descansos... tudo isso é dom de Deus.

Motivos mais que suficientes para ser-lhe agradecidos.

"Sede agradecidos. A palavra de Cristo permaneça entre vós em toda a sua riqueza, de sorte que com toda a sabedoria vos possais instruir e exortar mutuamente. Sob a inspiração da graça cantai a Deus de todo o coração salmos, hinos e cânticos espirituais" (Col *3,15-16*). *Se passássemos a enumerar os motivos que temos para ser gratos a Deus, não acabaríamos mais; sem levar em conta que estamos conscientes de apenas mínima parte dos benefícios que recebemos do Senhor; da maioria desses benefícios sequer nos damos conta.*

18 DE NOVEMBRO

Insisto em que devemos olhar para Deus, não sobre as nuvens, mas ao nosso lado, no irmão que sofre, naquele que se regozija, na criança e no velhinho, naquele que goza de saúde e no enfermo.

Leia a canção que lhe lembra tudo isso, figuradamente:

"Senhor, acreditei ver-te pedindo esmola, coberto de andrajos, ganhando o pão, para ti, vivendo nas favelas, comendo sofrivelmente, prostrado num leito de pobre hospital.

Senhor, acreditei ver-te cobrando faturas e, lá no escritório, ganhando o pão para ti, curando o doente, agindo como mestre, varrendo praças e ruas de nossa cidade.

Senhor, acreditei ver-te pescando no rio, jogando na cancha, ganhando o pão para ti; descendo à mina, subindo no andaime, dirigindo ônibus e logo voando.

Senhor, eras Tu? Dize-me a verdade".

"Este Jesus, vós o amais, sem o terdes visto; credes nele, sem o verdes ainda, e isto é para vós a fonte de uma alegria inefável e gloriosa, porque vós estais certos de obter, como preço de vossa fé, a salvação de vossas almas" (1 Ped *1,8-9*). *É tão fácil ver a Deus nos irmãos, gozar de Deus nos irmãos, servir a Deus nos irmãos, salvar os irmãos para Deus!*

19 DE NOVEMBRO

É muito conhecida a oração de São Francisco de Assis. Ela pode servir-nos para nossa reflexão de hoje.

"Senhor, fazei de mim um instrumento de vossa paz... Como seria trágico a gente converter-se em instrumento destruidor da paz!

Onde houver ódio, que eu leve amor... Horrível se, onde existe amor, eu semeie ódio!

Onde houver ofensa, que eu leve o perdão... Que, depois do perdão, eu não pratique nova ofensa.

Onde houver discórdia, que eu leve a união... Nunca permitas que eu seja o fator de discórdia entre os irmãos.

Onde houver erro, que eu leve a tua verdade; onde houver dúvida, que eu leve minha fé e não semeie o ceticismo e a confusão.

Finalmente, onde houver tristeza, que eu semeie as sementes da alegria e do otimismo, da confiança na bondade de Deus".

"Se, quando éramos ainda inimigos, fomos reconciliados com Deus pela morte de seu Filho, com muito mais razão, estando já reconciliados, seremos salvos por sua vida. Ainda mais: Nós nos gloriamos em Deus por nosso Senhor Jesus Cristo, por quem desde agora temos recebido a reconciliação!" (Rom *5,10-11*).

20 DE NOVEMBRO

Se abrimos a Bíblia, logo no início, em Gênesis 2,7, encontramos aquela afirmação sobre a origem do homem, que diz:

"O Senhor Deus formou, pois, o homem do barro da terra e inspirou-lhe nas narinas um sopro de vida".

Nisto consiste o homem, nada mais que isto é ele, porém nada menos que isto: um sopro de Deus, um algo de Deus, algo vital como é o sopro.

O homem tem dentro de si um pouco do calor de Deus, desse calor que é fecundo e que dá vida.

Mas, se é calor de Deus, por que não se converte em chama que acenda tudo o que está ao seu redor? Se é calor de Deus, por que vai espalhando frio em suas relações, frio de ressentimentos, frio de hostilidades, frio de egoísmos?

Não foi chamado para ser icebergue, mas fogo; onde há icebergue, há frio; onde existe frio, não há vida. Em compensação, onde há fogo, há calor; e onde há calor, surge no ato a vida.

"Destes-lhes do vosso bom espírito para torná-los prudentes... Mas clamaram de novo a vós, e vós, do alto do céu os atendestes; assim é que a vossa grande misericórdia operou inúmeras vezes a sua libertação... Vossa paciência para com eles durou muitos anos; vós lhes fazíeis admoestações pela inspiração de vosso espírito, que animava vossos profetas... Mas, mesmo assim, vossa grande misericórdia vos impediu de aniquilá-los, e não os abandonastes porque sois um Deus clemente e compassivo" (Nee *9,20-31*).

21 DE NOVEMBRO

Se o homem leva Deus consigo, dentro de si, não pode levá-lo tão oculto que não lhe apareça. Esse Deus íntimo, que penetra até o mais oculto de seu ser, deve sair para o seu exterior.

Assim esse Deus fará que, quando o homem se conscientizar das maravilhas de sua vida, converta essa vida numa vida de maravilhas.

Maravilhas de graça e de amor; maravilhas de generosidade e de entrega; maravilhas de doação e de oferenda; maravilhas de consagração e de comunhão.

Comunhão com Deus e com os demais homens; comunhão com a natureza e com todo o cosmo. Com esse cosmo exterior que os circunda e com esse cosmo íntimo que vive em seu interior.

O homem, desta maneira, se converterá em um ser de profundidade, de dimensões múltiplas; deste modo chegará a ser o construtor de si mesmo e o fazedor de um novo mundo, de um novo estado de coisas, no qual reine a ordem e a hierarquia dos valores.

"Que teu coração deposite toda a sua confiança no Senhor! Não te firmes em tua própria sabedoria! Sejam quais forem os teus caminhos, pensa nele, e ele aplainará tuas sendas... Porque o Senhor castiga aquele a quem ama e pune o filho a quem muito estima" (Prov *3,5-12*). *Você deve prestar atenção aos planos que Deus tem sobre sua pessoa: descobri-los e cumpri-los. Nunca se arrependerá de colocar-se nas mãos de Deus.*

22 DE NOVEMBRO

O silêncio! Hoje em dia nos custa muito aceitar o silêncio, porque por todos os lados estamos cercados de ruído ensurdecedor. Esse ruído pode impedir que nos ouçamos a nós mesmos e que ouçamos a voz de Deus que nos fala em nosso interior.

Silêncio! Às vezes custa calar nos momentos difíceis, nos sofrimentos amargos e nos gozos íntimos, nas calúnias ásperas e nos elogios exagerados, nos julgamentos que ferem e nos vaivéns dum coração que se afasta.

Silêncios que acarretam como conseqüência a imersão no Deus que trazemos em nossa intimidade.

Se olharmos para o bosque, vê-lo-emos cheio de vida; porém a flor que abre suas pétalas faz isso em silêncio; a violeta que espalha seu perfume, a trepadeira que sobe para o alto, a grama que alcatifa o chão, os galhos que se esticam, a água que desliza... tudo isso é silêncio; e tudo isso é vida e dá a vida.

"É melhor ouvir a reprimenda de um sábio que a canção de um tolo porque, qual o crepitar dos espinhos na caldeira, tal é o riso do insensato. E isso é ainda vaidade" (Ecle *7,5-6*). *Muitas vezes é preferível o silêncio ao seu redor, a vãs palavras. Se as palavras são prata, o silêncio é ouro; e, se o silêncio chegou a converter-se em ouro, nesse caso o silêncio muito facilmente será céu.*

Quando o terreno já está preparado, espalha-se e enterra-se a semente, a qual depois é deixada para que apodreça no seio da mãe terra.

Alguém poderia perguntar: por que não aproveitar esse grão, ao invés de deixá-lo apodrecer na terra?

Acontece que somente assim, apodrecendo, poderá ele germinar, fecundar-se, multiplicar-se, converter-se em vida nova e melhor: a vida da espiga, a plenitude de novos grãos.

Longe de destroçar o homem e destruí-lo, a dor o purifica e o dispõe para uma transformação. O que o homem é e vale não se deprecia com a dor; muito pelo contrário, aprimora-se.

Precisamente os santos, esses crucifixos de carne, viram a Deus e viveram Deus, quando seus olhos se purificaram pelas lágrimas. É que a dor nos faz soltar as sujeiras e purifica o ouro de nosso coração.

A cruz não deforma, transforma; não escurece, ilumina; não faz resignados, mas esculpe santos. Conquanto se lhe dê seu sentido redentor.

"Os santos sejam cultuados na Igreja segundo a tradição. Suas relíquias autênticas e imagens sejam tidas em veneração. Pois as festas dos santos proclamam as maravilhas de Cristo operadas em seus servos e mostram aos fiéis os exemplos oportunos a serem imitados" (Sacrosanctum Concilium, *111*). *Os santos tornaram-se santos, e não nasceram já santos; você não nasceu santo, porém pode vir a sê-lo.*

24 DE NOVEMBRO

Sem margem a dúvidas, todos desejamos ser melhores do que somos; inclusive é possível que tenhamos feito alguns esforços para sê-lo.

Mas esses esforços não foram suficientes e por isso não logramos melhorar. Não devemos desanimar, porém; jamais poderemos colocar a segunda pedra, se não colocamos a primeira; não poderemos escalar o segundo degrau, se antes não pisamos no primeiro; não chegaremos ao pico, se não começamos a subir pela encosta.

O esforço de hoje possibilitará o ascenso de amanhã; não se exige o ascenso de amanhã, mas o esforço de hoje. O esforço de amanhã, hoje ele não é possível; mas o passo de hoje, esse, sim; e, em conseqüência, estamos obrigados a fazê-lo.

Não nos queixemos amanhã, se hoje lançamos os alicerces de seu fracasso.

Se hoje não morremos para nós mesmos, não nos queixemos porque amanhã não temos "nova" vida. Vamos continuar com a mesma vida de ontem, a vida velha e caduca, ou com a nova da graça de Deus?

"Na vida daqueles homens que, participando de nossa humanidade, se transformaram mais perfeitamente na imagem de Cristo, Deus de maneira viva manifesta sua presença e sua face aos homens. Ele mesmo nos fala neles e nos dá um sinal de seu reino" (Lumen Gentium, *50*).

25 DE NOVEMBRO

Que importa se a ave está amarrada com uma corrente ou com um fio, se, afinal, está amarrada e não pode voar pelos espaços?

Pense que você pode sentir-se amarrado. Não fique sossegado se vê que aquilo que o prende é apenas um fio; preocupe-se com o fato de sentir-se amarrado, de não sentir-se livre.

Seus defeitos não serão muito graves, muito sérios, muito escandalosos para os demais; porém, são defeitos, e por isso o impedem de voar à altura da perfeição.

São defeitos e, portanto, não fazem que você seja mau, mas o impedem de ser melhor; e, se é muito bom não ser mau, é muito mau não ser melhor.

Aquele que não pratica o mal, não sabe quanto bem está fazendo; aquele que não pratica o bem, não sabe quanto mal está fazendo.

Rompa todas as suas correntes, mas desate também ou corte todos os seus fios; sinta-se livre e deslanche para as alturas, rumo a Deus.

"As riquezas e as energias elevam o coração; o temor do Senhor, porém, excede umas e outras. Nada falta àquele que tem o temor do Senhor; e com ele não há necessidade de outro auxílio" (Eclo *40,26-27*). *Então o temor de Deus o moverá a aperfeiçoar-se cada dia mais.*

26 DE NOVEMBRO

Você nunca fez a conta dos minutos que já viveu? É curioso; faça-a e constatará que somam os milhões.

E nunca pensou que, de todos esses milhões de minutos, terá que prestar conta ao Criador, que lhe deu a vida para que a fizesse frutificar?

Todos esses milhões de minutos, um por um, já foram julgados e valorizados por Deus segundo o peso de amor que neles você colocou, segundo a retidão de intenção que você tiver tido.

Tremendo esse seu problema, se esses minutos foram fluindo sem que neles você colocasse a marca e distintivo do amor. Para a eternidade só lhe valerão os minutos que levarem a marca de Deus; os demais se terão dissipado no vazio, e no vazio não é possível lançar os alicerces de nenhum futuro.

A matemática não serve, quando se trata da intensidade que devemos imprimir em todos os nossos atos: intensidade de amor. Não é útil, quando se trata de enumerar os atos que temos que tornar produtivos em nossa vida.

"Curta é a nossa vida, e cheia de tristezas, para a morte não há nenhum remédio... Com o tempo nosso nome cairá no esquecimento, e ninguém se lembrará de nossas obras. Nossa vida passará como os traços de uma nuvem, desvanecer-se-á como uma neblina que os raios do sol expulsam e que seu calor dissipa" (Sab *2,1-4*).

27 DE NOVEMBRO

No tempo da poda, a árvore dá a impressão de que está derramando lágrimas; o insensível podador corta os galhos sem compaixão, despoja a árvore de seus braços e raleia impiedosamente sua ramagem.

Por cada uma das feridas a árvore destila o sangue de seu queixume ou de seu protesto; é como se a alma da árvore erguesse o grito contra semelhante ofensa.

Contudo, isso serviu para que essa alma se contraísse e encolhesse durante longos dias de inverno e assim não fosse alcançada, na interioridade de sua seiva, pelo frio que mata.

Logo chegou a primavera e os brotos anunciaram que a árvore não só não estava morta, como havia recuperado nova vida, nova pujança, nova fecundidade em flores e frutos.

Em sua vida a dor desempenha o papel de podador; talvez você possa queixar-se com pessimismo; porém, se tem fé, se une sua dor à dor redentora de Cristo, poderá servir-lhe de nova força em sua vida.

O inverno não é morte; é reconcentração de vida, que logo rebenta na primavera com as flores e no verão com os frutos. As flores e os frutos de sua vida espiritual devem sair e manifestar-se; do contrário, em que pese sua atividade, se poderá dizer que você está na verdade morto, como o poeta cantou: "Não são os mortos que em doce calma / na paz repousam da tumba fria; mortos são os que têm a alma morta, / e vivem, todavia".

28 DE NOVEMBRO

Não se engane: para chegar a ser perfeito, não é preciso fazer coisas que chamem a atenção ou que fique esperando que lhe aconteçam êxitos excepcionais.

Todos os dias se lhe apresentam centenas e milhares de ocasiões nas quais você pode e deve ser perfeito ou pelo menos esforçar-se por sê-lo.

Toda essa gama de pequenos êxitos estão ocultando a Deus, e você deve tratar de descobri-lo: não só na despedida rumo à sepultura de uma pessoa querida, mas na doença que lhe acarreta um curto-circuito da luz numa hora de intenso trabalho.

Na calúnia que morde sua reputação e na perda do lápis no momento de que mais precisa com toda urgência.

Na ordem recebida do seu superior e no estridente chiar da cadeira arrastada por uma criança.

Na visita do amigo que chega à sua casa quando menos poderia desejá-lo, até as rodas da carruagem que passa diante de sua porta.

Eduque sua pupila para que seja capaz de ver Deus em tudo; creia-me que tudo viverá em outra dimensão.

"Porque estais mortos e a vossa vida está escondida com Cristo em Deus" (Col *3,3*). *É Cristo que dá a seiva à nossa vida; sem essa seiva, nossa vida está morta e esta situação paradoxal, de uma vida-morta, é tristemente real. Quantas vezes se cumpre o que o poeta disse: "Os mortos que caminham"!*

Não poucas vezes você disfarçou para si mesmo os seus procedimentos que notou serem incorretos, valendo-se daquela afirmação: "Eu sou assim!", e ficou tranqüilo em seu modo de ser.

Mas é possível que esse seu modo de agir não seja o que deveria ser: por isso Deus permite que lhe sucedam certas coisas que cheguem a corrigir seu modo de ser.

Cada uma dessas coisas que lhe desagradam e o contradizem será como uma nota candente que pode criar bolhas em sua soberba, ou uma chispa que pode lhe queimar as carnes, ou um espinho que o fere e lhe dói.

Não desperdice tudo isso; pelo contrário, utilize-o para sua purificação, para que você não continue sendo como é, mas que vá mudando até chegar a ser como deve ser, como Deus quer que seja, como os demais esperam que seja.

É coisa boa que você reconheça como é; mas não é coisa boa que você fique tranqüilo em ser como é. Deve desejar mais, muito mais.

"Se, porém, andamos na luz como ele mesmo está na luz, temos comunhão recíproca uns com os outros, e o sangue de Jesus Cristo, seu Filho, nos purifica de todo pecado" (1 Jo *1,7*). *É o sangue do Senhor que deverá purificá-lo de todas as suas imperfeições; é a comunhão recebida com amor que deverá penetrar em você, para transformá-lo em outro Cristo; preocupe-se não só com o número, mas sobretudo com a intensidade de suas comunhões.*

30 DE NOVEMBRO

Se você é pai ou mãe de família, estou certo de que está disposto a morrer por seus próprios filhos: prefere sofrer você a que eles sofram, morrer você e que eles vivam. Não é verdade que estou certo?

Pois bem, hoje só quero dizer-lhe que é muito mais fácil morrer num ato de heroísmo, para salvar um filho, do que ir morrendo lentamente, dia a dia, minuto após minuto, para ir formando esse filho, ou para ir se formando a você mesmo.

Ir deixando pequenas parcelas da vida nas longas noites sem sono; nas horas de trabalho causativo, nas tardes solitárias, cuidando das obrigações diárias... isso não será notório, não chama a atenção, mas é mais meritório.

Não derramar o sangue em três minutos, mas ir deixando pingar gota após gota em cada ação que cumprimos, em cada vitória sobre si mesmo, em cada vez que dominamos nosso caráter ou nosso temperamento, na palavra que calamos ou no sorriso que oferecemos... isso é morrer dia a dia, isso é ser herói... desconhecido, porém herói...

"Aquele que escuta a palavra sem a realizar assemelha-se a alguém que contempla num espelho a fisionomia que a natureza lhe deu: contempla-se e, mal sai dali, esquece-se de como era" (Tg *1,23-24*). *Não basta ler a Palavra do Senhor; é preciso que a medite, pois só assim a terá sempre presente e ela poderá influir em sua vida: somente assim fará, da Palavra, Vida.*

MÊS DE DEZEMBRO

Este é o mês da espera pela vinda do Senhor Jesus.

É Cristo que virá, e virá para salvar-nos; nós somos os beneficiados com sua vinda.

Esse Cristo que é nosso Irmão, *primogênito de todos os predestinados, como o chama São Paulo; nosso Irmão que deve compreender-nos e ajudar-nos.*

Esse Cristo que é nosso Amigo, *que recebe todas as nossas confidências e no qual podemos despejar todas as nossas angústias.*

Esse Cristo que é nosso Companheiro *de trabalho, pois o temos junto a nós em todos os momentos de nossos dias e em todas as nossas atividades.*

Esse Cristo que é nosso Redentor, *por cuja morte nós temos Vida: a vida da graça.*

Esse Cristo que é nosso Salvador, *que nos libertou da morte da condenação e da morte do pecado, da escravidão de nossas próprias paixões.*

Esse Cristo que é nosso Deus, *a quem devemos adoração profunda e amor sem limites.*

•••

Esse é o Cristo que tem que vir e para cuja vinda estamos nos preparando durante este tempo de Advento, que é o mês de dezembro.

•••

Que também este ano se possa cantar: "Glória a Deus nas alturas, e paz na terra para os homens".

1º DE DEZEMBRO

"Meu coração e minha língua fizeram um trato: quando meu coração estiver enfurecido, minha língua guardará silêncio".

As palavras respondem aos sentimentos, e os sentimentos às idéias. Por isso nos será impossível dominar nossas palavras se não somos senhores de nossos sentimentos; e estes sentimentos irão se acalmando segundo a força de nossas idéias.

A um coração que não se domina, responderão palavras violentas e ferinas; a um coração fechado em si, sucederão palavras e atitudes que depreciam os demais.

Por conseguinte, cale-se quando seu coração não está sossegado e em calma; não fale, pois seguramente deverá arrepender-se do que disser ou, pelo menos, do modo como o disser, ou do momento em que o disser.

Se em geral o coração não costuma ser bom conselheiro, menos o será quando não estiver em paz e não se sinta senhor de si mesmo.

"Alegrei-me muito com a vinda dos irmãos e com o testemunho que deram da tua verdade, de como andas na verdade" (3 Jo *1*). *Poder-se-ia dizer com verdade, como afirma João a respeito de seu discípulo Gaio, que você vive segundo a verdade? Mas, tenha presente que essa verdade a que o apóstolo se refere não é tanto a verdade conceitual, mas sim, a verdade vivencial.*

2 DE DEZEMBRO

A linha reta... seguir a reta.

Viver na linha reta não se tornará fácil, mas é um dever.

Não se tornará fácil: viver sem inclinar-se para a direita ou para a esquerda; sem ligar para os comentários que cheguem aos nossos ouvidos, sejam favoráveis ou adversos; sem deixar-se levar pelos exemplos que outros nos ofereçam; sem deixar-se absorver pela força dos ambientes; sem fixar-se em demasia no que outras pessoas fazem. Isto será viver na linha reta e não inclinar-se nem para a direita nem para a esquerda.

Oportunidades, conveniências, utilidades, progressos, ascensões e centenas e milhares de coisas mais costumam tramar para que não vivamos na linha da retidão.

E costumamos ser nós próprios que mais nos esforçamos para explicar a nós mesmos e aos demais que os caminhos tortos, que seguimos, são na realidade retos.

Porém, há dois a quem nunca poderemos enganar: nossa própria consciência e Deus. São eles que traçam a linha reta de nossa vida.

"Meus filhinhos, não amemos com palavras nem com a língua, mas por atos e em verdade. Nisto é que conheceremos se somos da verdade e tranqüilizaremos a nossa consciência diante de Deus" (1 Jo *3,18-19*). *Não bastam palavras, necessita-se é de obras; quando à noite você se examina, não o faça respondendo somente a esta pergunta: "Falei alguma coisa de bom", mas sobretudo à pergunta: "Fiz algo de bom?".*

3 DE DEZEMBRO

Seus olhos têm um poder irresistível; mas esse poder pode ser empregado para o bem ou para o mal.

Ofereça sempre, todos os dias, uns olhos puros e doces, como céu sem nuvens; que, ao dizer como o dia será, as pessoas que vivem com você, ao fitar seu olhos, não possam deixar de dizer: "Hoje, céu sem nuvens".

Você deve olhar com tanta tranqüilidade que todos se sintam numa boa a seu lado e assim se sintam todos os que se aproximam de você.

Da mesma forma que quando o sol se ergue é impossível dizer se ilumina mais um homem que outro, assim você deve iluminar com seus olhos, olhar com igual bondade tanto uns como outros.

Ao que trata você com máxima delicadeza e bondade, e ao que com mão dura ou expressão irada despedaça o seu coração. O sol ilumina tanto os verdes prados como as obscuras ribanceiras e terrenos fundos.

Deus faz o sol brilhar sobre justos e pecadores; no seu rosto, nesses olhos que você tem sempre se deve descobrir a mesma luz de bondade, tanto para uns como para outros.

"Porquanto, sob o meu olhar tenho seus atos que não me são ocultos, e suas iniqüidades não se podem esquivar a meus olhares" (Jer *16,17*). *"Ouvireis com vossos ouvidos e não entendereis; olhareis com vossos olhos e não vereis, porque o coração deste povo se endureceu: taparam os seus ouvidos e fecharam os seus olhos para que seus olhos não vejam, e seus ouvidos não ouçam, nem seu coração compreenda"* (Mt *13,14-15*).

4 DE DEZEMBRO

O rosto mais belo não costuma ser o mais bem configurado, o mais estético ou proporcionado, mas aquele que é freqüentemente iluminado por um sorriso mais sincero.

Um sorriso é capaz de mudar centenas de planos, de dar alento a um coração prostrado, de transformar a dureza em condescendência.

Um sorriso faz com que a fronte se irradie, que os sulcos do rosto se tornem belos ao dilatar-se.

Por conseguinte, o aspecto simpático do rosto não reside na beleza mas na bondade que nele se estampa, no gesto de compreensão e ternura, que irradia tranqüilidade ao redor.

Passe por este mundo, espalhando sorrisos de compreensão ao invés de sinais carrancudos que não consolam; alegrias de sininhos de prata que tocam festivamente em seu interior e não chocalhos de monotonia, que arrastam rebanhos empoeirados.

Ofereça sempre e a todos o arco-íris de suas cores de graça e da graça das suas cores, e não a obscuridade das nuvens cheias de tormenta.

"Pela graça de Deus sou o que sou, e a graça que ele me deu não tem sido inútil" (1 Cor *15,10*). *Também você pode afirmar, com o apóstolo, que é o que é por força da graça de Deus; a Ele tudo deve e sem Ele nada teria podido conseguir. Mas você terá que procurar imitar também o apóstolo na segunda afirmação que ele faz de si: a graça de Deus não pode ser estéril em sua vida; você terá que fazê-la frutificar: graça consciente e graça crescente.*

Não faz muito tempo, ouvi dizer que uma pessoa se julgava uma floreira que adornava algo na vida, mas que um belo dia essa floreira se quebrou, ou melhor, que ela se sentiu desde então como uma floreira quebrada.

Então pensei: "Como deve ser triste a gente considerar-se a si mesmo algo parecido com uma floreira quebrada, que já não serve para nada!"

Seja como for, acho que quem quebra nossas floreiras somos nós mesmos: quando faz essa cara tristonha diante dos insucessos da vida, você está se quebrando; quando só tem palavras de desânimo ou de crítica, você está se quebrando; quando de seus lábios não some essa palavra feia "não?", você está se quebrando; quando pensa que já não serve para nada nem para ninguém, você está se quebrando; quando perde o entusiasmo pela ação ou se deixa arrastar pelo desânimo, você já está quebrado.

E como deve ser triste, repito-lhe, sentir-se quebrado e apresentar-se diante dos demais todo alquebrado! Como é triste não servir para sustentar a rosa, que alegra, mas para mostrar apenas a rachadura mortal!

E a esse servo inútil jogai-o nas trevas exteriores: ali haverá choro e ranger de dentes" (Mt *25,30*). *Nada mais triste que uma vida inútil; não há nada que deixe no fundo da alma uma sensação de tanto desagrado como sentir-se inútil; porém, você pode ser muito útil para Deus e para o seu próximo; são muitos os que esperam algo de você; é muito o que Deus espera de você.*

6 DE DEZEMBRO

Deus não pode ser mais bondoso com o homem, pois lhe outorga tantos benefícios, concede-lhe tantas graças. Realmente, Deus já não pode fazer mais pelo homem.

Em contrapartida, como o homem costuma ser mal-agradecido com Deus! Não só não agradece o que dEle recebe, mas até emprega os mesmos dons de Deus para rebelar-se contra Ele.

Não poderia queixar-se de Judas, que teve tanta pressa em cometer seu sacrilégio, que não teve paciência para esperar pela segunda comunhão, mas que já na primeira comunhão efetuou seu primeiro sacrilégio!

Deus não pôde fazer mais; o homem não pôde fazer menos.

Deus não pôde dar mais; o homem não pôde responder menos.

Deus não pôde oferecer mais; o homem não pôde rebaixar-se menos.

Mas Deus está empenhado em tirar luz das trevas, vida da morte, generosidade da negação; oxalá agora Deus apareça com a sua, e nós não aprontemos com a nossa.

"Convém lembrar: aquele que semeia pouco, pouco ceifará. Aquele que semeia em profusão, em profusão ceifará. Dê cada um conforme o impulso do seu coração, sem tristeza nem constrangimento. Deus ama o que dá com alegria" (2 Cor *9,6-7*). *A medida da sua generosidade tem que dá-la o seu coração, seu amor a Deus; é regra de proporção direta: a maior amor, maior generosidade.*

7 DE DEZEMBRO

Há os que duvidam da existência de Deus, ou simplesmente a negam. Nós talvez nos esforcemos por convencê-los de que Deus existe; talvez não o consigamos.

Por que não o conseguimos? Porque Deus não existe ou porque não sabemos demonstrar sua existência?

Ao mundo é preciso dizer que Deus existe, mas temos que afirmar não tanto com argumentos, mas sim, com obras; devemos apresentar um Deus vivo e vivificador; afinal de contas, como Ele é.

Em tudo o que toquemos, coloquemos a marca de Deus; em tudo o que digamos, evidenciemos a Deus; em tudo o que fizermos, vivamos Deus... e logo os outros verão essas marcas de Deus, ouvirão esses sons de Deus, sentirão essa presença de Deus.

E sobrarão os argumentos; como a criança não precisa de argumentos para amar sua mãe, o homem não deve necessitar de argumentos ou de palavras para crer em Deus nem para amá-lo.

"Porém, como invocarão aquele em quem não têm fé? E como crerão naquele de quem não ouviram falar, se não houver quem pregue? E como pregarão, se não forem enviados?" (Rom *10,14-15*). *Você é aquele que foi enviado por Deus para tornar conhecida sua existência e a sua bondade a todos quantos o ignoram; se você lhes falha, como poderão eles chegar ao conhecimento do verdadeiro Deus?*

8 DE DEZEMBRO

Em toda a cristandade, celebra-se hoje o dia da Imaculada Conceição. São milhões os cristãos que farão sua primeira comunhão num dia como este.

Maria é a Mãe dos cristãos.

Maria quer dizer ternura plena; quando o pai castiga, a mãe se esconde; quando o pai se ausenta, a mãe fica à frente do lar; quando o irmão fere, a mãe cura; quando o filho chora, a mãe beija; quando o filho se afasta do bom caminho, a mãe chora; a mãe está sempre disposta a receber a cabeça arrependida do filho.

Tudo isso é a Virgem Maria para o cristão.

Braços maternais, abertos como as praias do mar. Mãe Imaculada, poema de luz e de ternura. A que não conheceu minguantes como a luz nem ocasos como o sol.

São Bernardo resumiu nas seguintes palavras tudo o que se pode dizer de Maria: "Deus pôde fazer um mundo melhor e um céu maior; porém, não uma Mãe de maior grandeza que Maria".

"Entrando na casa, acharam o menino com Maria, sua mãe. Prostrando-se diante dele, o adoraram" (Mt *2,11). Os magos encontraram Cristo por meio de Maria. Você a invoca como Mãe da divina graça. Se quer viver a graça do Senhor, viva-a por intermédio das mãos de Maria; não se esqueça de que peregrinar é caminhar por Cristo rumo ao Pai, com impulsos do Espírito Santo e com a ajuda de Maria.*

9 DE DEZEMBRO

A perfeição das coisas não está em fazê-las, mas em fazê-las bem; e, para fazê-las bem, é preciso fixar-se nos pormenores.

Os pormenores da vida, que são muitos e pequeninos, mas que são os que fazem com que a vida seja agradável e reta.

Fechar bem a porta dum armário, sem estrondos nem violências; deixar em ordem e em seu devido lugar os adereços de vestir; ser pontual em estar presente em seu devido tempo numa reunião, sem deixar que os outros esperem; não fumar quando a fumaça do cigarro incomoda o vizinho, tendo com ele essa mínima atenção; ser responsável em todas as pequenas coisas que nos recomendaram.

Pormenores... pormenores..., porém pormenores que vão configurando as coisas, as vão aperfeiçoando, vão elevando-as.

Fixar-se nesses pormenores não constitui vulgaridade, mas delicada perfeição, anseio de melhoramento.

"Vós sabeis que felicitamos os que suportam os sofrimentos de Jó. Vós conheceis o fim em que o Senhor o colocou, porque o Senhor é misericordioso e compassivo" (Tg *5,11*). *Precisar-se-á de não pouca paciência para ser fiel nos pormenores; porém, é nisto que reside a verdadeira perfeição.*

10 DE DEZEMBRO

"Não julgueis, e não sereis julgados". Esta afirmação que lemos no Evangelho é de suma importância para nossa vida de relação com os que nos rodeiam.

Devemos respeitar com amor todas as vidas que se cruzam em nosso caminho; também elas têm direito a ser "elas" e não têm motivo a aspirar a ser "nós"; assim como nós devemos continuar sendo "nós", sem desejar chegar a ser "eles".

Essa velhinha que todos os dias entre num templo, incomodando a todos com a importuna tosse de peito cansado, pode constituir toda uma maravilha de graça em seu interior.

Essa velhinha que todos os dias entra num templo, inra ou no mercado, sob suas rudes maneiras e naquelas suas mãos calejadas, pode esconder uma nobreza desconhecida para muitos outros que apresentam exteriores mais atraentes.

Se não conhecemos o interior das pessoas, não podemos julgá-las; ninguém tem direito a devassar a intimidade pessoal de quem quer que seja; essa intimidade é um templo reservado somente a Deus.

"Não julgueis e não sereis julgados" (Mt *7,1*). *Somente Deus pode julgar, porquanto só Ele possui todos os elementos de julgamento; escapam-nos muitos desses elementos. Ora, julgar sem ter conhecimento total do pró e do contra, é terrível imprudência que cometemos.*

Uma das maneiras de fugir mais comuns é o de pensar que em outras circunstâncias nós seríamos homens perfeitos, cristãos totais, completos.

Em outras circunstâncias, porém não naquelas que devemos enfrentar. Porque com estas pessoas que me rodeiam; com este chefe que me controla; com esta esposa que me vigia; com este amigo que não me deixa em paz; com este trabalho que me absorve; com este temperamento tão ríspido e sensível; com este... com esta...

E não é verdade; porque, nas diferentes sendas ou veredas, variará a cor da pedra em que tropeço; não variará sua dureza nem seu tamanho.

Não digamos: "Como desejo padecer o martírio do amor!", e logo em seguida não sermos capazes de agüentar em silêncio as inclemências do tempo ou um simples aparecimento de contrariedade ou qualquer contrariedade.

Se agora, neste lugar, nestas circunstâncias, com estas pessoas, não sou capaz de aperfeiçoar-me, tampouco o serei logo mais.

"Que o Senhor vos faça crescer e avantajar na caridade mútua e para com todos os homens, como é o nosso amor para convosco. Que Ele confirme os vossos corações e os torne irrepreensíveis e santos na presença de Deus, nosso Pai" (1 Tes *3,12-13*). *Você deve ser irrepreensível diante de Deus e diante dos homens.*

12 DE DEZEMBRO

Sabemos que toda a lei consiste em amar verdadeiramente a Deus e os homens; tudo o mais são meios para conseguir esse amor.

Não existe coisa tão difícil de fazer e não há coisa de que tão facilmente estejamos persuadidos de que a cumprimos.

Se nos perguntam se amamos a Deus, responderemos: "Sem dúvida alguma". Se nos interrogam se amamos o próximo, igualmente sem hesitações diremos: "certamente!".

Todavia, devemos lembrar que o amor não consiste em dizer "amo-te", mas em "fazer obras de amor". O amor jamais será um sentimento, mas uma atuação.

Em conseqüência, para saber se amo a Deus e se amo os homens, hei de me perguntar se "faço" algo por Deus e em prol dos homens. Somente essa atuação por amor me poderá persuadir de um modo certo que meu amor é autêntico e não falso.

"Pois, como pusestes os vossos membros a serviço da impureza e do mal para praticar a iniqüidade, assim ponde agora os vossos membros a serviço da justiça para chegar à santidade" (Rom *6,19*). *Santo não é tanto aquele que não peca, mas aquele que ama; a não ser que não peque precisamente porque ama.*

13 DE DEZEMBRO

Muitas páginas se escreveram para descrever a psicologia masculina e a feminina; e o tema não se esgotou.

Tem-se dito que o homem é o cérebro; que a mulher é o coração. Que o homem é um código que corrige; a mulher é um evangelho, que aperfeiçoa.

Sustenta-se que o homem é capaz de todos os heroísmos; a mulher, o é de todos os martírios.

Que o homem é força, empurrão e ação; a mulher, calor, motor e contemplação.

Mas o santo, o homem santo, é ao mesmo tempo homem e mulher; pois ele reúne em si tudo o que o homem tem de bom e tudo o que a mulher possui de bom.

O santo é capaz de tudo, porque situa-se em Deus, e Deus lhe dá a força necessária para todos os heroísmos, todos os martírios, todas as ações apostólicas, todas as contemplações de amor.

"Simão Pedro, servo e apóstolo de Jesus Cristo, àqueles que, pela justiça do nosso Deus e do Salvador Jesus Cristo, alcançaram por partilha uma fé tão preciosa como a nossa" (2 Ped *1,1*). *Isto quer dizer que todos — homens e mulheres — cada um com seu modo de ser, com suas características psicológicas, temperamentais ou caracterológicas, todos somos chamados à santidade, embora cada um de nós trilhe seu próprio caminho.*

14 DE DEZEMBRO

Depois da morte do califa Abderramã III foi descoberto um escrito de seu punho e letra, que dizia o seguinte: "Governei durante longos anos; provei quantos prazeres um mortal pode apetecer; fui elogiado e admirado até o máximo que um homem pode sê-lo. Durante todo este longo tempo, somente catorze dias usufruí de verdadeira felicidade".

Os que lerem esta página poderão crer que há exagero; no entanto, podemos botar fé no seu autor.

A felicidade não se acha na glória, nos prazeres, no dinheiro, na fama; não se acha fora de nós mesmos; ela está dentro, muito dentro de nós; e, portanto, nós e somente nós poderemos proporcionar-nos a felicidade.

Não a busquemos fora de nós, porquanto não a encontraremos; não a peçamos a ninguém, pois ninguém no-la pode dar. Mas, se não a usufruímos, não joguemos a culpa em nada e em ninguém.

Todos buscamos a felicidade, mas nem todos encontram a felicidade, porque muitos a procuram onde ela não está; a felicidade começa com "fé" e nos condenamos ao fracasso, se a buscamos em outro lugar. "Enquanto toda a imaginação fracassa diante da morte, a Igreja, contudo, instruída pela revelação divina, afirma que o homem foi criado por Deus para um fim feliz, além dos limites da miséria terrestre" (Gaudium et Spes, *18*).

15 DE DEZEMBRO

No Evangelho lemos aquela afirmação de Jesus: "Por seus frutos os conhecereis".

Nós falamos muito e fazemos pouco; os frutos não são as palavras bonitas que dizemos, mas as poucas e reduzidas obras que realizamos.

Cumprir com o dever, mesmo quando ninguém esteja vigiando nem o conheça; saber guardar fidelidade para com o amigo que nos confiou um segredo, sem fazer espalhafatos disso; não dobrar-se diante do respeito humano; nunca mostrar duas caras com ninguém; disfarçar faltas de cortesia; poupar trabalho e desgostos aos outros.

Tudo isto e coisas parecidas são frutos; frutos maduros e legítimos que nos credenciam diante da consciência e perante Deus.

Não encurtar o tempo quando se tem que empregá-lo para os outros; não aborrecer ninguém, ser complacente com todos, mesmo que com o sacrifício de nosso descanso... esses são frutos, e frutos maduros.

"Porque é esplêndido o fruto de bons trabalhos, e a raiz da sabedoria é sempre fértil" (Sab *3,15*). *"Ora, o fruto da luz é bondade, justiça e verdade"* (Ef *5,9*). *Os frutos do Espírito de Deus são sempre a bondade e o amor; quando, em algum ato que você pratica, não encontra nem bondade nem amor, pode estar certo de que não foi movido pelo Espírito de Deus.*

16 DE DEZEMBRO

Não medir esforços, não evitar as ocasiões de própria superação. Este é o verdadeiro caminho para chegar à perfeição da santidade.

Silenciar este pormenor que poderia dar-nos renome; não acusar essa palavra que de fato chegou à nossa intimidade; fechar a porta sem dar um safanão, quando estamos nervosos; levantar um móvel, em vez de arrastá-lo; oferecer um sorriso ao que nos é molesto; não perder a paciência com as insistentes perguntas idiotas da criança; corrigir com bondade e não com gritos o filho adolescente; saber "perder o tempo", permitindo que alguém se desabafe conosco...

Cada dia topamos com tudo isso; nem é preciso ter a preocupação de ir buscá-lo. Isto irá alisando as arestas de nosso egoísmo, de nosso amor-próprio, da cerração brumosa de nosso critério; numa palavra: de nosso próprio Eu.

"Trago em meu corpo as marcas de Jesus" (Gal *6,17*). *Essas marcas eram as cicatrizes dos maus-tratos que Jesus sofreu. Se você deve sofrer em sua fortuna, em sua tranqüilidade, em sua fama, em seu trabalho, etc..., e tudo isso tem que sofrer por Cristo, por ser fiel a Cristo, também poderá afirmar, com o apóstolo, que carrega as marcas do Senhor. Fique tranqüilo, que também gozará das alegrias do Senhor, da vitória do Senhor.*

17 DE DEZEMBRO

Na Bíblia encontramos este conselho da vida prática: "Afasta-te do mal e pratica o bem".

E é tão fácil praticar o bem. Não é preciso sonhar com coisas muito chamativas, que em poucas ocasiões podem nos ser apresentadas.

Deixar margem para que os outros falem de suas coisas, guardando silêncio a respeito das nossas; não perder a paciência em momentos de pressa e aceleramento; a pessoa saber apagar-se, para que os demais ofereçam sua luz; dobrar-se ao gosto dos demais, renunciando ao nosso; ser amável com a visita que nos atrapalha o programa que tínhamos para esta tarde; diariamente topamos com tudo isto e muitas outras coisas semelhantes.

Acompanhar com atenção o curso duma conversa maçante que não nos interessa; executar com cuidado um trabalho cuja responsabilidade recai sobre todos e sobre ninguém; reprimir uma lágrima sem que os demais percebam; estar sempre disposto a dizer sim...

Isto é "praticar o bem", que a Bíblia nos recomenda.

"Caríssimo, não imites o mal, mas sim, o bem. Quem pratica o bem, nasceu de Deus. Quem pratica o mal, não viu a Deus" (3 Jo, *11*). *Em você, nem tudo é bom; e isso, apesar de você ter boa vontade. Por que deve estranhar que em seu próximo também descubra algumas coisas não tão boas, apesar de também ele possuir magnífica vontade?*

18 DE DEZEMBRO

Alguém escreveu que, se nós homens nos acostumássemos a sorrir com mais freqüência e a ser mais simples, a humanidade se sentiria melhor e mais feliz.

Acontece que o sorriso é uma característica própria do homem; só o homem é capaz de sorrir. Por isso houve quem afirmasse, talvez com pouca delicadeza, porém com indiscutível veracidade, que, quanto mais o homem sorri, mais homem ele é; ao contrário, quanto menos sorri, ele é mais animal que homem.

Sorrir sempre e sorrir a todos; porque todos esperam o nosso sorriso e todos necessitam dele; nós somos os primeiros que necessitamos de nosso próprio sorriso, para sentir-nos melhores, mais otimistas, mais ternos de coração.

Sorrir para a criança travessa e chateante, sorrir para o ancião solitário e cansativo, sorrir ao amigo importuno, sorrir para o vizinho chato, sorrir para o carteiro, para o verdureiro, para o encanador... sorrir para todos, a fim de melhorar a todos e para nós mesmos sermos melhores.

"Alegrai-vos e exultai, porque será grande a vossa recompensa nos céus" (Mt *5,12*). *Quando pensamos que somos filhos de Deus, nosso coração se enche de alegria e não há nada no mundo que possa separar-nos do amor de Cristo, como disse de si mesmo o apóstolo Paulo* (Rom *8,35*).

19 DE DEZEMBRO

Já faz dias que todos estamos pensando no próximo Natal; pensamos nele e esperamos por ele; como a criança espera no dia de festa ou de passeio; com a ilusão da noiva que sonha com o momento da consagração de seu amor diante do altar de Deus.

Isto, porque a festa de Natal é para todos os cristãos tudo isso: é uma festa, um passeio, uma entrega de Deus ao homem.

A festa de Natal enche a todos de ilusões: crianças e adultos. Todos esperamos por esse Menino que, sendo Menino, atrai os adultos e, sendo adulto, cerca-se de crianças.

Sempre o sentimos nosso, muito nosso e muito perto de nós. Todos, sem exceção, no dia de Natal temos a sensação de que nos sentimos melhores, porque nos sentimos mais crianças. E, porque nos sentimos mais crianças, lembramos as palavras que disse o Menino que nasceu em Belém: "O reino dos céus pertence àqueles que se tornam como as crianças: inocentes, simples e humildes".

"Eis que a Virgem conceberá e dará à luz um filho que se chamará Emanuel, que significa: Deus conosco" (Mt *1,23*). *Cristo nos vem por Maria; nós devemos ir a Cristo por Maria; não enveredemos por caminho diferente daquele que Ele seguiu quando veio até nós, porque então não teremos a certeza de chegar até Ele.*

20 DE DEZEMBRO

São muitas as coisas que no dia de Natal os homens pedirão ao céu; a esse Deus que, sem deixar de ser Deus, quis tornar-se homem, por amor ao homem, para salvar o homem.

Mas, inquestionavelmente, existe algo que está nas preces de todos: todos esperamos e pedimos que o Menino do Natal nos traga a paz.

Tu, que és o Caminho, a Verdade e a Vida; Tu, que tudo sabes e que tudo podes, que deste uma alma eterna ao nosso ingrato limo e preparaste o martelo que te crucificou, não olhes as misérias, não olhes os pecados.

Lembra-te somente de que somos desditosos e de que este nosso barro te custou a vida. Ouve nossa súplica, que se une à prece de tanta mãe triste e esposa solitária, de tanta criança pálida, de sua contraída face; e, abrindo os braços de tua misericórdia sobre este mundo mísero de luto e de discórdia, Senhor onipotente, concede-lhe a paz.

"E subitamente ao anjo se juntou uma multidão do exército celeste, que louvava a Deus e dizia: 'Glória a Deus no mais alto dos céus e na terra paz aos homens, objetos da benevolência divina'" (Lc *2,13-14*). *Foi Cristo que veio trazer-nos a paz, desde o momento em que veio restabelecer a paz entre Deus e nós.*

Faz muitos anos, muitos anos,
em uma manjedoura nasceu
uma Criança pobre, muito pobre:
essa criança é Menino e Deus.

Ele fez todas as coisas, céus e terra criou;
dos tesouros do mundo Ele é Dono e Senhor.
Pôde construir-se um palácio de incalculável valor,
superior em formosura aos do rei Salomão.
E nasceu em uma manjedoura, impregnada do olor
dos animais que a ocupam: esses animais eram dois.
Sua santa Mãe Maria chora de gozo e dor
ao contemplar seu Filho, adormecido num caixote.
Seu corpinho mal coberto, de frio estremeceu
e em pranto desconsolado irrompeu sua divina voz.
Ao ouvi-lo ajoelha-se a Mãe do Menino Deus
e lhe oferece seu carinho, sua vida, seu imenso amor.
Como a Virgem Maria, quero eu dar-te, Senhor,
o que de Ti recebi: alma, vida e coração.

"Depois que os anjos os deixaram e voltaram para o céu, falaram os pastores uns com os outros: 'Vamos até Belém, e vejamos o que se realizou e o que o Senhor nos manifestou'" (Lc *2,15*). *Sim, Deus se manifestou a nós, nos manifestou seu amor e pede nosso amor; não lho neguemos.*

22 DE DEZEMBRO

Natal, a festa que reza e que canta,
pueril e vetusta, alvoroçada e santa,
pastoril e régia, magna e familiar,
que, além de litúrgica, é toda caseira.
Natal nos trouxe cordiais contentamentos
e o musgo pintado dos nascimentos.
O mundo, até o mundo moderno e complexo
sorri com um sorriso de velho
e há uma doçura cálida que embarga
sua grande alma fria, sua grande alma amarga,
com o alvoroço do Natal.
Assim é esta festa de paz e bondade,
de luz e alegria, de infância e carinho,
o mundo é um velho que sorri a um Menino.

"Maria conservava todas estas palavras, meditando-as no seu coração" (Lc *2,19*). *Devemos seguir o exemplo de nossa Mãe Santíssima: ela não se contentava com ver as coisas; meditava-as. Não nos contentemos com ver as coisas deste Natal; meditemos na misericórdia do Senhor, que vem salvar-nos e na forma como devemos colaborar nessa salvação.*

Natal é todo dia do ano em que um homem se aproxima de outro homem para chamá-lo de irmão e tratá-lo como irmão.

Mãos de Virgem ajeitam palhas de louros trigais
e sobre o molho afofado estendem louros cueiros.
Quatro mil anos passaram,
  aguardou-se por quarenta séculos,
para que este ato muito humilde no mundo se cumprisse.
Já chegou a meia-noite, branca como neve e escura:
em resplendor de prodígios está a gruta iluminada.
Quatro mil anos passaram,
  Aguardou-se por quarenta séculos,
para que neste humilde estábulo
  nascesse este humilde Menino.
Lá fora celestes vozes dão a nova aos pastores,
enquanto os anjos cantam: "Glória a Deus...
  paz aos homens".
Há um profundo simbolismo
  na humildade da manjedoura;
trigos que um dia serão hóstias, linhos do altar, mantos;
e o Deus-Menino, que se dará
por amor e em sacrifício de pão às almas fiéis.

"Voltaram os pastores, glorificando e louvando a Deus, por tudo o que tinham ouvido e visto" (Lc *2,20*). *Tudo o que vimos e ouvimos em nosso quarto dia, o que estamos vendo e ouvindo diariamente, não passa de pura manifestação do amor infinito de nosso Deus. Preparemos nosso coração para recebê-lo no dia de Natal com humildade e gratidão por tantas e tão lindas coisas que Ele fez conosco.*

24 DE DEZEMBRO

Amanhã é dia de festa, dia de Natal.
Por isso o sino não pára de tocar.
Sino da igreja, parece o coração
de meu povo, que repica em cada palpitação.
Faz... não sei quantos em Belém nasceu o Senhor.
Pelos céus, milagroso, um luzeiro apareceu.
Em seu bercinho de palha foram dar-lhe calor
um boi, um burro e três reis,
    segundo me contou um pastor.
E com tão cálida respiração foi crescendo o Menino Deus,
para encher o mundo de paz, consolo e amor.
Festejando o nascimento haverá amanhã alegria
nas almas, e na mesa peru, castanhas e sidra.
E o coração de meu povo, como o sino,
passará o dia de festa, toca que toca.

"Estando eles ali, completaram-se os dias dela. E deu à luz seu filho primogênito" (Lc 2,6-7). *Cristo é o primogênito de Maria, não porque ela tenha tido outros filhos humanos, mas porque Deus a tinha predestinado para ser a Mãe universal de todos os redimidos. Quando deu à luz a Cristo, podemos considerar que também deu à luz a nós batizados. Portanto, de certo modo hoje é o dia de nosso nascimento com Cristo e em Cristo; por isso é a festa de toda a cristandade.*

25 DE DEZEMBRO

Cantando vão os pastores, cantando vão as pastoras;
cantando vão monte abaixo pela veredinha branca.
Um pequeno luzeiro brilhante os guia com seu fulgor;
com alma, saúde e graça entoam esta canção:
"Podeis, pastorinhos, alegres cantar:
Em Belém o Menino já nasceu.
Tocai os sinos, de glória tocai;
em Belém o Menino já nasceu".
Ao som de alegres sinos, chegando vão os pastores
e ao Menino lhe fazem oferenda
de seus melhores presentes;
mas um pastorinho que traz o maior dom
e ao Menino com alegria lhe oferece o coração.
Podeis, pastorinhos, alegres cantar:
em Belém já nasceu o Menino...

"Não temais, eis que vos anuncio uma boa nova que será alegria para todo o povo: hoje vos nasceu na cidade de Davi um Salvador, que é o Cristo Senhor" (Lc *2,10-12*). *Assim começa a nova era: a era da realização da promessa feita a nossos antepassados; já nos veio o Messias, o Redentor, o Salvador; já podemos considerar-nos salvos pela infinita misericórdia de nosso Irmão Jesus, que se imolará por todos nós.*

26 DE DEZEMBRO

Na gruta de Belém nasceu o Salvador do mundo
e o deserto moribundo se converteu em éden.
Junto à manjedoura florida anjos vão cantar.
Surgiu uma estrela para alumiar o Menino recém-nascido.
Maria, te felicito, porque és de Deus,
para abraçar os dois, correndo me precipito;
e assim misturo-me ao montão de reis e de pastores
que ao Menino de seus amores
    todos lhe trazem um presente.
Toma José aquele esbanjamento, novo incenso,
    ouro amarelo.
E o tímido cordeirinho nascido na mesma noite,
e eu, que para adorá-lo venho, apesar de meu carinho,
como não sou mais que uma criança,
    eu sou pobre e nada tenho.
Que darei eu a Jesus? Ó Maria, minha Mãe,
com que poderia presentear ao Deus que me deu a luz?
Já sei qual será meu dom e,
    embora seja pequeno o presente,
não há de ser de todo mau: trago-lhe meu coração.

"O menino ia crescendo e se fortificava: estava cheio de sabedoria, e a graça de Deus repousava nele" (Lc *2,40*). *Sem dúvida alguma, sendo Jesus verdadeiro Filho de Deus, em nada podia crescer; mas, como era também verdadeiro homem, podia ir adquirindo experiência humana, de modo que, dado que seu organismo ia se desenvolvendo, também sua mente ia se enriquecendo, "experimentalmente", com os sucessos diários. E você vai crescendo, como Ele, em sabedoria e graça?*

Apascentavam seus gados os sonolentos pastores
ao redor dos troncos de uns acesos robles
quando as escuras nuvens, de sol coroado, irrompe
um capitão celestial de seus exércitos nobres.
Atônitos se prostram os próprios pastores;
e, devido ao clarão, com as mãos os olhos vedam.
Os cães as testas erguem e as ovelhinhas correm,
quando o núncio soberano as penas de ouro estende:
"Deus nasceu em Belém nesta ditosa noite.
Nasceu de uma pura Virgem:
buscai-o, pois sabeis onde..."
Os pastores, convocando com doces e alegres sons
toda a serra, derrubam palmas e loureiros nobres.
Chegam ao portal ditoso... O santo Menino olha-os
e, para que se enamorem, ri-se no meio do pranto
e eles oferecem-lhe seus dons.

Eis aqui a oração do profeta Simeão, quando recebeu o Menino Jesus em seus braços: "Agora, Senhor, deixai o vosso servo ir em paz, segundo a vossa palavra. Porque os seus olhos viram a vossa salvação" (Lc *2,29-30*).

28 DE DEZEMBRO

Todos denominamos a noite de Natal de "Noite de Ceia de Natal". Por quê? Que significado pretendemos dar a essa noite, com esse nome.

Conforme diz o canto popular, é porque aquela noite foi noite de paz, noite de amor; assim cantamos ainda hoje em dia, como para dar-nos coragem e para entusiasmar nossos peitos.

Se é noite de paz, é Noite de Ceia de Natal; se é noite de amor, é Noite de Ceia de Natal; porém, será preciso refletir uns momentos: a Noite de Ceia de Natal deste ano foi acaso noite de paz? Foi noite de amor?

Se não o foi, é inútil que pretendamos dizer que foi Noite de Natal; se não houve amor em nossos corações; se não temos fundamentado a paz em nós mesmos e com os que nos cercam; se entre as nações não se despertou o esforço genuíno e efetivo pela convivência pacífica e humana, então a Noite de Ceia de Natal, que o Menino Deus nos trouxe, se terá convertido em um mero símbolo, sem expressividade, sem significado nem sentido.

De nós depende que as noites e os dias sejam bons ou não.

"Chegando Ana à mesma hora, louvava a Deus e falava de Jesus a todos aqueles que em Jerusalém esperavam a libertação" (Lc *2,38*). *Ana, a profetisa que vivia no templo, dedicava-se a louvar a Deus. Não será também sua missão igual à dela, onde Ele o tiver colocado? Falar do Senhor, louvar o Senhor, tornar o Senhor conhecido?*

29 DE DEZEMBRO

Por que a Noite de Natal é Noite de Ceia de Natal?

Porque nela nasce o Mensageiro da Boa-Nova de que Deus tem boa vontade para com todos os pobres. Porque nasce a Luz do mundo, para que em nossa vida não caminhemos pelas trevas do pecado. Porque nasce aquele que vem dar-nos verdadeiros desejos de viver, imprimindo à nossa vida um novo sentido e uma nova orientação. Porque nasce Aquele que foi o único capaz de poder afirmar com verdade: "Vinde a mim todos os que estais tristes e aflitos; Eu vos aliviarei".

Porque nasce o verdadeiro Cordeiro de Deus, que tira o pecado do mundo, esse pecado coletivo que nós homens de todos os tempos fabricamos. Porque nasce Aquele que nos dará como preceito de sua religião: "Amai-vos uns aos outros". Porque nasce quem pôde dizer: "Eu sou a ressurreição e a vida; quem crê em mim, ainda que morra, viverá para sempre".

Motivos mais que suficientes para que chamemos a essa noite uma verdadeira Noite de Ceia de Natal.

Quando Jesus ia completar doze anos, foi ao templo de Jerusalém com seus pais e ali permaneceu, sem que seus pais o soubessem. Quando, decorridos três dias, os pais o encontraram e Maria lhe manifestou a estranheza pela ausência, Jesus lhes disse: "Por que me procuráveis? Não sabíeis que devo ocupar-me das coisas de meu Pai?" (Lc *2,49*). *Não deverá você também pensar que está incumbido das coisas do Pai celeste?*

30 DE DEZEMBRO

O ano vai terminando. É que tudo passa...

Na realidade, não é um ano a menos, mas um ano a mais; um ano a mais, do qual teremos que prestar conta; um ano a mais, que devemos acrescentar à nossa responsabilidade.

Este ano não passou; ficou em cada uma das ações que nele realizamos; boas ou más, deixaram em nós um sinal inapagável.

Talvez sintamos a tentação de catalogar este ano como bom ou mau para nós, segundo nos tenham corrido os negócios; mas não é este o valor supremo.

Terá sido ano bom, se nele tivermos melhorado em nossa vida, se nos aperfeiçoamos, se nos cultivamos espiritualmente; se temos vivido com amor e para o amor de Deus e dos irmãos.

Não será nada mau se nos detivermos alguns momentos, antes de terminar o ano, para fazer, diante de Deus, o balanço de nossa consciência.

"Nosso fim se aproxima. Terminam nossos dias" (Lam *4,18*). *"Reconduzi-nos a vós, Senhor, e voltaremos. Fazei-nos reviver os dias de outrora"* (Lam *5,21*). *Deus é o Deus da vida; nossa morte será seguida da verdadeira Vida; depois destes dias que perecem, que passam como a sombra, virá a Vida eterna, que nunca passará e nunca diminuirá na intensidade de sua felicidade.*

31 DE DEZEMBRO

E chegamos ao último dia do ano, ao derradeiro momento do ano. Nem todos os que começaram este ano puderam terminá-lo.

Daqueles que não o terminam, nem todos o terminam com a felicidade e com a saúde com as quais nós talvez o terminemos.

Sem dúvida alguma, isto nos deve mover a um ato de gratidão a Deus, que nos concedeu mais outro ano.

Nestes 365 dias do ano, temos vivido mais de 8.000 horas e mais de meio milhão de minutos. Poderemos afirmar, na verdade, diante de Deus e de nossa consciência, que todas essas horas e todos esses minutos foram vividos com retidão, buscando o bem e a verdade? Não teremos perdido lamentavelmente alguns desses minutos em atos indignos que nos tenham rebaixado, em violências, em ódios, em intenções desleais, em atos de negligência, de soberba, de sensualidade, em egoísmos repugnantes?

Não será mau se, ao terminar este ano, nos arrependermos com sinceridade em nosso interior de todo o mal que tivermos praticado ao longo dele e de todo o bem que tivermos deixado de fazer.

"Deus criou o homem da terra, formou-o segundo a sua própria imagem; e o fez de novo voltar à terra" (Eclo *17,1-2*). *Cada dia do ano que passou foi uma responsabilidade para nós: Tê-lo-emos feito frutificar? Será que o deixamos perder? Um ano a mais que vivemos; um ano a mais do qual teremos que prestar conta; um ano a menos que nos resta de vida; menos um ano de tempo em que podemos juntar méritos para a eternidade. "Por isso, enquanto temos tempo, façamos o bem a todos os homens, mas particularmente aos irmãos na fé"* (Gal *6,10*).

ADEUS, IRMÃO EM CRISTO!

E chegamos ao fim.
Um ano meditando;
meditando as glórias de Deus,
do Deus que se entrega a nós
por amor.
Por amor, que o move a sofrer, a calar e a morrer.
Por amor.
Por amor aos homens, que tão mal correspondemos;
que tão pouco captamos
as finezas de um Deus que se humana,
que nos busca, nos espera e nos chama.

•••

Meditemos os CINCO MINUTOS AO DIA,
"OS CINCO MINUTOS DE DEUS";
a miséria do homem egoísta,
o barro que cobre seu débil querer;
o frágil,
mutável,
variado e oposto de seus sentimentos,
a sujeira que em si mesmo descobre
desde o amanhecer até o anoitecer.

•••

Que o bom Deus nos ajude;
esse Deus que é o Pai que tanto nos ama;
e a Virgem Mãe, Modelo e Patrona,
nos segure pela mão
ao peregrinar.
Que o Pai e a Mãe do céu, que velam solícitos,
nos presenteiem com sua graça,

a graça que a todos nos leve
a ser sempre retos, piedosos, humildes,
a dar-nos ao irmão, com grande ilusão.

SE CRISTO NOS DISSE: "EU CONTO CONTIGO",
ENTÃO CONTEMOS COM ELE.

PASSAGENS BÍBLICAS CITADAS

ilipenses: 1, 20-21 (9 VIII); 2, 6-9 (1º VII); 2, 13 (23 X); 2, 14 (3 XI); 2, 15 (10 X); 3, 18-20 (7 VI); 4, 8-9 (10 IV); 4, 13 (7 III); 4, 13 (5 IX).

Colossenses: 1, 26-27 (4 V); 2, 12 (20 I); 2, 12 (15 IX); 3, 3 (28 IX); 3, 15-16 (17 XI); 4, 2 (16 III); 4, 2 (29 V).

Tessalonicenses: 3, 12-13 (11 XII); 4, 1 (22 IV); 4, 3-5 (16 IV); 5, 5 (20 V); 5, 23 (8 VI).

1 Timóteo: 2, 2 (28 II); 2, 7 (27 V); 4, 12 (31 III).

2 Timóteo: 1, 11 (28 V); 2, 10 (21 V); 2, 24 (21 III); 3, 14 (30 IX); 3, 17 (14 I); 4, 8 (11 IX).

Tito: 1, 15 (16 V); 2, 7 (22 I); 2, 7-8 (31 III); 2, 12-13 (8 V).

Hebreus: 2, 6 (14 I); 4, 15 (4 III); 4, 16 (23 IV); 6, 9 (13 IV); 6, 9 (9 X); 6, 11-12 (9 VI); 9, 22 (16 I); 10, 14 624 X); 10, 16-17 (26 X); 10, 35-36 (25 X); 10, 36 612 V); 10, 38-39 (6 III); 11, 1 (11 VII); 13, 15-16 (23 IX); 13, 16 (24 IV).

Tiago: 1, 23-24 (30 XI); 1, 26 (29 III); 1, 26 (25 VI); 2, 5 (2 III); 2, 17 (9 VII); 3, 5-8 (2 IX); 3, 13-18 (16 VIII); 4, 1-2 (24 III); 4, 11 (25 IV); 4, 14 (18 II); 5, 11 (9 XII).

1 São Pedro: 1, 3 (20 IX); 1, 8-9 (18 XI); 1, 15-16 (17 IX); 1, 35 (20 VII); 1, 22 (22 V); 2, 12 (12 XI); 3, 8 (4 VIII); 3, 21 (13 I); 5, 5-7 (21 VIII); 5, 5-7 (25 VIII); 5, 8 (30 V).

2 São Pedro: 1, 1 (13 XII); 1, 5-6 (25 III); 1, 19 (8 VII).

1 São João: 1, 7 (29 XI); 1, 8-9 (16 VI); 3, 2 (23 V); 3, 3-6 (18 IX); 3, 15 (18 VI); 3, 18-19 (2 XII); 4, 20 (30 VII).

2 São João: 1, 11 (23 III); 6 (28 VI).

3 São João: 3 (1º XII); 11 (17 XII).

São Judas: 22 (28 V).

Apocalipse: 1, 8 (30 I); 1, 8 (26 V); 2,7 (10 X); 2, 7-17 (21 I); 2, 10 (17 III); 21, 3-4 (13 IV).

Atos: 1, 8 (14 VII); 1, 8 (27 VIII); 2, 33 (19 X); 2, 46-47 (1º IV); 17, 30 (30 IV); 22, 10 (8 I).

CITAÇÃO DE DOCUMENTOS CONCILIARES

Gaudium et Spes (GS): 3 (13 VIII); 9 (29 VIII); 10 (23 VI); 12 (29 X); 12 (15 XI); 16 (5 VI); 16 (4 IX); 18 (9 XI); 18 (10 XI); 18 (14 XI); 18 (4 XII); 19 (17 VI); 19 (1º XI); 22 (19 VI); 22 (3 VII); 22 (18 VIII); 22 (21 X); 23 (6 VII); 24 (30 VII); 38 (26 VII); 52 (30 VI); 83 (3 VIII); 92 (14 VIII).

Lumen Gentium (LG): 5 (31 VIII); 8 (29 VII); 8 (16 X); 8 (6 XI); 10 (28 VIII); 11 (12 VIII); 9 (5 XI); 15 (20 X); 35 (29 VI); 35 (10 IX); 36 (11 XI); 40 (25 VII); 40 (27 VII); 40 (15 VIII); 41 (1º VIII); 41 (2 VIII); 48 (28 VII); 50 (24 XI).

Sacrosanctum Concilium (SC): 5 (10 VIII); 111 (23 XI).

Dignitatis Humane (DH): 7 (3 IX).

Dei Verbum (DV): 5 (15 XI).

Unitatis Redintegratio (UR): 21 (7 X); 22 (16 XI).

Apostolicam Actuositatem (AA): 3 (11 X).

GRÁFICA
AVE-MARIA

Esta obra foi composta e impressa na indústria gráfica da
EDITORA AVE-MARIA
Rua Comendador Orlando Grande, 86
06835-300 Embu, SP – Brasil
Tel.: (011) 494-3144 • Fax: (011) 494-2836